기독교문서선교회(Christian Literature Center: 약칭 CLC)는 1941년 영국 콜체스터에서 켄 아담스에 의해 시작되었으며 국제 본부는 미국 필라델피아에 있습니다.
국제 CLC는 59개 나라에서 180개의 본부를 두고, 약 650여 명의 선교사들이 이동도서차량 40대를 이용하여 문서 보급에 힘쓰고 있으며 이메일 주문을 통해 130여 국으로 책을 공급하고 있습니다. 한국 CLC는 청교도적 복음주의 신학과 신앙 서적을 출판하는 문서선교기관으로서, 한 영혼이라도 구원되길 소망하면서 주님이 오시는 그날까지 최선을 다할 것입니다.

추천사

강 대 흥 | 한국세계선교협의회(KWMA) 사무총장

　이 글은 인도에서 살아가는 이야기를 눈에 보이듯 그려낸 책이다. "높고 낮음의 문화가 아니라 그 사람들의 살아가는 방식"이라고 저자가 말했듯이 인도 땅에 있는 코끼리, 원숭이, 소, 쥐 같은 동물들뿐 아니라 이사하는 날, 학교 가는 날, 심지어 화장실 쓰는 법까지 삶에서 만들어진 에피소드를 독자들에게 재미있게 들려주고 있다.
　"사람의 외모가 아무리 아름다운들 들에 핀 꽃들만 할까? 누가 누구의 외모에 대해 등급을 매기는 건 아무 의미가 없어 보인다. 세상의 꽃들과 사람들, 그리고 모든 창조물은 다 아름다우니까."(본문 중에서)
　저자는 인도 땅의 까무잡잡한 사람들 틈에서 그들에게 형성된 낯선 문화에 적응하면서 그들의 아름다움을 발견하게 된다. 결국 나와 다른 타인을 있는 그대로 사랑하고 그들을 아파하는 지점에서 선교도 시작되는 것이 아닐까?
　이 책을 선교에 관심 있는 모든 이에게 추천한다. 우리의 눈을 열어 하나님의 눈으로 세상을 바라보게 되리라 믿는다.

김 금 평 | 한국도핑방지위원회 사무총장, 전 주인도 한국문화원장

　항상 앞만 보며 살아가고 있는 내게 정 선생님의 초고는 모처럼 인도살이의 추억을 되살려 주었다. 수채화가 있는 동화책을 한 페이지 한 페이지 넘겨 보는 느낌이라고 할까. 정 선생님은 딸 샤이니를 국제 학교가 아닌 인도 학교에 보내고, 샤이니 친구들이나 친구 부모님들과도 교류해 온 만큼 인도인들의 생활 양식 깊숙한 곳까지 근접해 간 느낌이다. 정 선생님의 글을 읽다 보면 70년대, 80년대의 한국 여느 골목처럼 인도의 가정집 골목에서 아이들이 시시콜콜 다투기도 하면서 뛰어노는 모습이 그려지는 듯하다.

나는 10년 가까이 인도에서 근무했지만 문화원과 대사관, 출장지 그리고 집을 오가는 것 외에 특별히 인도인의 삶에는 녹아 들어가지 못했던 것 같다. 말이 인도 생활이지 한국인 공동체도 아니고 인도인 공동체도 아닌 '업무 관련 공동체' 같은 트레블 버블(travel bubble, 여행이 허용되는 제한된 공간) 안에서 생활했던 셈이다. 그래서 그런지 정 선생님 글에는 여행자나 출장자들의 피상적인 감상과는 다르게 사람 냄새가 난다.

물과 전기의 제한 공급에 얽힌 일화는 인도살이 당시의 불편했던 기억을 새록새록 되살아나게 한다. 특히, 다음 글은 아주 공감이 가는 부분이다.

"인도에 있을 때는 한국식 비데가 그리웠는데, 한국에 오니 오히려 인도식 비데가 생각난다."(본문 중에서)

"가끔 우리에게는 너무나 당연한 일들이 누군가에게는 당연하지 않고 아주 특별하기도 하고, 이상하게 비추어질 수도 있다는 것을 알게 되었다."(본문 중에서)

정 선생님의 인도인에 대한 시선은 나와 비슷한 점이 많다. 인도는 정서적으로 우리나라 사람에게 가장 먼 나라로 알려져 있다. 정 선생님이 소개하는 "사람 냄새" 나고 "무섭고 더러운" 인도에 대한 일반적 선입견과는 다른 차원에서 비교되었으면 좋겠다. 그래서 삶이 힘들다고 느껴질 때 한 번쯤 가 보고 싶은 나라로 여겨졌으면 좋겠다.

김 상 우 | 광명교회 장로, 한마음외과병원 원장
WPM 세계기도선교협회 이사, BFW 비영리사단법인 이사

이 책은 매우 유익하고 재미있는 내용으로 가득 차 있다. 나는 이 책을 읽으면서 인도에 대한 새로운 시각을 얻을 수 있었고, 인도의 다양한 문화와 역사에 대해 더욱 깊이 이해할 수 있었다. 특히, 아이 엄마로서의 인도에서 부딪히는 삶이 매우 인상적이었다.

그뿐만 아니라 인도에서 살아가는 이방인으로서 겪는 어려움 그리고 인도의 다양한 문화와 사람들의 삶에 대해 아이를 키우는 엄마의 관점에서 기술되어 있다. 그래서 인도의 역사와 문화, 그리고 사람들의 삶에 대한 이해를 높일 수 있을

뿐 아니라, 다양한 문제에 직면한 사람들이 어떻게 희망을 찾아가는지를 배울 수 있었다.

또한, 다양한 지역에서 살아가는 사람들의 이야기가 담겨있어서 인도의 각 지역의 문화를 쉽게 이해할 수 있다. 이 책을 인도에 관심이 있는 사람과 인도를 처음 방문하는 분들에게 적극 추천한다.

김현혁 | 『인도를 읽는다』 저자, 이슬람국립대학교 사회학 박사

많은 지상사 직원의 아내는 남편이 인도 발령받은 그날 밤 갑돌이를 두고 시집을 가는 아홉 살 난 갑순이처럼 거실 구석에서 숨죽여 운다고 한다. 30년 전 어느 선교사의 아내는 유서를 써두고 인도로 가는 남편을 따라나섰다고 했다. 인도는 그런 곳이다.

그동안 인도에 관한 많은 책이 쏟아져 나왔다. 『바가바드기타』, 『우파니사드』, 『강국론』, 『이야기 인도사』, 『하늘 호수로 떠난 여행』, 『인도인, 인도상인』, 『인도에는 카레가 없다』 등등 모두가 인도를 이해하려면 한 번은 읽어야 할 귀한 글이다. 그러나 정 작가의 글은 좀 색다르다. 글의 탄생 배경이 다르기 때문이다. 에피소드 하나하나에 한 아이를 키워가면서 부딪치는 21세기 인도의 수도 델리의 민낯이 알알이 녹아있다.

인도의 신이 된 코브라, 쥐, 코끼리, 원숭이, 소에 대한 부분에서 브라만같이 로띠를 먹으며 호의호식하는 개의 산스크리트화(Sanskritisation, 브라흐만이라고도 함) 이야기는 웃프기까지 하다. 보이지 않지만, 인도인들을 움직이고 있는 관습들, 알면 더 재미난 인도를 이야기한다. 이해되지 않지만, 가슴으로 받아들여야 할 일들이다. 아니면 복장이 터진다.

거기에다 인도 생활에서 잊을 수 없는 짜이 한 잔, 배탈, 장보기, 이사, 물 문제 등을 다루고 있다. 인도 냄새가 물씬 나는 이야기들을 작가의 여성의 섬세한 감각으로 설명해 주고 있다. 작가는 무거운 주제인 인도 문화학 개론들을 쉽고 편하게 독자들에게 풀어 준다. 또한, 한국문화원에서 인도의 꿈 많은 청년들을 가르치면서 오고 간 정이 넘치는 이야기로 가득 차 있다. 이들이 있어 작가의 인도 생활은

더욱 보람차고 그리운 곳이 된다.

비록 슬픈 애가로 가득 찬 인도를 바라보며 한국으로 떠나왔지만, 작가의 글을 읽고 나면, 천상병 시인의 시 한 구절을 떠올리게 될 것이다.

"나 하늘로 돌아가리라, 아름다운 이 세상 소풍 끝내는 날, 가서 아름다웠더라고 말하리라."

김 홍 천 | 강릉 노암교회 담임목사, 지구촌선교연구원 이사

고즈넉한 마을에 예쁘장하게 지어진 북카페에서 저자의 가족이 우리를 반가이 맞이했다. 저자가 그동안 정리해 놓은 원고를 받아 단숨에 읽었다. 평소에 글을 접하며 좋아하던 저자의 글이 읽는 내내 마음에 와닿았다.

외국에서 딸을 키우던 여러 우여곡절과 대한민국 엄마 이야기, 인도에 관한 글로 그들의 신들, 관습, 생활, 문화, 인도 사람들과의 에피소드 등 우리에게 조금은 낯설지만, 그만큼 흥미로운 내용들이 저자의 글솜씨로 풀어져 있다. 저자의 가족은 영국에서 5년 이상을 지내고 나서, 그 후 인도에서 8년 이상을 거주했으니 모든 게 현장 중계와 같다. 그만큼 전달력이 강하다.

누구든지 이 책을 우연히 손에 들었더라도 흡족해할 것이다. 특히, 인도에 대해 궁금하거나 인도 여행을 계획하는 이들에게는 실제로 많은 도움이 될 것이다.

이 책을 읽는 모든 이에게 "나마스카르!"

도 육 환 | 영종도 온누리교회 담당목사, 전 스리랑카 선교사

인도를 여행해 본 분들이라면 그 다양함과 독특함의 매력에 흠뻑 빠져들 것이다. 무질서한 듯 혼잡한 거리에서 제각기 공존할 줄 아는 인도인의 유연함과 상생의 지혜가 돋보인다.

이전에 단일 민족을 자랑해 왔던 한국인에게는 14억이 넘는 수많은 인종과 언어, 종교와 이색적인 문화 집단이 서로 어울려 살아가는 것 자체에 놀라움을 금치 못할 것이다. 그러나 만일 이방인으로 그 땅의 일부가 되어 살아가야 한다면 여행

자의 눈에 비친 매력과는 또 다른 치열한 삶의 실제 앞에 곤혹스러울 때도 적지 않을 것이다.

저자는 영국 생활을 거쳐 인도인의 이웃으로 오랜 시간 살아왔다. 때론 어울리지 않은 옷을 입은 것과 같은 주변인으로, 때론 동일한 하늘 아래 살아가는 당당한 지역민의 일부가 되기도 했다. 그렇게 인도와 호흡하듯 하나 되어 살아왔던 아름다운 가족의 이야기를 모아 한 권의 책으로 펴내게 되었다. 이 책은 아내로서, 엄마로서, 이방 땅에서 살아낸 갸륵한 일상 이야기들로 채워져 있다. 그러면서도 작가의 따뜻한 시선과 윗트 넘치는 통찰, 모든 상황을 믿음으로 재해석해 내는 성경적 세계관에 감동을 받는다. 책을 펴면 아무리 먹어도 질리지 않을 것 같은 난과 커리의 조화처럼 인도와 한국에서 살아온 이들의 삶이 우려낸 깊은 맛에 푹 빠지게 될 것이다.

나는 인도의 눈물방울이라 불리기도 했던 스리랑카에서 7년간 선교사로 사역했었고, 이후 온누리교회 선교본부장으로 섬기면서 20차례 이상 인도의 여러 지역을 방문했었다. 그 때문에 내가 미처 정리하지 못했던 삶의 이야기를 대신 풀어 준 것 같아 백 퍼센트 공감하며 글을 읽을 수 있었다.

인도를 떠나 저자의 가족은 지금, 자신이 그랬던 것처럼 이 땅에 나그네로 살아가는 이주자들의 따뜻한 안식처를 열어 인도에서 꿈꾸던 것을 이식하고 있다. 이들이 일궈가는 작고 아름다운 비전의 정원에 함께 꿈의 씨앗을 심는 동행에 여러분을 초대한다.

배 덕 환 | 용인영락교회 담임목사

이번에 출간되는 저자의 책, 첫 스토리를 읽는 순간부터 이미 우리의 발걸음을 인도로 옮겨 놓는다. 8년 넘게 현지인과 동고동락하며 살아온 저자의 삶의 자취에 인도의 문화와 사람 냄새가 담겨있기 때문이다.

총 9부로 이루어진 책에서 저자는 인도에 대해 하고 싶은 모든 말을 다 풀어내고 있다. 기본적인 인도 사람들의 생활에서 인도의 동물과 식물을 아우르며, 인도 고유의 삶과 문화 그리고 이방인의 관점에서 인도를 보는 시각까지, 저자의 글을 읽고 있노라면 마치 정갈하게 잘 차려진 호텔 뷔페에서 맛있게 조리된 다양한 음식을 골라 먹는 듯한 착각을 일으킨다. 무엇보다 저자가 인도에 대해 자신감 있게 한마디 해도 누구 하나 반론하지 못할 만큼 인도에 대해 거의 모든 것을 담고 있다고 해도 과언이 아니다.

저자는 때로는 한 아이의 엄마로, 때로는 한 사람의 친근한 이웃으로, 때로는 선교사로 그리고 한국어를 가르치는 선생님으로 경험한 것들을 풀어낸다. 그래서 주제 선정에 한계가 없고, 남들이 보지 못한 것을 보는 혜안이 있다.

인도의 깊숙한 속내를 보다 다양한 관점으로 보기 원한다면 반드시 이 책을 집어야 할 것이다. 인도에서 가꾼 저자의 생의 정원이 우리 인생에 또 다른 정원으로 연결되는 것을 경험하게 될 것이다.

임 수 진 | 『안녕, 나의 한옥집』, 『오토바이 타는 여자』 저자

겨자기름을 붓고 목화솜 심지로 '디아'가 내는 은은한 불빛을 좋아하는 저자를 보았다. 현관의 '랑골라' 그림과 '색소와 물풍선' 놀이를 함께 즐기는 그도 보았다. '껄'과 '깔' 사이에서 어제가 내일이고, 내일이 어제가 될 수도 있음을 아는 그래서 0의 발견과 무한대의 개념을 만들어낸 그들에게서 큰 의미 없는 시간 약속을 이해하는 그런 저자의 모습은 인도의 정신에 맞닿아 있었다. 인도의 모든 것을 기억하고 그리워하는 저자의 영혼은 아마도 인도인이 아닐까 아니면 인도인보다 더 인도인다운 사람일지도.

그를 주인도 외교관으로 파견하고 싶다. 그의 파란 피아노가 있는 그곳, 그의 인생의 정원 그곳으로 파견하고 싶다. 그가 사랑하는 인도 사람들과 못다 한 정을 쌓기를. 그리고 한국어를 여전히 열심히 가르치고 한국의 정서를 아름답게 심어 주기를 바라는 마음으로.

여행하는 사람들에게 있어 인도는 가장 마지막으로 가야 할 여행지라고 한다. 인도의 정신을 제대로 이해하려면 그에 맞는 연륜과 경험이 쌓여야 하기 때문일 것이다. 근처에도 가보지 못한 나지만, 언젠가 마지막 여행지로 꼭 인도에 가고 싶다는 생각을 이 글과 함께하게 되었다. 그때까지 그들을 이해할 영혼과 인격의 수양을 부단히 하리라. 그리고 가서 꼭 '로띠와 섭지와 커리'를 맛볼 것이다. 그때 이 책을 들고 가리라. 언젠가 꼭.

아이와 함께한 인도 이야기

김 치 가
바 라 본
카 레 세 상
인 디 아

The world of curry from Kimchi's perspectives

The world of curry from Kimchi's perspectives
Written by Jeong Eun Kyeng
All rights reserved.
Korean Edition Copyright ⓒ 2024 by Christian Literature Center, Seoul, Korea.

김치가 바라본 카레 세상 인디아
아이와 함께한 인도 이야기

2024년 6월 5일 초판 발행

지 은 이	정은경
편 집	추미현
디 자 인	박성준, 서민정, 이보래
펴 낸 곳	(사)기독교문서선교회
등 록	제16-25호(1980. 1. 18.)
주 소	서울특별시 동대문구 천호대로71길 39
전 화	02-586-8761~3(본사) 031-942-8761(영업부)
팩 스	02-523-0131(본사) 031-942-8763(영업부)
이 메 일	clckor@gmail.com
홈페이지	www.clcbook.com
송금계좌	기업은행 073-000308-04-020 (사)기독교문서선교회
일련번호	2024-60

ISBN 978-89-341-2697-3(03230)

이 책의 출판권은 (사)기독교문서선교회가 소유합니다.
신저작권법에 의해 한국 내에서 보호를 받는 저작물이므로 무단 전재와 무단 복제를 금합니다.

아이와 함께한 인도 이야기

김치가 바라본 카레세상 인디아

The world of curry from Kimchi's perspectives

정은경 지음

CLC

차례

강 대 흥 | 한국세계선교협의회(KWMA) 사무총장   1
김 금 평 | 한국도핑방지위원회 사무총장, 전 주인도 한국문화원장   1
김 상 우 | 광명교회 장로, 한마음외과병원 원장   2
김 현 혁 | 『인도를 읽는다』 저자, 이슬람국립대학교 사회학 박사   3
김 홍 천 | 강릉 노암교회 담임목사, 지구촌선교연구원 이사   4
도 육 환 | 영종도 온누리교회 담당목사, 전 스리랑카 선교사   4
배 덕 환 | 용인영락교회 담임목사   5
임 수 진 | 『안녕, 나의 한옥집』, 『오토바이 타는 여자』 저자   6

프롤로그   15

제1장 나마스떼(Namaste), 인디아   19

1. 영국에서 인도로, 닿을 듯 말 듯   20
2. 샤이니야, 인도 가자   23
3. 머플러와 델리의 겨울 스케치   27
4. 히말라야 무수리(Mussoorie)에서 보낸 7주   32
5. 이사하며 울다   39
6. 바산트 쿤즈(Vasant Kunj) A 블록(Sector A)   43
7. 인도 시골 풍경과 작은 신학교   51

제2장 아이의 인도 학교 생존기   55

1. 엄마, 목이 아파(인도 학교 적응기)   56
2. 첫걸음, '나마스떼'(Namaste)   60
3. 인도 학교생활의 좋은 추억   65
4. "점심시간에 책으로 캐슬(성, Castle)을 만들었어"   68
5. 좌충우돌 인도에서의 예능 교육   72
6. 라즈빳 나가르에서 엄마들의 대첩(인도 엄마, 한국 엄마)   76

제3장 인도 생활, 사용 설명서   85

1. 인도의 화장실 사용법 배우기   86
2. 인도의 물 사용서, 여름 나기   91
3. 인도 전기, 제발 나가지 마!   100
4. 인도 우버(UBER) 택시 이용 설명서   106
5. 인도에서의 일상, 장보기   112
6. 기온 40도에 이사하다   115
7. 열쇠에 얽힌 인도 이야기   119

제4장 코끼리 뒷다리 만지는 인도 이야기   123

1. 그들이 거짓말을 하는 이유   124
2. 아름다움, 미(美)를 말하다   128
3. 누가 해야 할까? 직업의 귀천   133
4. 인디언 타임(Indian Time), 인도에서 약속 시간   135
5. 알고 나면 쉬운 예절, 배꼽보다 다리?   140
6. 코끼리 뒷다리 만지는 인도의 종교 이야기   143

차례

제5장 김치가 살던 카레 세상   151

1. 짜이(Chai)와 인도 몬순 커피   152
2. 인도 사람들의 정(情)과 배탈   156
3. 자존심이 걸린 영어 발음   161
4. 갑작스러운 인도의 화폐 개혁과 단골 과일 장수(소탐대실, 小貪大失)   165
5. 무질서 속의 질서, 인도의 길거리   171
6. 인도와 책 그리고 북카페   177
7. 밤중에 맞이하는 신랑 신부, 인도의 결혼식   180
8. 인도의 불꽃 축제, 디왈리(Diwali)   188
9. 색색으로 물드는 인도의 홀리(Holi) 축제   193

제6장 동물들의 천국 인디아   197

1. 인도 코끼리와 원숭이   198
2. 나는 인도의 신, 소   206
3. 나도 인도의 신, 쥐   210
4. 로띠 먹는 인도의 개   216
5. 춤추는 인도 코브라   219

제7장 꿈꾸는 인디아, 꿈꾸는 젊은이들   223

1. 마음속으로 들어온 사람들   224
2. 총천연색 인도의 사리(Saree)와 꾸르따(Kurta) 선물   230
3. 인도에서 울던 밤, 인도의 그녀들   237

4. 꿈을 찾은 인도 제자들 243

5. 청출어람(靑出於藍), 독보적인 제자들 246

6. 인도 학교에서 제2외국어가 된 한국어 열풍 251

7. 대통령의 인도 국빈 방문 준비 256

제8장 인크레더블 인디아(Incredible India), 인도 여행 스케치 259

1. 아이의 역사가 된 분홍 헬로키티 여행 가방 260

2. 고마운 그곳, 인디라간디국제공항(I.G.I) 264

3. 새벽에 도착하는 여행지, 히말라야 270

4. 신비로운 계단식 우물 찬드 바오리(Chand Baori Step Well) 274

5. 바라나시(Varanasi) 인도 기차 여행 277

6. 심라, 장난감 기차(Toy Train) 여행, 구푸리와 나르칸다 282

7. 아라비아해 남인도 여행 코친, 바르칼라, 트리반드룸 290

8. 골든 트라이앵글 여행 델리, 아그라, 자이푸르 301

제9장 인도를 떠나다 311

1. 바꿀 수 없는 날씨를 받아들이듯 312

2. 안녕, 나의 파란 피아노 315

3. 슬픈 애가(哀歌)로 가득한 인도 땅(코로나 팬데믹) 320

4. 문득 그리운 그곳, 인도 323

에필로그 325

샤이니에게 이 책을 선사한다.

프롤로그

    저 멀리 나지막한 산등성과 맞닿은 하늘이 둥글게 원을 그린 시골 풍경을 바라본다. 그리고 사계절 변화 속에서 반복되는 어느 한 계절과 가장 가까이에서 그 시작과 끝을 마주하고 있다. 문득 끝도 없이 이어지는 인도의 기나긴 여름이 그리워진다. 감히 따가운 햇빛과 친해지기 어려웠던 인도의 여름뿐만 아니라 그곳의 향기와 사람들, 거리를 종종 생각한다. 잊을 수 없는 나의 인디아이기 때문이다.

    나는 어렸을 때 미국 보이열 선교사(Elmer T. Boyer, 1921년 조선에 파송되어 교육과 의료 사역에 힘썼다. 여러 학교를 세웠으며, 특히 한센병과 결핵을 퇴치하고 한센인들의 재활에 생명을 걸었다)가 세운 한센인촌 교회를 다녔다. 부모님의 결단과 헌신이었다. 부모님께서는 여운원 목사님의 제안에 순종하는 마음으로 어린 나와 젖먹이 남동생을 데리고 당시 한센인들의 교회가 있는 곳으로 터전을 옮기셨지만, 어린 우리 세 남매를 위해 한센인들이 사는 마을로 이사하지는 않으셨다. 대신 가까운 이웃 마을에 자리를 잡았다. 하지만, 우리는 그분들(한센인)의 친구다.

    처음 엄마가 나를 업고 교회 성도들과 인사를 나누실 때의 일화다. 그때 나는 엄마의 등에 업힌 상태였다. 손가락이 잘린 문드러진 손이 내게 다가왔다. 그 손에는 사탕 하나가 들려져 있었다. 그 순간 엄마의 머릿속과 얼굴은 온통 하얗게 변했을 것이다. 순간이나마 얼음처럼 굳었던 엄마는 얼른 사탕을 손에 받아 등에 업혀있는 내 입에 넣어 주셨다. 내게 건넨 사탕을 엄마가 거부한다면 영영 그분들과 친구로 지낼 수 없을 것이라는 생각 때문이었다. 아무것도 모르던 나는 그 사탕을 맛있게 잘 먹었다고 한다. 마치 엄마의 마음을 아는 것처럼. 우리 가족은 그들과 가까운 친구가 되었다.

지금에 와서 돌아보면 교회에 갔을 때 반갑게 인사하며, 머리를 쓰다듬고, 과자를 주시던 분들은 분명 일반적인 평범한 모습이 아니었다. 얼굴과 손에 크고 작은 상처가 있었고, 흉터가 남아 있었다. 어떻게 된 건지 나는 그분들의 모습이 무섭다는 생각을 단 한 번도 해 본 적이 없었다. 모두가 잘 생기고 좋은 분들로 보였다. 그것도 내 삶에서 경험한 작은 기적이었다. 나는 맛있는 음식을 같이 나눠 먹으며 그분들에게서 따뜻한 사랑을 배웠다.

그때 그 시절 어린 나는 마음속으로 먼 곳을 향한 꿈을 꾸었다. 언젠가 도움이 필요한 곳이라면 어디든 달려가겠다는 그런 꿈을. 이젠 나의 유년 시절을 보낸 그곳을 떠나온 지 오랜 시간이 흘렀다. 그렇지만 나의 소중한 추억이 깃든 그곳은 지금도 내 마음과 꿈의 고향으로 남아 있다.

그래서일까? 수년이 지나고 가족과 함께 인도로 향했을 때 인도에서 그들이 건네주던 다양한 인도의 음식은 내 입에 꿀처럼 달았다. 그들의 모습은 사랑스럽고 아름다웠다. 천연색 원단으로 만들어진 인도의 전통 의상인 사리(Saree, 긴 하나의 천으로 온몸을 감싸 올려 블라우스와 같이 입는 여성들의 인도 정통 의상)와 꾸르따(Kurta, 인도의 전통 의상으로 상의는 무릎 위까지 내려오는 것으로 아래에 레깅스를 갖춰 입는다)는 내 마음에 들었고, 자주 그 꾸르따를 즐겨 입으며, 인도 사람들의 문화를 배우고 따라 해 보는 작은 즐거움을 만끽했다.

틀에 박힌 고정된 사고방식과 흑백 원리의 좁은 세계관을 갖고 있었던 내게 인도행은 큰 축복의 시간이었다. 인도에서 보낸 8년 이상의 시간은 나의 좁은 시각과 세계관을 넓게 열어 준 특별한 기회였다. 조금이나마 이 세상에는 세모나 네모의 틀만이 존재하지 않는다는 사실에 눈을 뜨게 되었고, 좀 더 철학적으로 세상을 바라보게 되는 계기가 되었다. 그동안 내가 알고 있던 것들이 얼마나 작은 조각에 불과했는지를 깨달았다. 그리고 마침내 처음으로 내가 옳다고 생각하던 것들과 그르다고 여기던 것들이 꼭 그렇지만은 않을 수도 있다는 것을 알아차렸다. 그렇게 인도에서의 삶은 내게 큰 충격의 순간들을 마주하게 했다. 그동안 나 스스로 바른길을 걷고 있으며 내 생각과 판단이 항상 옳다고 자부해 왔기에 더 그러했다.

그곳은 '예'가 '아니오'가 될 수 있고, '아니오'가 '예'가 될 수 있을 뿐만 아니라 '어제'가 '내일'이, '내일'이 '어제'가 될 수도 있다는 사실에 충격을 받았다. 그리고 내 것을 고집하거나 주장하지 않는 것과 내 뜻만을 내세우거나 강요하지 않는 법을 배우게 되었다. 내가 살아왔던 삶의 형태와 완전히 다른 인도에서의 삶이 또 다른 세상으로 다가와 나를 가르치기 시작했다.

세상을 바라보는 시각이 조금씩 바뀌고 내 삶의 영역과 폭이 넓어졌다. 나는 인도에서 보낸 8년 3개월의 시간을 '내 생의 정원'이라고 부르고 싶다. 그곳에서 내 삶을 되돌아보았고, 인생의 가치를 보았다. 나를 겸손케 한 그곳이 감사하다. 나는 지금 인도에서 어린 딸과 함께했던 우리들의 인도 이야기를 서랍 속에서 하나하나 꺼내 나누려고 한다. 내 생애 가운데 인도에서의 삶을 주신 주님께 감사드리며 인도 생활에서 겪은 다양한 이야기를 기억에 남기고 싶어 이 글을 쓴다. 김치가 바라본 카레 세상, 인도에 관한 이야기다.

제1장
나마스떼(Namaste), 인디아

1. 영국에서 인도로, 닿을 듯 말 듯

　인도로 가기 전, 우리는 영국 버밍엄(Birmingham, 영국 중심부에 위치한 18세기 산업혁명의 중심도시였다)에서 살았다. 그때는 우리가 나아갈 다음 여정이 인도(India)일 거라고는 전혀 예측하지 못했다. 돌아보면 우리의 인생길이 참 신기하고 놀랍기만 하다. 퍼즐 맞추듯 하나하나 칸칸이 채워져 나가는 오묘한 그 느낌과 기쁨은 우리의 삶이 한 편의 서사처럼 다가오게 만든다. 그것은 우리가 산을 넘고 넘어 협곡을 지날 때도 힘들고 굴곡진 삶을 살아가야 하는 순간에도 우리에게 희망을 부여잡고 있게 하는 힘이 되기도 한다. 우리의 모든 인생이 마침내 해피앤딩으로 끝나길 바라면서.

　영국 버밍엄에서 살 때 우리 옆집에는 인도 가정이 살았다. 그들은 산업 혁명 때 부모님이 인도에서 영국으로 이민 온 펀자브(Punjab, 인도 북부와 파키스탄 중북부에 걸쳐 있는 지방으로 꽤 부유한 계층) 출신으로 영국에서 나고 자란 '인도 펀자비'(India Punjabi, 인도 펀잡 사람)였다. 우리는 꽤 가까운 이웃으로 서로의 음식을 나누고 인사하며, 친구처럼 지냈다. 나는 뒷마당 정원에서 꽃들과 채소를 가꾸곤 했는데, 뒷마당 울타리를 사이에 두고 옆집 꼬마 아이 마나라즈와 인사를 나누곤 했다.

　마나라즈가 공놀이를 할 때면 어김없이 작은 공이 통통 튀어 우리 집 정원으로 날아왔다. 나는 공던지기 연습을 하듯 그것을 주워 다시 던져줬다. 아이는 나를 '저니'(Jurney, Journey '여정', '여행'의 뜻)라고 불렀다. '미세스 정'(Mrs. Jeong)인 내 성의 '정'을 처음 들어본 터라 아마도 '저니'를 떠올렸던 것 같다. 나는 그 이름이 마음에 들었다. 그는 나의 첫 번째 인도 꼬마 친구였다.

주말에는 종종 남편과 함께 저녁 식사를 마친 후 동네 산책을 했다. 특히, 서머타임(Summer time, 여름철에 원래의 표준 시간보다 1시간 앞당겨 사용하는 제도)을 시행하는 영국의 여름밤은 산책하며 즐기기에 더없이 좋았다. 한여름 밤은 백야를 실감케 할 정도로 밝았다. 해가 긴 영국의 풍경을 느끼고 감상하기에 좋은 시간이었다.

긴 겨울이 지나고 봄이 올 때는 따사로운 봄볕을 받으며 땅속에서 고개 들고 올라오는 형형색색의 키 작은 크로커스와 노란 수선화를 보는 맛으로 동네를 걸었다. 골목길에 나란히 서 있는 예쁜 집들의 앞마당에는 잘 가꾸어 놓은 정원이 있었다. 정원의 꽃들을 구경하며 산책하는 일은 우리에게 큰 즐거움이었다. 나는 그 산책길의 냄새를 기억한다. 같은 동네의 인도 사람들이 사는 집을 지날 때는 어김없이 카레 향이 솔솔 풍겨 왔다. 코끝에서 느껴지는 맛으로 그 집의 주인이 누구인지 알아챌 수 있었다. 아마도 한국 사람인 우리 집에서는 김치찌개나 된장찌개 냄새가 우리의 정체성을 알게 해 줬을 터다.

인도와 파키스탄 친구의 초대로 인도 레스토랑에 간 적이 있다. 영국에서 처음으로 인도 음식을 맛보았다. 온갖 다양한 인도 음식을 먹는 것은 새롭고 즐거운 도전이었다. 옆집에서도 종종 디저트와 인도 음식을 우리에게 줬다. 인도와 파키스탄 친구들 집에 방문하면 직접 요리한 갖가지 음식을 대접했다. 집으로 돌아올 때는 매번 남편을 위해 따로 챙겨 주었다. 아쉽게도 남편은 그 인도 요리들이 입에 맞지 않아 했지만 말이다. 물론, 그 당시에는 내가 인도 본토 땅을 밟게 되리라고는 전혀 예상치 못했다.

영국에서 우리 부부는 아이가 없는 커플(영국에서 아이가 없는 부부를 일컫는 말)이었다. 유학 생활을 마치고 한국에 와서 소중한 딸을 품에 안았다. 어린 딸과 나는 인도의 신학교에서 교수 사역을 하게 된 남편을 따라 인도로 가게 되었다. 인도에 간다는 사실이 그저 놀랍기만 했다. 영국에서 친하게 지내던 남인도의 고아(Goa, 아라비아 해역의 인도 해안 도시) 지역 출신 데렉(Derek) 목사님은 우리가 인도에 가는 것을 만류하셨다. 어린아이를 데리고 가기엔 인도가 너무 열악하고 힘든 곳이라고 했다. 그러나 그때만 해도 우리는 두려움이 없었다. 주와 함께라면 어디든 갈 수 있을 거라는 믿음과 용기가 있었다. 우리는 아이와 함께 용감한 발걸음을 힘차게 내디뎠다.

인도는 매력적인 나라이긴 했지만, 생각했던 것보다 적응하기가 쉽지 않았다. 다행히 영국에서 만났던 인도 사람들과 친구들 덕분에 인도의 음식과 문화는 전혀 낯설지 않았다.

그분의 예비하심일까?

영국에서 미리 인도를 경험하도록 기회를 주셨던 게 분명했다. 영국 버밍엄에서 살던 때와 마찬가지로 델리에서 우리가 살던 집주인도 펀잡(Punjab, 인도 북부 지역으로 주로 시크교도가 많다) 지방 출신인 시크교 가정이었다. 인도 펀자비(Punjabi, 펀잡지역 사람을 일컫는 말) 가정이 다시 인도에서 우리의 이웃이 되었다. 같은 집에서 6년 동안 살면서 주인집 아들 꼬마 굴지는 어린 딸의 가장 친한 친구가 되어 함께 자랐다.

이 얼마나 놀라운 일인가?

우리의 인도행은 이미 예정된 것처럼 느껴졌다.

2. 샤이니야, 인도 가자

　귀엽고 깜찍한, 자그마한 어린 딸은 인도행을 선택하며 새로운 이름을 갖게 되었다. 한국어 이름의 뜻 '밝고 빛나다'를 따라 '샤이니'(Shiny, 빛나는, 반짝거리는)라는 이름을 선물로 주었기 때문이다. 인도에 가기로 하면서 어린 딸의 동의를 얻는 것은 불가능했다. 고작 두 돌이 되었던 샤이니에게 설득은 그리 필요한 게 아니었다. 그저 엄마를 따라오라고, 새로운 이름에 익숙하도록 불러줄 뿐이었다. 지금도 엄마로서 마음이 짠하다.
　"너는 이제부터 샤이니야, 알았지? 우리 인도에 가는 거야."
　어린 딸은 그때부터 우리가 한국으로 돌아올 때까지 8년이 넘는 시간을 '샤이니'로 살았다. 인도에 갈 무렵, 두 돌을 지나고 있던 딸은 배변 훈련도 거의 마치고 조금씩 모국어를 습득하기 시작했다. 우리는 샤이니가 타국에서 잘 적응하며 건강하게 자라 주기만을 바라며 기도했다. 조금 미안한 선택이기도 했지만, 인도로의 부르심 또한 이유가 있을 것이라는 믿음이 있었다.
　인도로 가는 길은 결코 평탄하지 않았다. 일단 부산에서 인도 뭄바이 항구로 이삿짐을 실어 보내기로 했다. 엄마와 떨어지려 하지 않는 딸을 달래가며 이삿짐을 꾸리는 것은 쉬운 일이 아니었다. 우리는 최대한 샤이니에 대한 배려를 우선으로 했다. 낯선 나라에서 겪게 될 문화 충격을 최소화하기 위해 아이의 애착 물건부터 장난감, 책, 이불, 피아노까지 모두 챙길 수밖에 없었다. 당시만 해도 인도에는 아기 기저귀나 물티슈, 휴지가 매우 귀했다. 두루마리 휴지를 사서 컨테이너 구석구석에 빈틈없이 모두 채웠던 기억이 있다. 또한, 커다란 컨테이너가 동네 골목에 들어와 자리를 떡하니 자리를 잡고, 머나먼 외국 땅으로 보내지는 포장 이사가 매우 진귀해서인지 구경하는 인파가 많았다. 지금은 이러한 모든 것이 에피소드가 되어 추억으로 남았다.

이삿짐이 배로 출발한 뒤, 우리는 따로 태국을 경유하는 비행기에 몸을 실었다. 그때까지만 해도 인천공항에서 델리로 가는 직항이 없었다. 힘든 여정의 작은 쉼표처럼 방콕에서의 짧은 시간은 꿀처럼 달콤했다. 그곳의 싱싱한 열대 과일과 살갗을 포근하게 감싸던 그날의 따스한 공기를 지금도 생생하게 기억한다. 아무것도 모르던 샤이니의 깔깔거리는 웃음소리, 마치 앞으로 닥쳐올 상황에 대한 보상을 미리 받는 것처럼 느껴졌다. 우리는 마음껏 휴식을 취하며 즐겼다.

인도 뉴델리공항(인디라간디국제공항)에 도착했을 때는 겨울밤이었다. 나도 모르게 심호흡이 절로 나왔다. 그만큼 설렘도 두려움도 컸다. 잠든 샤이니를 등에 업고 비행기에서 내렸다. 인도에 첫발을 내딛는 순간 델리의 후덥지근한 공기가 먼저 덮쳐왔다. 잠든 샤이니로 인해 잠시 우왕좌왕하는 사이 인도가 우리에게 첫 친절을 보내왔다. 마치, 한국에서 온 이방인 가족을 환영해 주는 듯했다.

인도 뉴델리공항에는 비행기에서 내리면 노약자를 먼저 실어 나르는 전동차가 있다. 그 전동차를 운전하던 직원이 샤이니와 나를 발견하고는 이미 타고 있던 인도 남자에게 양해를 구하더니 우리에게 자리를 내주었다. 우리에게 자리를 선뜻 양보해 준 인도 남자분께 고마웠다. 그날 밤, 인도에 첫발을 내딛던 그 순간, 인도에 대한 우리의 첫인상은 무척이나 포근하고 훈훈했다. 그때부터 인도라는 나라에 대한 걱정을 조금씩 내려놓기로 용기를 냈다. 다만, 그때까지만 해도 어린 샤이니로 인해 비위생적으로 보이는 환경에 대한 우려는 여전할 수밖에 없었다. 우리는 집을 구하기 전까지 이미 오래전부터 인도에서 살고 계셨던 델리 외곽에 있는 지인 집에서 잠시 머물기로 했다.

　인도의 겨울 날씨는 봄날처럼 따스했다. 척박하다고만 생각했던 땅에 아름다운 꽃들이 만발했다. 멀리 보이는 힌두 사원이 아니면 그곳이 제주도인지 구별하기 힘들 정도로 노란 유채꽃이 가득했다. 카레의 본고장에서 처음 정통 인도 음식을 맛보았을 때, 우리 셋은 그 맛에 반해 버렸다. 영국에서 우리가 먹어 봤던 인도 음식과는 차원이 달랐다. 영국에서는 인도 음식에 입도 대지 않았던 남편도 따끈따끈한 로띠(Roti, 통밀가루로 만들어 구운 인도의 주식인 납작한 빵)와 섭지(Subji, 로띠와 곁들여 먹는 인도 모듬 야채 카레), 카레(Curry, 강황 가루를 넣어 만든 인도식 정통 카레)를 누구보다도 맛있게 잘 먹었다.

　시차 적응을 하면서 샤이니도 이제 마당에서 뛰놀게 되었다. 그런 샤이니를 보기 위해 동네 아이들이 모여들었다. 그들의 눈엔 하얀 피부색에 작고 검은 눈을 가진 단발머리 꼬마 숙녀가 무척이나 신기했던 모양이다. 햇볕에 그을린 갈색 피부에 눈이 큰 아이들이 다가와 샤이니에게 인사를 건넸다. 처음 샤이니는 낯선 환경과 낯선 사람들로 인해 쭈뼛거리더니 곧 그들의 관심에 반응을 보이기 시작했다.
　혹여나 자신과 다른 사람들로 인해 두려움을 갖지는 않을까 또는 반갑게 다가오는 그들에게 울음을 터트려 곤란한 오해를 사지 않을까 하던 나의 걱정은 기우에 불과했다. 인도 아이들과 샤이니는 어느덧 한데 어울려 놀았다. 인도의 아이들은 검은색 단발머리 외국인 소녀에게 사랑과 친절을 베풀었다.

원래 아이를 좋아하고 예뻐하는 인도 사람에게 피부가 뽀얗고 앙증맞은 샤이니의 인기는 점점 높아졌다. 길을 가다가도 샤이니와 사진을 찍기 위해 가던 길을 멈추는 사람들이 있을 정도였다. 때로는 줄을 서서 기다리는 광경이 펼쳐지기도 했다. 그야말로 한국에서 살았더라면 생각지도 못할 진풍경이었다. 샤이니는 그런 사람들의 요구에 짜증을 부리지도 않았고, 울거나 엄마 뒤로 숨지도 않았다. 더 신기했던 것은 인도 사람들이 말하기를 샤이니가 인도의 카드나 엽서에 나오는 모델과 비슷하다고 했다.

그러한 이유에서인지 샤이니는 사람들의 관심과 사랑을 받으며 무럭무럭 잘 자랐다. 자존감 또한 날로 높아졌으며 사랑이 무엇인지 아는 마음 따뜻한 꼬마 아이로 커 가고 있었다.

3. 머플러와 델리의 겨울 스케치

생각할수록 신기한 인도의 겨울 날씨였다. 특히, 델리의 겨울은 12월에서 1월까지 두 달 정도로 기온이 섭씨 영도 이하로 내려가지 않는다. 우리가 처음으로 경험한 인도의 겨울은 애매모호했다. 낮에는 두꺼운 겨울 외투를 입은 탓에 자동차 안에서 에어컨을 켰다가 집 안으로 들어가면 손발이 얼 것 같은 차가운 추위가 몰려왔다. 집안 공기가 너무 차가웠다.

겨울에는 샤이니를 등교시키기 위해 아침마다 차에 히터를 켰다. 치마로 된 교복을 입은 아이의 체온을 지키기 위해 따뜻한 숄로 몸을 감싸 주었다. 오후가 되면 뜨거운 태양열로 기온이 올라갔다. 아침에는 히터를 켰다가 오후에는 다시 에어컨을 켜야 하는 인도의 겨울은 뭐라 말로 표현하기가 어려웠다. 델리의 겨울 한낮에 내리쬐는 햇볕은 여름 햇살처럼 뜨거웠기 때문이다. 하굣길에 몸을 움직여 대는 샤이니의 몸에서는 땀이 흘러내렸다. 이러한 계절의 특징 때문에 인도 학교의 겨울방학은 겨우 2주 정도밖에 되지 않았다. 반면 무더운 시기의 여름방학은 두 달 가까이 되었다.

일 년의 대부분이 여름이기 때문에 인도의 주택에는 난방 시설이 없다. 무더운 여름의 이글거리는 태양 빛을 차단하기 위해 대부분의 집은 북향이며 창문도 거의 없다. 실내로 들어오는 강렬한 태양 빛을 차단하기 위해서다. 덕분에 그토록 길고 긴 용광로 같은 여름을 견뎌낼 수 있는 것이다. 주택은 대부분 박공지붕이 아닌 옥상만 있는 네모 상자 모양이며, 옥상에는 어김없이 물을 받아 사용하는 물탱크가 자리하고 있다.

인도의 주택들은 또한 겨울을 지나기 위해 테라스는 크게 만든다. 기온이 갑자기 낮아지면 체감 온도가 급격히 떨어지는 탓에 많은 사람이 추위를 이겨 내기 위해 햇볕이 잘 드는 테라스에 자리를 잡고 앉는다. 옹기종기 모여 앉아 담소를 나누며 따끈한 짜이(Chai, 우유와 설탕을 넣어 펄펄 끓여 마시는 인도 전통 홍차)를 마시는 겨울 풍경은 참으로 정겨웠다. 사람들은 추운 실내보다는 집 밖으로 나가 햇볕을 쬐며 몸을 따뜻하게 녹였다.

긴 여름을 보낸 인도 사람들은 겨울에도 면이나 실크로 만든 얇은 사리나 꾸르따 수트(인도 사람들이 평상복으로 입는 인도 전통 의상)를 입는다. 요즘은 인도의 젊은이들이 현대적인 일상복을 입지만, 아직도 전통 의상을 즐겨 입고 있다. 찬 바람이 솔솔 들어오는 얇은 옷으로는 급속하게 떨어지는 기온을 견디기 어려워 남녀를 불문하고 어깨와 목을 감싸는 두터운 카슈미르 숄(Kashmir Shawl, 카슈미르 지방의 캐시미어 염소의 연한 털로 만든 숄)이나 파시미나 숄(Pashimina Shawl, 히말라야 고산지대에 사는 산양의 복부 털로 짠 수제 직물로 실크처럼 부드러움)을 몸에 감아 두른다. 갑자기 뚝 떨어지는 기온에 대비해야 하는 방책이다. 오래전 많은 사랑을 받았던 드라마 〈겨울연가〉에서 머플러를 멋들어지게 두르고 나와 인기를 얻었던 배우 배용준의 모습이 인도 길거리 여기저기에서 보였다. 몸을 따뜻하게 보호하기 위한 인도 남자들의 겨울 패션은 멋진 패셔니스타를 연상케 했다.

인도 사람들은 파시미나(Pashmina, 인도 잠무 카슈미르와 히말라야 지방에서 산양의 부드럽고 연한 털로 만든 고급 모직물) 담요나 숄, 스톨, 스카프 등으로 체온을 유지하며, 태양의 이동에 따라 움직이는 햇볕을 따라 의자를 옮겨 간다. 생강이나 마살라(Masala, 인도 요리에 들어가는 혼합 향신료)를 듬뿍 넣은 따끈따끈한 짜이(인도 홍차)와 함께 비스킷을 베어 먹으며 이야기꽃을 피운다.

인도 사람들은 대화를 즐겨하며 말재주에 능할 뿐만 아니라 토론이나 논쟁에도 강하다. 사실 말주변이 부족한 우리가 어지간하면 그들의 언변과 입김을 이기기에는 역부족이다. 평소에 인도 사람들이 이렇게 모여서 둘러앉아 대화를 즐기면서 길러진 능력일 거라는 생각이 든다. 학교에서도 '논쟁 대회'(토론 대회)가 열리며, 학생들도 감정을 잘 억제하면서 자기 의견을 피력하는 이성적인 토론과 논쟁에 잘 훈련되고 있으니 배울만한 점이다. 인도에서 철학이 발달한 것도 결코 우연이 아닐 것이다. 작은 모임 가운데 피어나는 이야기꽃과 따끈한 짜이 한 잔으로 짧지만 차갑고 추운 인도의 겨울을 버텨 내는 그들만이 가진 삶의 지혜가 아닐까?

　바깥에는 여기저기에 불을 피워대는 화로가 있었다. 우리도 종종 발걸음을 멈추고 불가에 다가갔다. 그들과 함께 불멍에 동참하며 차갑게 곱은 손을 데웠다. 이러한 풍경은 정겹기도 하고 가끔 애처로워 보이기도 했다. 타닥타닥 타오르는 붉은 화로는 시린 손을 녹여 주며 뭐든지 닥치는 대로 태워 버릴 기세였다. 사실 이런 화로에서 나오는 매연은 인도 겨울 대기 오염의 원인이 되어 문제가 된다. 태워서는 안 될 폐타이어 등 플라스틱제품을 태우는 경우도 종종 있기 때문이다.

　디왈리 축제(Diwali, 인도에서 가장 큰 힌두 명절) 때 폭죽을 많이 터트리고 대규모의 농지를 태우는 중에 나오는 연기와 대기 오염이 세계 최악의 미세 먼지 지수를 갱신하고 있다. 겨울의 길거리는 앞을 볼 수 없을 정도로 뿌연 먼지로 가득하며, 학교도 휴교에 들어간다. 거의 일상이 마비된다. 최고치의 미세 먼지를 마시며 지내야만 한다. 창문 밖 풍경은 뿌연 안개가 쌓인 것처럼 대기 중의 지독한 미세 먼지에 가려 아무것도 보이지 않게 된다. 이때는 방독면이나 산소통이 필요할 만큼 참혹한 공기 속에서 숨을 쉬며 생존해 내야 하는 고통의 시간이 되기도 한다.

영상의 기온을 유지하는 인도의 겨울은 살을 에는 듯한 매서운 칼바람이 부는 한국의 추위에 비하면, 우리는 그런대로 집에 난방 시설 없이도 전기장판 하나로 거뜬히 견뎌 낼 수 있었다. 50도 가까이 오르내리며 고온으로 끓어오르는 10개월 동안의 여름을 보낸 인도 사람들에게는 그렇지 않아 보였다. 비록 영상의 겨울임에도 불구하고 몸은 추운 동장군으로 다가오는 겨울을 감당해 내기가 어려웠기 때문이다. 델리에서는 영상의 겨울밤에 사람들이 도로 옆 길가에서 잠을 자다가 동사하는 경우가 빈번한 이유가 여기에 있다. 물론, 길고 긴 여름에 지쳐 추운 겨울을 기다리는 사람도 많이 있었다.

낮과 밤의 기온 차가 큰 인도의 겨울은 질병에 노출되어 다소 위험하다. 특히, 몸이 약한 사람들은 인도에서 겨울을 나기가 힘들다. 특히, 겨울에는 장티푸스나 바이럴 피버(Viral Fiver, 인도 겨울에 유행하는 독감의 한 종류)와 같은 바이러스성 질병 때문에 조심해야 했다. 조금만 주의를 기울이지 않으면, 바이러스가 침투해 들어와 몸을 장악해 버리기 일쑤다. 이러한 이유에서인지 인도에는 겨울에 장례식이 많다. 인도의 겨울은 유난히도 아프고 고통받는 사람이 많은 계절이다.

샤이니도 인도에서 맞은 첫 겨울에 바이럴 피버로 심하게 아픈 적이 있었다. 고열이 심하고 아무것도 먹지 않는 아이에게 해열제를 먹이며 열이 내리기를 기다렸지만 허사였다. 좀처럼 상태가 호전되지 않았다. 아이의 몸이 불덩이 같았다. 몸을 혼자 가누기도 어려워 보였다. 평소에 뭐든 잘 먹으며 씩씩하던 아이는 힘이 빠져 물조차 마시려 하지 않았다. 아플 때마다 마시던 꿀물도 입에 대려 하지 않았다. 그저 엄마를 바라보며 도와달라고 애원하는 듯한 아이의 눈빛에 가슴이 찢어지는 듯했다.

　일요일 저녁이라 같은 동네에 사는 소아과 의사 선생님 댁에 가서 도움을 청했다. 일요일 저녁에 찾아간 의사 선생님 댁 거실에서 샤이니는 하염없이 모두 토하고 말았다. 아이가 다 토하고 나면 괜찮아질 거라고 하셨다. 실제로 구토가 끝나고 항생제를 먹이자 감쪽같이 열이 내렸고 안정을 찾았다. 음식도 조금씩 먹기 시작했다. 우리는 가슴을 쓸어내리며 안도의 한숨을 내쉬었다. 지금도 그때를 생각하면 아찔해서 눈앞이 깜깜해진다. 얼마나 감사했는지 모른다.

　그 후 얼마 지나지 않아 아이가 자전거를 타다 넘어져서 머리에 상처가 난 적이 있었다. 나는 머리에서 피가 흐르는 아이를 붙잡고 울면서 무작정 길가로 나갔다. 그때도 동네 이웃들이 우리를 같은 동네에 사는 외과 의사 선생님 댁에 데려다주었다. 의사 선생님은 아이의 상처 부위에 드레싱과 응급처치를 해 주셨다. 다행히 상처는 생각보다 심하지 않았다. 당황스럽고 두려운 위급했던 순간이었다. 머릿속이 하얘지고 어찌할 바를 모르던 몇 차례의 위기를 무사히 넘길 수 있었다.

　생각해 보면, 우리는 인도 사람들에게 많은 사랑의 빚을 졌고, 은혜를 입었다. 지금도 우리는 인도의 겨울을 추억하며, 함께 했던 소중한 사람들을 기억한다. 기온이 영하로 내려가지 않아 겨울에도 눈 구경을 할 수 없었던 델리. 평생 하얀 눈 구경 한번 하지 못하고 살아가는 사람이 대부분인 그곳. 그래서 10시간 정도 차를 타고 북쪽 히말라야로 굽이굽이 올라가야만 겨우 눈을 구경할 수 있었던 곳이지만, 그 땅의 그 겨울이 너무 그립다.

4. 히말라야 무수리(Mussoorie)에서 보낸 7주

첫 델리의 무더운 여름을 피해 히말라야로 올라갔다. 우리는 7주 동안 작은 힌디어 학교에서 힌디어 문법을 배우면서 인도에서의 첫 여름을 보내기로 했다. 멀리 하얗게 덮인 만년설이 보이는 히말라야 능선에 있는 무수리(Mussoorie)는 피서지로는 최적의 장소로 인도에서 솔솔 부는 시원한 바람을 느낄 수 있는 산꼭대기 도시다.

살인적인 델리의 여름은 기온이 50도까지 올라간다. 인도의 여름은 뭐라 말로 표현할 수가 없다. 가만히 있어도 땀이 줄줄 흐르는 건 물론 움직일 힘도 없고, 잠을 잘 수도 없으며, 심지어 숨 쉬는 것조차 힘들다. 얼굴 앞에서 헤어드라이어가 '윙~' 소리를 내며 뜨거운 바람을 일으키는 것만 같고, 사우나 한증막에 들어가 있는 느낌이 들게 한다. 거기에다가 전기가 수시로 나가서 선풍기나 에어컨을 계속 틀어놓을 수도 없다. 설상가상으로 전기 요금은 얼마나 비싼지 모른다.

샤워를 하고 싶어도 할 수가 없다. 아침 수돗물 공급 시간에 맞춰 물탱크에 받아 두면, 속수무책으로 햇볕에 뜨겁게 데워진 물이 수도꼭지로 그대로 나오고 만다. 이렇게 차가운 물을 따뜻하게 데우기는 쉽지만, 오히려 샤워기에서 뿜어 나오는 뜨거운 물을 식히기가 더 어렵다는 것을 직접 체험을 통해 알게 되는 인도의 실전 여름이다.

결국, 우리는 첫 여름을 무수리의 해발 2,300미터 산꼭대기에 있는 작은 원룸으로 된 숙소를 7주 동안 빌려서 지내기로 했다. 오래전에 영국 사람들이 인도의 무더위를 피해 산꼭대기 정상에 지어놓은 작은 별장 중 하나였다. 인도의 불볕더위는 영국이 인도를 지배하던 그때에도 어찌할 도리가 없었던 모양이다. 어쩔 수 없이 여름이 되면 고지대인 시원한 히말라야로 피한 것이다.

  이노바 택시에 7주 동안 지낼 수 있는 쌀과 김치, 옷가지와 필요한 살림살이를 챙겨 10시간을 달려 히말라야산맥이 보이는 무수리 랜도르(Mussoorie Landour)로 향했다. 끝없이 펼쳐져 평지만 보이던 길은 어느덧, 꼬불꼬불 산으로 이어졌다. 그리고 히말라야산맥에 깊은 밤이 찾아왔다. 가로등도 없이 좁은 낭떠러지 길을 따라 칠흑 같은 어둠 속에서 목적지를 찾아 계속 올라갔다. 다행히 샤이니는 곤히 잠들어 있었지만, 나는 공포에 휩싸였다. 어쩌면 아무도 모르게 낭떠러지로 떨어져 죽을 것만 같은 히말라야의 깊은 산속에서 만난 대모험이었다.

  내비게이션도 없이 길을 찾아가다 보니 깊고 어두운 한밤중에 어딘지 알 수 없는 곳에서 길을 헤매던 때는 다리가 후들거리고 힘이 풀렸다. 길을 잘못 들어서 캄캄한 어둠 속 낭떠러지에서 택시가 기아를 후진에 놓고 자동차를 돌릴 때는 주먹에서 땀이 났다. 엉덩이가 저절로 들려서 편히 앉아있을 수가 없었다. 그대로 깊고 높은 히말라야산맥 골짜기에서 소리도 없이 아무도 모르게 사라질 뻔한 순간이었다. 숨을 쉴 수가 없었다.

  다행히 차분하게 운전해 준 택시 기사 덕분에 우리는 마침내 칠흑 같은 어둠 속에서도 무사히 목적지에 도착할 수 있었다. 그제서야 밤하늘을 수놓은 반짝이는 별이 눈에 들어왔다. 산등성이 도시의 작은 창문에서 쏟아져 나오는 불빛과 어우러진 하늘의 별을 바라보며 입을 다물 수가 없었다. 감사와 감탄이 절로 나왔다. 크고 놀라운 은혜가 아닐 수 없었다.

  무수리의 산꼭대기에는 랜도르(Landour)힌디어학교가 있다. 무수리는 1900년에 기독교 부흥이 있었던 곳으로 인도의 다른 지역에 비해 기독교인이 많은 편이다. 기독교 병원과 학교, 보육원, 힌디어 학교까지 선교사들이 세운 곳이 많다.

그뿐만 아니라 인도의 독립과 더불어 영국 사람들이 떠난 후 그들이 사용하다가 남긴 물건들이 가득한 골동품 가게가 즐비했다. 우리는 가끔 몰로드(Mall Road)로 장을 보러 갔다가 골동품 가게에 들러 옛 영국 사람들이 사용하던 오래된 희귀한 물건을 구경했다. 나는 작은 핸드벨을 하나 샀다. 예뻐서 샀는데, 예전에 영국 사람들이 주로 하인을 부를 때 사용하던 것이라고 한다. 외국인이 많이 살던 곳이다 보니 무수리의 가게에는 델리보다도 빵이나 케이크를 만드는 제과 도구가 다양했다. 나는 그곳에서 델리에서 사지 못했던 빵틀과 머핀 틀 그리고 계량컵과 같은 도구를 사서 가져왔다. 무수리는 인도에서 가장 서구적인 곳으로 델리보다도 서양 음식과 물건이 가게에 많이 진열되어 있었다.

무수리에서 랜도르 산등성이의 오른쪽으로 더 올라가 산꼭대기 마을에 있는 '씨스터스 하우스'(Sister's House)라는 곳은 오래전에 영국 선교사들이 그곳 자매들에게 빵 굽는 법을 알려 준 덕분에 지금까지도 유일하게 빵을 사 먹을 수 있는 곳이다. 그 곁에 나란히 있는 작은 가게에서는 물과 밀가루 등 공산품으로 된 식재료를 살 수 있다. 무수리에 올라와서 빵을 구워 먹는 서양 사람들을 위한 가게로 마실 물이나 우유를 배달해 주는 더없이 좋은 고마운 곳이다. 대중교통이 전혀 없는 산꼭대기 동네에서 물과 우유를 사서 손에 들고 걸어서 가져오는 일은 유격훈련을 받는 것과 같았기 때문이다. 우리도 그곳에서 아이의 간식과 우유, 마실 물을 사서 배달을 요청했다. 얼마나 감사한 곳이었던가!

무수리의 랜도르힌디어학교도 100여 년 전에 영국 선교사들이 힌디어를 공부하기 위해 세운 곳이다. 인도에서 가장 오래된 힌디어 학교로 선교사가 세운 랜도르교회 안에 있다. 이미 입소문으로 널리 알려져 외국인들이 한여름(보통 가장 기온이 높은 여름방학인 5월과 6월)에 무더위를 피해 이곳에 와서 힌디어를 배운 후 각자 살던 곳으로 다시 돌아가는 유명한 학교다.

교회 안에 여러 작은방을 교실로 만들어 1:1 수업을 한다. 인도 힌디어 선생님의 실력과 수업 체계는 탁월하다. 학생이 본인이 원하는 선생님을 신청해서 1:1로 수업하는 제도다. 특히, 잘 가르치는 인기 있는 선생님들과 공부하기 위해 학생들끼리 경쟁도 상당히 치열하다.

지금도 여러 나라에서 온 연구원들이나 선교사들이 이곳에서 일대일 힌디어 수업을 받는다. 예나 지금이나 힌두교와 회교도인 인도 선생님들이 기독교인들에게 힌디어를 가르치며 친구가 되는 모습은 인상적이다. 인도 선생님들은 외국인 학생들이 선교사 신분인 것을 아는지 모르는지 묻지도 않고, 종교에 상관없이 의욕에 찬 모습으로 한결같이 성실하게 학생들을 가르친다. 우리 부부도 그곳에서 외국인들과 더불어 실력 있는 인도 선생님들과 함께 힌디어를 공부했다. 수업이 끝나면 따로 개인 과외를 받았다. 타 문화권에서 다른 새로운 언어를 배우는 일은 끝없는 노력이 필요했다.

그곳에 머물기 위해서는 넘어야 할 큰 장벽이 하나 있다. 바로 고산증이다. 사람들은 고산증 때문에 머리가 너무 아파서 고산증을 견디지 못하면 결국 무수리 아래쪽 몰 로드로 다시 내려가야만 한다. 우리도 머리 피부가 벗겨지고 두통이 심한 고산증을 겪었지만, 감사하게도 이내 적응이 되어 갔다. 우리는 무수리 산꼭대기의 랄 띠빠(Lal Tibba, 전망대라는 뜻을 가진 실제로 히말라야 봉우리가 보이는 곳)에 거주하고 있었다. 전망대가 있어서 멀리 히말라야의 최고봉 에베레스트도 보였다. 날씨가 좋은 날은 우리 방의 작은 창문을 통해서 만년설이 쌓여있는 K2를 볼 수 있는 호사를 누리기도 했다.

그런데 그곳에는 우리가 사용하던 핸드폰 회사 에어텔의 기지가 없었다. 전화 사용은 물론 인터넷도 할 수 없었다. 텔레비전은 말할 것도 없었다. 세상과 단절된 경험은 삶의 참 휴식을 줬다. 인터넷이 필요할 땐 무수리 산자락 중심에 위치한 '짜르 두깐'(Char Dukaan, '가게 네 개'라는 뜻의 힌디어)으로 향했다. 거기에는 네 개의 가게가 있었다. 우리는 왼쪽에서 두 번째에 있는 인터넷 카페에서 사용료를 내고 비치된 컴퓨터를 이용해 이메일을 확인할 수 있었다. 그곳에서만 유일하게 인터넷 사용이 가능했다.

전화가 필요할 땐 관리인 커비르와 까니카의 전화를 빌려서 사용했다. 짜르 두깐(네 가게)은 모든 외국인의 집합소와 같았다. 호주, 캐나다, 미국, 스위스, 영국에서 온 외국인이 이메일을 확인하기 위해 모여들었기 때문이다. 짜르 두깐은 외부인이 모여 간단한 식사도 해결하고 커피와 짜이도 마시며, 인터넷 확인도 하는 참새 방앗간 같은 곳이었다. 사람들은 그곳에서 정보를 얻고 바깥소식을 들었다.

그리고 그곳엔 사람들뿐만 아니라 원숭이들도 진을 치고 있었다. 관광객들이 많이 찾는 곳이다 보니 그곳은 늘 북적거렸다. 빼놓을 수 없는 명소였다. 무수리는 인도 사람들이 선호하는 신혼여행지 중의 하나이기도 하다. 아름답고 시원한 휴양지 같은 곳이었다. 지금도 나는 그곳을 그리워한다.

랜도르에는 아주 오래되고 멋스러운 호텔 겸 레스토랑인 로크비 마노르(Rokeby Manor)라는 곳이 있다. 영국이 지배했을 당시 장교가 머물던 관사였다고 한다. 나중에는 무수리 산등성이에 세운 선교사 자녀 학교였던 국제 학교 우드스탁(Woodstok, 1854년에 세워진 아시아에서 가장 오래된 기숙사형 국제 학교) 학생들의 학부모들을 위한 게스트 하우스로 사용되기도 했다. 우드스탁(Woodstok)은 소설 『소공녀』 속의 여주인공 세라가 공부하던 학교다. 명문 학교로 인도는 물론 부탄 등 해외 근방 국가의 왕족과 부유층 자녀들이 유학을 오는 곳으로 지금은 한국 학생들도 그곳에서 공부하고 있다. 한때 학부모들을 위한 게스트 하우스가 지금은 개인 소유가 되어 아기자기한 영국식 호텔과 레스토랑으로 운영되고 있다.

소박하고 예쁜 꽃들로 가득한 그곳의 작은 정원에서 굽이굽이 펼쳐지는 히말라야산맥을 멀리까지 볼 수 있으며, 산 아래 랜도르 언덕 입구에 있는 클락 타워(Clock Tower) 레스토랑과 같은 서양식과 인도식 메뉴를 제공한다. 멋과 맛이 있고, 휴식과 교제가 있는 따사로운 곳이다. 한국에서 친지들이 인도를 방문해서 무수리를 여행할 때면 항상 그곳을 다시 찾아 음식을 먹으며 그곳만의 추억을 이야기했다.

산꼭대기 마을이라 대중교통을 전혀 이용할 수 없어서 매일 걸으며 등산하는 것처럼 산길을 따라 걸었다. 남편은 걷기 싫어하는 샤이니를 무등을 태워 데리고 다니곤 했다. 힘들어도 내색하지 않고 경사가 급한 언덕길을 아이를 데리고 오르내렸다. 심지어 그곳에는 채소를 파는 곳도 없어서 매주 토요일마다 일주일에 한 번씩 택시를 불러 식재료를 사기 위해 시장이 있는 몰 로드로 내려갔다. 무수리에서 유일한 교통수단은 택시였다. 우리는 매일 가파른 오르막길을 걸었다. 그래도 덕분에 매일 운동할 수 있어서 건강에 도움이 되었다.

샤이니도 그곳에서 친구를 만났다. 히말라야에서의 7주를 기대하며 한껏 부풀어 있던 우리는 숙소에 도착하자마자, 마당에서 미국인 꼬마 여자아이 조에(Zoe)를 만났다. 바로 옆집에 살고 있었다. 샤이니가 반가워하며 아이에게 달려갔다. 샤이니는 Zoe로부터 '조애'도 아니고, '조이'도 아닌 발음을 여러 차례의 발음 교정을 받고 난 후에, 두 아이는 친구가 되었다. 드디어 처음으로 샤이니는 같은 또래 여자아이를 만난 것이었다. 바로 옆집에 사는 조에는 힌디어 공부를 하는 부모님을 따라 미국에서 왔는데 네 자매 중 막내였다. 언니가 많아서 그런지 조에는 똑 부러지고 야무지게 가르쳐 주며 줄곧 많은 시간을 함께 보냈다.

두 아이는 마당에서 물놀이도 하고, 교회에서 예배가 끝난 오후에는 소꿉놀이를 했다. 두 아이의 우정은 깊어 갔다. 같이 식사도 하며, 자동차가 있던 조에 아빠는 우리를 태워주기도 했다. 아슬아슬한 낭떠러지 위의 구불구불한 좁은 길을 운전하는 모습은 경이롭기까지 했다. 조에 아빠 케네스는 부모님이 선교사였고, 본인도 부모님의 길을 따라 선교사로 헌신한 가정이었다.

다른 미국 친구 조시네 가족은 세 딸이 있었다. 조시 부부는 오래전에 영어 원어민 선생님으로 한국에서 살았던 경험 때문에 우리 집 음식을 좋아했다. 가끔 닭볶음탕이나 짜장밥, 김밥을 만들어서 같이 먹었다. 그들 모두가 겸손하고 헌신된 우리의 친구였다. 이제는 각각 흩어지게 되었지만, 지금도 샤이니는 가끔 조에에 대해 말한다. 어린 시절, 함께 마음을 나누던 친구를 아직도 잊지 않고 가슴에 담고 있었다. 비록 다시 만나기는 어렵지만 이런 소중한 추억은 아이를 건강하게 자라게 하며, 마음을 풍요하게 해주었다. 어찌 감사하지 않을 수 있겠는가?

그 후로도 무수리에는 여러 차례 다녀왔다. 그곳은 갈 때마다 새로웠다. 가도 가도 다시 또 가보고 싶은 곳이다. 우리가 머물던 작은 집을 찾아보고, 주일마다 예배를 드리고 같이 점심식사를 하던 그 고아원 교회도 가보고 싶다. 지금도 예배가 끝나면 고아원 아이들이 운동장에서 신나게 축구를 즐기며 시간을 보낼지 그때 그 모습이 그립고 궁금하다.

미국인 조에의 케네스 가족과 베티, 엘리자베스, 조시의 세 딸과 아내 그리고 인도 수라즈 목사님과 성도들을 나는 기억한다. 우리는 함께 좁은 교회 공간에 둘러앉아 둥그런 접시를 하나씩 들고는 김이 모락모락 올라오는 인도 음식을 손으로 맛있게 집어 먹었다. 어느 누구도 불평하는 소리를 입 밖으로 내지 않았고, 함께 웃으며 미소 지었다. 노란 카레 향 가득했던 그 다정한 점심 만찬의 기운이 아직도 입가에 남아 있다.

5. 이사하며 울다

처음 우리가 살던 동네는 델리에서 꽤 복잡한 동네였다. 구름 떼 같이 몰려드는 수많은 유동 인구에 비해 도로 사정은 열악하기 짝이 없었다. 들어오고 나가는 릭샤와 오토릭샤, 작은 트럭 템포와 자동차들이 줄을 이었다. 끼어들고 역주행하는 일이 다반사였다. 사람들이 다니는 인도가 따로 정비되어 있지 않았다. 신호등이나 길을 건널 수 있는 횡단보도조차 없었다. 길 건너편 작은 슈퍼에 가려면 오고가는 릭샤와 오토릭샤 그리고 오토바이와 빵빵거리는 자동차가 뒤엉킨 길을 건널 엄두를 내지 못한 채 그저 우두커니 서서 무사히 건너갈 기회만을 엿보기 일쑤였다. 어쩔 때는 급기야 찻길을 건너지 못하고 있는 나를 위해 가게의 인도 직원들이 나와서 안전하게 길을 건널 수 있도록 도왔다. 비가 오면 집 앞마당과 입구에는 하수구가 정비되어 있지 않아 물이 무릎까지 차올랐다. 자동차도 움직일 수 없었다. 밖으로 나갈 엄두도 낼 수조차 없이 집 안에서 상황을 살피기만 할 뿐이었다.

델리에는 어느 정도(하루에 한 번, 이른 아침 시간) 상수도관에서 수돗물을 공급해 주고 있었다. 인도의 다른 지역에 비하면 물도 깨끗한 편이었다. 우리가 처음 살았던 동네는 같은 뉴델리였음에도 수도관이 들어오지 않아 당국에서 공급하는 수돗물을 사용할 수 없었다. 그저 건물과 물탱크를 관리하는 경비(힌디어로 '쪼끼다르'라고 함) 비제이가 생활에 필요한 최소한의 물을 사용할 수 있도록 물차를 불러주었고 그럴 때면 건물 지하에 설치된 큰 물탱크에 주민들이 사용할 생활용수를 가득 채웠다.

그러나 우리는 건물 바닥 아래에 있는 물탱크를 직접 눈으로 확인할 수 없어 사용할 수 있는 물이 얼마나 남아 있는지 알 길이 없었다. 그러다 보니 세탁기가 돌아가다가 물이 떨어져서 멈추는 일이 다반사였다. 아침에 시작한 세탁기가 물탱크에 물이 차기를 기다리다가 저녁에야 겨우 마치는 게 일상이 되곤 했다. 때론 빨래를 아예 하지 못하고 지나갔다. 어느 날은 아이를 씻기고 나서 내 머리를 감다가 미처 다 헹구지도 못한 채 물이 떨어져 어쩔 수 없이 식수인 생수병에 담긴 물로 마무리해야 할 때도 있었다. 눈물이 핑 돌며, 엉엉 울고도 싶었지만 이를 악물고 참았다. 적어도 수돗물이 공급되는 지역으로 이사하기를 원했다.

그곳에는 아이가 놀 수 있는 놀이터도 마땅치 않았다. 바깥으로 나가 놀기가 쉽지 않은 환경이라서 샤이니는 줄곧 집 안에서만 지내야 했다. 처음 인도에 정착할 때만 해도 아이를 데리고 문밖으로 나갈 때마다 큰 용기와 모험심이 필요했다. 외출하기가 어려웠다. 나는 집 안에서 아이와 함께 달리기며, 담요 말이, 비행기와 슈퍼맨 놀이, 자전거, 그네, 미끄럼 타기를 하며 온몸과 힘을 다해 같이 놀아줘야만 했다. 넘쳐나는 아이의 에너지를 감당하는 것도, 전기가 나가면 어둡고 캄캄한 방 안에서 더위를 견디는 것도 어려웠다.

마침내 우리는 아침마다 수돗물이 정기적으로 공급되고 근처에 놀이터와 공원이 있는 동네로 이사하기로 했다. 아이를 위한 선택이었다. 인도까지 와서 새로운 문화에 적응하느라 애쓰는 샤이니가 안쓰러웠다. 주변 환경을 다시 바꾸는 것은 아이에게 더 힘든 일이 될 수 있었지만, 그 당시에는 최선이었다. 아이와 함께 이사할 집을 같이 찾아보았다. 마침내, 샤이니가 마음에 들어 하며 편안하게 생각하는 집을 구했다. 이삿날을 정하고 미리 이사할 집을 청소할 때도 샤이니를 데리고 갔다. 새로운 집과 최대한 친근해질 수 있도록 돕고 마음의 준비를 시키기 위해서였다.

"우리 여기서 살자. 마음에 들어?"

"응, 좋아."

걱정했던 마음이 놓였다. 드디어 이사 당일 아침이 되었다. 옆집 이웃 쁘리띠마 안띠가 샤이니를 봐주겠다고 했다. 샤이니는 평소에도 옆집에 종종 놀러 가곤 해서 마음을 놓고 있었다. 드디어 짐을 꾸려 차에 싣기 시작했다. 열 명의 일꾼이 짐을 포장하고 나르는 작업을 꼼꼼히 살펴야만 했다(제3장 '기온 40도에서 이사하기'에 더 자세한 일화가 있음).

나는 마음이 급했다. 그런데 아이가 불안감을 크게 느끼고 있어서 어찌해야 할지 몰라 서서히 조바심이 났다. 옆집 쁘리띠마 안띠는 평소에 샤이니가 좋아하던 빠라타(Paratha, 인도의 납작하고 층이 있는 빵)와 쿠키를 가져와 아이를 구슬리며 집으로 데려가려고 아무리 애를 써도 샤이니는 좀처럼 움직이지 않았다. 이삿짐과 먼지가 가득한 엄마 곁에 꼭 달라붙어 있었다. 급기야 자기 침대에 올라가서는 아무도 침대 이불에 손끝도 대지 못하도록 크게 소리 내어 울기 시작했다. 아이에게 힘들고 어려운 변화가 될 거라고 예상은 했었지만, 그토록 큰 스트레스가 될 줄은 몰랐다. 마침내 우는 샤이니를 붙잡아 안고는 겨우 아이의 침대와 이불까지 모든 짐을 트럭에 실었다.

나는 먼저 아이를 데리고 에스더 사모님과 함께 이사할 새집으로 향했다. 새로 이사할 집 현관 앞에서 내가 열쇠 뭉치를 꺼내려고 가방에 손을 넣는 순간이었다. 아이는 내 손을 꼭 붙잡고 통곡하며 울어댔다. 열쇠를 꺼내지 못하게 내 손을 움켜잡았다. 하는 수 없이 에스더 사모님이 열쇠를 꺼내 현관문을 겨우 열었다. 달래 보려 애를 썼지만, 울음을 멈추려 하지 않았다. 결국, 아이를 데리고 같은 동네에 살던 유주 사모님 댁에 가서 아들 의건이와 함께 놀게 하며 겨우 마음을 달랬다. 조금 진정이 되어 보였다. 나는 가슴을 쓸어내렸다.

이삿짐을 옮기는 사람들은 우리가 한국에서 가져간 양문형 삼성 지펠 냉장고를 운반하는 데 애를 먹었다. 냉장고의 양문을 분해해서 옮겼으면 훨씬 쉬웠을 텐데, 우리도 그 당시에는 잘 몰랐던 터라 이동시키는데 어려움이 이만저만이 아니었다. 인도에서는 보기 어려운 한국형 커다란 냉장고는 계단을 통과해 내려오는데 큰 고전을 치러야만 했다. 그곳에는 그 누구도 이전에 양문형 냉장고를 옮겨본 사람이 없었기 때문이다.

모든 짐을 힘겹게 트럭에 싣다 보니 시간이 많이 지연되었다. 공식적으로 델리 시내는 오후 4시 이후부터 저녁 9시 이전까지는 트럭이 운행할 수 없다. 밤 9시까지 통행 제한 시간이 풀리기를 기다려야만 했다. 그러다 보니 결국 이삿짐은 밤 11시가 넘어서야 이삿짐만 바닥에 내려놓고는 모두 가버렸다. 도착한 짐을 풀지도 못했다. 겨우 창문에 커튼만 치고 간단하게 잠자리를 준비했다. 그저 더 좋은 환경의 새로운 집에서 편안하고 쾌적한 삶을 살게 되리라는 부푼 꿈을 꾸었다. 그때는 몰랐다. 그곳에서 얼마나 많은 복잡 기묘한 사연이 기다리고 있을지(다음 장에서 소개).

겨우 이부자리만 펴고 누워서 잠시 눈을 감았던 그 시간, 늦은 밤이었다. 갑자기 샤이니가 크게 울기 시작했다. 악몽을 꾸었거나 쌓인 스트레스가 아이의 마음을 무섭고 두렵게 하여 불안하게 했던 모양이다. 샤이니는 아무리 달래도 울음을 그치지 않았다. 막무가내로 울어 댔다. 아이를 안고 기도했다. 기도밖에 할 수가 없었다. 한참 아이와 함께 기도한 후에야 샤이니는 곤히 잠이 들었다.

마음이 무너질 것만 같았다. 아이가 힘들어하지 않도록 아이의 동의를 구하며 마음의 준비를 시켰지만, 어린아이가 견디기에는 크고 무거운 짐이었나 보다. 새로운 환경으로 이사하는 것은 내가 생각했던 것보다 아이에게 훨씬 더 힘들고 고통스러운 일이었다.

6. 바산트 쿤즈(Vasant Kunj) A 블록(Sector A)

인도의 을씨년스러운 겨울이 지나고 마침내 봄이 왔다. 이사하고 나서 맞이한 첫 번째 봄이다. 델리에서의 봄은 계절을 가장 즐겁게 누리며 활동할 수 있는 최적의 날씨였다. 나는 햇살이 따스해지자, 분홍 페튜니아꽃과 흰색 데이지꽃, 키가 큰 달걀 프라이 모양의 쑥갓꽃이 피어나기 시작하는 바산트 쿤즈 A블록 안에 있는 공원으로 나갔다. A블록의 최대 장점 중 하나가 단지 가장자리 안에 큰 공원이 자리하고 있다는 거였다. 우리가 그곳으로 이사한 이유이기도 했다.

샤이니는 세발자전거 뒷좌석에 작은 축구공 하나를 싣고는 살갗을 간지럽히는 봄 햇살 속에서 신나게 놀고자 하는 굳은 의지를 품고 자전거 페달을 힘차게 밟았다. 나는 그 뒤를 따랐다. 하지만, 기온이 37도 정도까지 오르는 것은 어느 정도 견딜 수 있었지만, 그 이상은 도저히 참기 어려웠다.

그러나 샤이니를 포함해 동네 아이들은 높은 기온에 상관없이 봄과 함께 시작된 더운 열기 속에서도 공원 안의 작은 운동장에서 공을 차고 배드민턴을 치고, 크리켓(Cricket, 인도와 영연방 국가에서 즐겨하는 야구와 비슷한 스포츠로 11명으로 이루어진 두 팀이 치르는 경기. 인도에서는 열광적인 인기를 끄는 운동 종목이며 골목마다 아이들이 모여 크리켓을 즐김)을 하며 뛰어놀았다. 아이들은 물병을 하나씩 들고나와 한쪽 구석에 줄지어 놓고 있다가 수시로 들이키기를 반복하면서 타는 갈증을 해소해 나갔다. 더 뜨거운 여름이 오기 전에 최대한 즐기며 놀고야 말겠다는 다짐을 굳건히 지켜가는 듯했다.

가끔은 이렇게 재미난 놀이 시간에 원숭이 가족들도 공원에 출현할 때가 있었다. 사람들이 놀고 있는 공원에서 유유히 그것도 길을 따라 걸으며 사람들을 구경하는 원숭이 가족을 가능한 한 멀리 서서 지켜보는 두려움 섞인 구경거리도 재미를 더했다. 종종 이 큰 공원을 가로질러 공원 너머에 있는 가게에 장을 보러 갈 때마다 원숭이 가족을 만나지 않도록 조심해서 다니곤 했다.

바산트 쿤즈(Vasant Kunj)는 미스 유니버스(세계 미인대회)에 출전한 미스 인디아(Miss India)로 뽑힌 아름다운 여성이 나오고, 의사들이 많이 사는 곳으로 유명한 델리 남쪽에 위치해 있다. 남델리 바산트 쿤즈는 인디라간디국제공항(Indira Gandhi International Airport)과 가까웠다. 새로운 상업적 신도시로 개발된 구르가온(Gurgaon, Commercial Hub)과 경계를 이루며 바로 인접해 있다. 또한 델리에서 가장 큰 쇼핑몰인 디엘에프(DLF Ambience Mall, DLF Promenade Mall)가 어마어마한 규모로 새로 들어서면서 수많은 쇼핑객의 발걸음이 끊이지 않았다. 태국과 두바이로 쇼핑 여행을 다니던 인도 갑부들이 인도에서도 마음껏 쇼핑할 장소가 생겨 좋아했다는 곳이다.

뒤쪽으로는 네루대학교(JNU, Jawarlal Nehru University, 진보적인 대학교로 종종 대자보를 붙이거나 데모하는 인도의 명문대학교) 교정이 큰 산을 덮고 있었다. 네루대학교라 부르기도 하고, 보통 제뉴(JNU)라 불린다. 비행기를 타고 이착륙(보통 한밤중에 하기에 보기 어려움)을 할 때 네루대학교를 구경하곤 했다. 가끔 우리 가족은 델리 맛집으로 소문난 JNU대학교 내의 학식을 먹으러 가곤 했다. 저렴하면서도 맛이 보장된 곳이었다. 나중에는

TOPIK(한국어 능력 시험) 장소로 토픽 시험 감독을 위해 정기적으로 갔었다. 대학교에서 열린 한국 축제나 한국어 말하기 대회, 한국 노래 대회 등 여러 행사에 참여하곤 했던 곳으로 내겐 그리운 대학교다.

네루대학교 교수로 있던 친구, 이현경 교수의 도움으로 샤이니는 대학교에서 운영하던 태권도 수업에 참여해 품새를 배우러 다녔다. 후에 샤이니는 우리가 다시 주인도 한국문화원 근처로 이사하고 나서도 한국문화원에서 태권도 수업을 받았는데, 그만 크게 구령을 외치던 인도 사범의 목소리에 울음을 터트려 태권도와는 작별을 고하고 말았지만 말이다.

예상치 못했던 여러 문제를 마주하며 우리는 그 집에서 2년 정도밖에 살지 못했지만, 좋은 추억이 깃들었다. 무엇보다 여러 지인이 방문해서 머물다 가며 사랑의 교제를 나누던 복된 터전이었다. 우리가 살던 A 블록은 바산트 쿤즈 DDA(Delhi Development Authority Government og India, 1957년에 델리의 주택 건설 단지를 조성하기 시작한 인도의 주택 개발 단지) 중에서도 가장 일찍(1990년대) 계획적으로 지어진 노후된 거주 단지였다. 아이가 어려서 유모차를 들고 오르내려야 해서 1층(인도식으로 Ground Floor)에 집을 구해 아이와 함께 들고나기가 편하게 했다. 그러다 보니 우리가 감당해야 할 예상치 못했던 어려움에 부딪히며 힘든 시간을 보내야만 했다.

다른 지역과는 달리 바산트 쿤즈는 하루에 한 번씩 물을 받아 사용하는 물탱크가 옥상이 아닌 바로 집 옆 마당 뒤쪽에 있었다. 그러다 보니 더위에 목이 마른 원숭이가 열쇠가 잠겨있지 않은 어느 집 물탱크에서 뚜껑을 열고 물을 마시다가 물탱크에 그대로 빠져 죽었다는 지역 신문 기사를 본 적이 있다. 물탱크에 꼭 자물쇠를 잠가 두라는 권고와 함께.

한번은 같은 블록에 살던 의건이네 집에 한국에서 한 교회 집사님이 방문하셨는데, 주거 환경을 보고는 눈물을 쏟아내셨다고 한다. 한국의 쾌적한 아파트에 비하면 허술하기 짝이 없었을 뿐만 아니라 아이를 키우기에도 적합하지 않게 보이는 게 당연했을 것이다. 한국에서 우리 집에 여러 차례 방문하셨던 홍동완 목사님은 바산트 쿤즈를 돌아보시더니 인도가 중국보다 더 개발이 안 되어 있다며 안타까워하셨다. 중국에도 여러 차례 다녀오셨던 터라 아무래도 바로 인도와 비교가 되셨던 모양이었다. 그래서인지 홍 목사님은 우리를 위해 눈물로 기도해 주셨다.

우리는 나름대로 좋은 곳에 살고 있다고 자부했음에도 불구하고 외부인들의 눈을 통해 보이는 것은 달랐다. 온통 회색빛과 누런 황토색 먼지로 뒤덮인 먼지투성이 건물들과 포장이 안 된 울퉁불퉁한 흙길을 지날 때마다 덜커덩거리며, 수시로 흙먼지가 날려서 얼굴을 수건으로 뒤집어써야만 했다. 눈과 코, 입안으로 들어가지 못하게 최대한 보호한다고 해도 그 많은 먼지를 견디기에는 역부족이었다. 쾌적한 것과는 거리가 있어 보이던 그곳이 낙후되어 보일 수밖에 없었을 것이다. 한번은 홍 목사님이 한국에서 일행과 함께 우리 집에 오셨다가 우리가 미처 잡지 못하고 쩔쩔매고 있던 생쥐들을 소탕해 주셨던 적도 있으니 더욱 그러지 않으셨을까?

사실 우리가 살던 A 블록 1450번지는 이사하면서부터 여러 문제가 앞다투어 나오기 시작했다. 가능하면 1층이나 4층 꼭대기 층 탑플로어(Top floor)에는 살지 않는 것이 좋다는 조언을 들었지만, 아이와 함께 유모차나 세발자전거, 20리터짜리 생수통을 들고 나가기 편한 마땅한 집을 찾다가 결국 1층으로 이사할 수밖에 없었다. 그런데 설마 했던 일들이 눈앞에서 벌어졌다.

이사하고 얼마 지나지 않아 안방에서 잠을 자고 있던 우리는 갑작스럽게 우당탕거리는 소리에 깜짝 놀라 잠이 깼다. 붙박이장 나무 옷장에서 나는 소리였다. 옷걸이에 옷을 걸어 두었는데, 옷걸이가 부서지며 걸려 있던 옷들이 바닥으로 우두둑 떨어지고 만 것이다. 무슨 이유인지 알 수가 없었다. 집주인에게 연락해서 바로 원인을 찾아냈다.

바로 흰개미(Termite, 나무를 닥치는 대로 갉아먹는 습성이 있는 것으로 우리나라에는 서식하지 않는 종이지만 가끔 뉴스 기사에 나오는 유해한 곤충)가 나무로 만들어진 안방의 옷장을 갉아 먹은 바람에 옷걸이가 견디지 못하고 주저앉은 것이었다. 옷장을 손으로 톡톡 두들겨 보니 '텅텅' 빈소리가 힘없이 울렸다. 옷장 나무의 속이 다 비어있었다. 공포가 밀려왔다. 우리가 옷장 바로 옆 침대 위에 누워 곤히 자고 있을 때, 흰개미들은 도둑처럼 들어와 옷장 속에서 나무를 맛나게도 다 갉아 먹고 있었다고 생각하니 소름이 돋았다. 등줄기가 오싹해지고 식은땀이 흘러내렸다. 샤이니는 이제 겨우 세 살밖에 되지 않았는데 말이다. 하필이면 흰개미가 있는 집으로 이사를 하다니. 앞이 캄캄했다. 피하고 싶은 현실 앞에 마음이 무너져 내려앉았다.

인도에서 살면서 가장 피해야 할 공포의 주택 1순위가 흰개미가 있는 집이다. 종종 이 흰개미의 공격으로 싱크대 상부장이 무너져 내려앉기도 한다. 거기에다 인도 부자들이 침대 밑 서랍이나 벽장에 현금을 쌓아두고 살다가 어느 날 감쪽같이 하나도 남김없이 사라지는 일이 발생하기도 하니 얼마나 무서운 존재인가? 이 불청객 흰개미로 인해 집안의 모든 붙박이장과 서랍장을 주기적으로 교체하는 집도 있다. 이 곤충은 종이도 좋아한다. 책꽂이에 꽂힌 책에 들어가 단숨에 먹어 치워버려 읽으려고 꺼낸 책이 표지만 남겨진 채 안이 텅 비어있는 황당한 경험을 하기도 한다. 인도에서는 이 천하무적 흰개미의 피해를 보는 집이 한둘이 아니다. 그러다 보니 인도에서는 정기적으로 주택의 흰개미 퇴치를 위해 방역을 해 주는 업체가 따로 있다.

이사와 방역 두 가지 방안을 놓고 고민하다가 흰개미를 없애는 방역을 선택했다. 집안 곳곳에 숨어있는 이 불청객을 퇴치하기 위해서는 아주 독한 약으로 집안 전체를 소독해야 해서 우리는 집에 머물 수가 없었다. 호텔에 머물러야 할 상황이었는데, 의건이네 집과 에스더 사모님 댁에서 불러주셔서 함께 머물며 사랑의 신세를 졌다. 우리는 지독한 소독약 냄새가 다 빠진 후에야 다시 집으로 돌아갈 수 있었다.

그뿐만이 아니었다. 곰팡이가 조금씩 생기기 시작하더니 거실과 방에 있던 모든 수납장과 벽을 서서히 잠식해 갔다. 결국, 수납장에 들어간 모든 물건은 더 이상 사용할 수 없는 상태가 되어 모두 버릴 수밖에 없었다. 모든 칸은 그냥 비워두기 시작했다. 안방과 거실, 부엌에는 창문이 있었지만 열 수가 없었다. 집이 1층이다 보니 지나다니는 사람이 너무 많아 집 안을 훤히 볼 수 있으며, 하염없이 날리는 먼지가 속수무책으로 집안에 들어왔기 때문이다.

우리는 늘 커튼을 치고 창문을 닫은 채로 살아야만 했다. 바닥은 1층이라 습하고 햇볕이 들지 않아 상황은 날로 악화될 수밖에 없었다. 아이에게 피부병이라도 생길까 걱정이 앞섰다. 신발장에 넣어둔 신발에도 온통 곰팡이가 피었기 때문이다. 어느 것 하나 성한 것이 없을 지경이었다.

그러던 어느 날, 우리 가족은 식탁에 앉아 저녁 식사를 하다가 지진이 일어난 줄 알고 놀라서 우당탕 자리를 박차고 일어나 집 밖으로 피신했다. 거실에 깔려있던 사각형 대리석 타일이 우두두 큰 소리를 내며 위로 솟구쳐 오르기 시작한 것이다. 너무 놀라서 소리를 지르며 집이 무너져 내려앉을까 봐 아이를 부여잡고 뛰쳐나왔는데, 다른 집들은 아무 요동이 없어 의아했다.

델리에 있으면서 몇 차례 지진을 감지해서 식탁 아래로 아이를 데리고 들어가 피하기도 하고, 주인도 한국문화원에서 수업하던 중에 건물이 흔들리고 책상의 물컵이 미끄러져 내리는 상황에 놀라서 모든 직원과 학생이 건물 밖으로 대피한 적도 있었다.

당연히 지진이라고 생각했던 우리는 다시 집 안으로 들어왔다. 여기저기 큰 바닥 타일들이 깨지고 어긋나 있었다. 타일 폭파 사건이 터지고 말았다. 바닥에 습기가 가득 차올라 타일이 더 이상 버텨내지 못하고 서로 지지하던 힘이 어긋나며 모두 들춰져 일어나고 만 것이다. 우리나라처럼 바닥에 보일러나 난방 시설이 되어 있지 않으니 바닥 타일이 일 년 내내 축축한 상태로 습기를 머금고 있다가 마침내 일이 터진 거다. 그래서인지 인도의 대부분 주택은 바닥을 타일 대신 콘크리트나 천연 대리석으로 깔아 놓는다. 특히, 주택의 1층은 타일을 깔면 안 되었다.

거실 바닥을 다 뜯어내고 대대적인 공사가 들어갔다. 안방에서 겨우 잠을 자며 길고 긴 공사 기간을 거치면서 우리는 이사를 결심했다. 마침 그때 미국인 친구 로라가 살고 있는 집의 위층 집이 비어있다면서 이사를 권유했다. 그렇게 바산트 쿤즈 A 블록에서의 우리의 삶은 마침표를 찍고 우리는 새로운 곳에 터전을 잡기 위해 다시 정든 곳을 떠나야만 했다.

캐나다인 모르몬교 선교사가 살다가 본국으로 돌아가고 나서 텅 비어 있던 집, 라즈빳 나가르 섹터 3으로 이사했다. 라즈빳 나가르(Lajpat Nagar)는 1947년 파키스탄과 인도가 분리될 당시 펀자브 난민들을 위한 거주지로 정해 주었던 곳이다. 시크교도들과 아프가니스탄인 및 외국인이 많이 거주하는 곳으로 북한대사관 직원도 거주하고 있어서 가끔 가게에서 마주칠 때도 있었다.

그외에도 스타벅스가 있어서 우리에게 커피를 마시러 갈 수 있는 소소한 기쁨을 주던 곳이었는데 얼마 지나지 않아 문을 닫고 말았다. 어쩌면 스타벅스가 들어왔다가 망하고 문을 닫은 유일한 곳이 아닐까? 가까운 센트럴 마켓은 늘 다채로운 볼거리가 있었으며, 전기가 나가면 샤이니와 함께 맥도날드로 피신을 할 수 있었던 인도에 있는 우리의 고향과도 같은 곳이다. 그곳은 인도에서 우리의 마지막 집이 되었다. 한국으로 돌아오기 전까지 6년을 거주했다.

7. 인도 시골 풍경과 작은 신학교

남편은 델리 외곽에 있는 시골 마을 신학교에서 학생들을 가르쳤다. 인도 전역에서 신학을 공부하기 위해 모인 학생들이 기숙하며 생활하는 신학교였다.

처음에는 지리에 익숙하지 않아 신학교 학장인 선교사님께서 우리를 데리러 오시기도 하고, 택시를 타고 가기도 했다. 나중에 자동차를 직접 운전해 가기 위해 1시간 반이 훨씬 넘게 걸리는 그 복잡하고 먼 길을 매번 외우고 또 외웠다. 사실 인도의 길거리 특히 시골에는 대부분 이정표가 없다 보니 랜드마크를 기억해야만 했다. 큰길과 작은 골목길, 삼거리, 사거리 몇 번째 길에서 빠져야 하는지, 어느 학교가 있는지, 멀고 먼 시골길을 다 외워야 했다. 그 당시에는 내비게이션이 없었다. 인터넷으로 데이터를 쓰지 못했고, 스마트폰도 보급이 안 된 상태라 감각과 기억력에 의지해야만 했다.

나는 강의하는 남편을 위해 아이를 태우고 직접 운전기사가 되었다. 이미 영국에서도 운전석이 오른쪽에 있는 운전을 했었기에 용기를 내볼만 했다. 도로에는 차선이 없었다. 신호등도 물론 거의 없었다. 아니 필요가 없었다고 하는 편이 옳을 것이다. 비포장도로의 울퉁불퉁한 길을 달리고 또 달렸다. 육감과 기억력을 의지해 목적지 신학교로 향했다. 유채꽃이 피는 겨울에는 끝없이 펼쳐진 노란 유채꽃밭을 달렸다. 한참을 달리다 보면 그곳이 한국인지 인도인지 혼동되기도 했다. 그렇게 길을 더듬어 서서히 가다 보면 우리가 가고자 하던 목적지에 무사히 도착했다. 때론 길을 잘못 들었다가 다시 돌아 나온 적도 있었다. 더 가까운 길을 찾아보기 위해 몇 가지 새로운 노선을 도전해 보기도 했다. 마침내 신학교가 있는 동네가 멀리서 보이면 안도와 감사가 절로 나왔다.

그 시절, 나는 인도 사람들의 삶 깊숙한 부분을 조금은 더 볼 수 있었다. 나와 어린 딸은 신학교나 안나 선생님의 집에 머물며 강의가 끝나기를 기다렸다. 샤이니도 그 순간을 즐겼다. 신학생들과도 허물없이 지내며 사랑을 많이 받았다. 무더위에 전기가 들어오는 시간이 나가는 시간보다 적어서 바닥에 누워 더위를 참고 견뎌야 했던 그 소중한 시간을 기억한다.

그들과 함께 카레 향 가득한 맛있는 인도 음식을 만들어 먹고, 소똥을 연료로 해서 굽는 로띠(Roti, 납작한 빵)는 고소하기만 했다. 남편은 인도 학생들이 머리가 좋다고 늘 칭찬을 아끼지 않았다. 처음엔 영어를 잘 모르던 학생들이 강의가 시작되면서 영어로 하는 강의를 이해하고 읽고 쓸 수 있게 된다는 것이었다. 얼마나 뿌듯하고 행복했는지 모른다. 푹푹 찌는 더위에도 땀을 뻘뻘 흘리면서 강의를 할 수 있었던 힘이 되었을 것이다. 훌륭한 인도의 목회자가 더 많이 세워지기를 바라며 희망으로 바라보았다. 후에 더 깊은 신학교육을 하기 위해 미국의 신학대학교와 MOU를 맺는 과정을 진행하면서도 인도의 미래를 꿈꾸었다. 비록 우리의 모습이 부족한 부분이 많았지만, 인도의 인재가 더 많이 배출되기를 바랄 뿐이다.

강의가 늦게 끝나면 그곳에서 밤을 보내고 올 때도 있었다. 하지만, 인도 시골의 밤은 우리에게 쉽지 않았다. 거실과 방, 부엌과 거실을 오갈 때마다 생쥐들이 지나다니기도 했다. 침대 밑으로 들어가는 쥐를 보고 화들짝 놀라서 도저히 침대에 올라가 잠을 청할 수 없을 때도 있었다.

잠을 자기 위해 침대 위에 모기장을 쳤다. 시골의 모기는 마치 테러리스트들과 같았다. 아이를 데리고 모기장 속에서 잠을 청했지만, 단체로 물어뜯는 모기를 당해낼 수가 없었다. 자다 말고 일어나 전기 모기 채를 들고 휘저으면 그야말로 '따따따 딱'하고 따발총 같은 소리를 내며 모기들이 죽어갔다. 그러다가 다시 잠을 청하려면 어느새 셀 수 없을 만큼 수

많은 모기가 공격해 왔다. 모기 기피제를 바르고 물파스를 발라도 피부가 가려워 잠을 이룰 수가 없었다. 밤새도록 잠 한숨 제대로 잘 수 없던 때도 있었다. 마당 한 켠에 있는 화장실에 가서 변기 뚜껑을 열면 그야말로 셀 수 없는 모기떼가 우수수 얼굴로 쏟아져 올라왔다. 모기떼가 아니라 마치 벌 떼와 같았다. 가끔은 모기와 파리 떼 때문에 앞이 보이지 않을 지경이 될 때도 있다.

그래서인지 인도 사람들은 긴 여름을 보내며 어서 겨울이 오기를 기다린다. 수많은 모기떼의 공격에 치를 떤다. 모기들은 뎅기열이나 말라리아를 몰고 와서 인도 사람들을 괴롭히기 일쑤였다. 주변에 많은 이가 해마다 모기로 인한 병으로 고생했다. 우리가 8년을 넘도록 인도에서 지내며 단 한 번도 뎅기열이나 말라리아, 장티푸스, 결핵에 걸리지 않고 안전하게 지낼 수 있었던 것은 너무나 감사한 일이었다. 기적이고 은혜였다.

무더위에 땀이 줄줄 흘러내리면 에어컨이 있는 방으로 피신했다. 하지만, 그것도 잠시뿐이었다. 더위를 식힐만하면 전기 공급이 끊기고 말았기 때문이다. 하루 중 전기 끊기는 시간이 전기가 들어오는 시간보다 길다. 특히, 시골에는 전기가 공급되는 시간이 극히 제한적이다. 물과 전기가 충분히 제공되지 않는 인도의 시골 마을에서 견디기란 보통 힘든 일이 아니었다. 동료 선생님들이 그저 대단해 보일 뿐이었다.

어떻게 그런 환경 가운데서 살아남을 수 있을까?

지금도 그분들은 여전히 그곳을 지키고 있다. 아무리 그때보다 인도의 상황이 더 좋아졌다 해도 여전히 열악한 그곳에서 살아내는 모습에 경탄을 보낸다. 존경하지 않을 수가 없다.

인도의 시골 사람들이 살아가는 방식과 삶의 모습을 보는 것은 더없이 흥미로웠다. 빨간 수박을 썰어 놓고는 그 위에 검은 소금이나 마살라

소금을 뿌려서 달달한 수박 맛을 묘하게 변형시켜 이상야릇하게 만들어 먹는 그들을 따라 했다. 오이도 마찬가지였다. 망고의 껍질을 깎아서 먹지 않고, 손가락으로 조물락조물락 물컹거리게 해서 즙을 만들고 나서 쭈쭈바를 먹는 것처럼 망고 꼭지가 있는 곳에 구멍을 뚫어 쪽쪽 빨아먹었다. 새로운 방식으로 먹던 망고의 달콤한 맛을 배웠다. 익지 않은 파파야와 망고는 채를 썰어 고춧가루를 뿌리고 마늘과 파를 다져 넣어 무채처럼 만들어 반찬으로 먹었다.

염소 고기로 냄새나지 않는 머튼 커리(Mutton Curry)를 만들어 주던 달월 삼촌을 기억한다. 심지어 그는 인도 힌두교 상위 카스트의 지위를 갖고 있는데도 우리를 위해 고기 요리를 해 주었으니 놀라울 따름이다. 그가 아닌 다른 사람들이 만드는 염소 고기 요리는 도저히 냄새가 나서 먹을 수가 없었다. 다시 그곳에 가서 맛있는 염소 고기로 머튼 커리를 만들어 달라고 조르고 싶다. 몸이 약한 여자들에게 좋다는 염소 고기를 냄새 때문에 제대로 먹을 수 없었던 게 그저 후회막심할 따름이다.

지금도 눈에 선하다. 신학교에 가던 그 길을 기억한다. 수없이 운전하여 다녔던 그 길이 눈을 감으면 생생하게 펼쳐진다. 언제나 길가에 앉아 서로 이를 잡아주던 원숭이 가족들, 목동들이 염소 떼를 몰고 지나가던 그 길, 유채꽃이 노랗게 피어있던 드넓은 들판, 길가에 늘어선 인도의 가정집, 아이들이 쏟아져 나오던 인도 정부 학교의 모습, 길가에서 곤히 잠을 청하던 개들, 느릿느릿 그 누구도 두려워하지 않고 유유자적하게 길을 걸어 다니던 소들도 보인다. 울퉁불퉁해서 엉덩방아를 찧던 그 길의 그 느낌을 지금도 느낄 수 있다. 천장에 매달려 웽웽거리던 인도 선풍기 펑카(Punkah, 인도 실내의 천장마다 달려있는 선풍기) 돌아가는 소리가 귓가에 맴돈다.

제2장
아이의 인도 학교 생존기

1. 엄마, 목이 아파 (인도 학교 적응기)

　인도에서의 생활이 시작되면서 시간도 서서히 흘러갔다. 이제 제법 한국말로 종알거리기 시작하리라는 나의 기대와는 달리 샤이니의 말문이 쉽게 터지지 않았다. 나는 조금씩 걱정되기 시작했다. 주변에서도 기다려 보는 것이 좋겠다고 했는데, 한국어 그림책을 읽어주고, 우리말로 대화를 시도해도 어쩐 일인지 아이의 한국말은 쉽게 트이지 않았다. 한국어 발음이 명확하지 않았다.

　주위에서는 인도 유치원을 보내라고 성화였지만, 나는 아직은 때가 아니라고 생각했다. 먼저 아이가 한국어를 좀 더 습득한 후에 인도 유치원에 보내고 싶었다. 그러다 보니 나는 마음이 급해졌다. 이러다가 한국어를 잘 못하는 한국 아이가 되는 건 아닐까 걱정이 되었다. 한국에 긴급하게 도움을 요청했다. 아무래도 한국어 환경을 만들어 주고, 한국어를 더 많이 접해줘야 할 거 같았다. 온통 우리 주변에는 힌디어와 영어를 구사하는 인도 사람이 대부분이었기 때문이다.

　샤이니의 작은 아빠와 이모부가 정성스럽게 한국어와 영어로 된 다양한 애니메이션을 외장 하드에 담아서 보내줬다. 그제야 나는 아이에게 〈뽀로로〉를 비롯해 〈신데렐라〉, 〈라이언킹〉, 〈미녀와 야수〉, 〈인어공주〉, 〈겨울왕국〉, 〈백설 공주〉, 〈라푼젤〉, 〈알라딘〉 등을 보여 주기 시작했다. 미디어를 멀리하고 싶었던 나의 의지가 어쩌면 아이에게는 오히려 도움 받을 기회를 늦추게 했을지도 모르겠다. 아이의 한국어 발화는 조금 나아지는가 싶다가도, 말문이 시원하게 폭포수처럼 터지진 않았다. 영어와 힌디어를 사용하는 주변인들 덕분에 아이가 힌디어와 영어를 말하기 시작했지만, 정작 중요한 모국어는 많이 부족했다. 엄마인 나는 속이 탔다.

 마침내 샤이니가 만 4세가 되었을 때, 인도 유치원에 보내기로 마음을 정했다. 호주의 유치원 교과과정을 따르는 캥거루 유치원에 보냈는데, 샤이니가 다행히도 무척 좋아했다. 후에도 아이는 두고두고 캥거루 유치원을 그리워했다.

 이사를 한 후, 집 근처에 있는 유치원 '더러닝플레이스'(The Learning Place)에 보내기 시작했다. 딸아이는 호주에서 온 톰과 미국 아이 조슈아 등 인도 아이들과 함께 유치원 생활을 잘하고 있었지만, 나는 모국어인 한국어에 대한 부담감으로 인해 더 천천히 영어를 가르쳤다.
 유치원 '더러닝플레이스'는 우리 집에서 걸어서 다닐 수 있는 거리였지만, 우리는 줄곧 사이클 릭샤(자전거 인력거)를 타고 다녔다. 샤이니는 매일 릭샤 왈라(자전거 릭샤를 끄는 사람)가 태워 주는 사이클 릭샤 타는 걸 좋아했다. 그러다 보니 아침이면 몇몇 릭샤 왈라가 사이클 릭샤를 세워 두고 대문 앞에서 우리를 기다리곤 했다.

 나중에는 꽤 정직하고 성실한 카빌이라는 이름의 릭샤 왈라와 함께 유치원 등하교를 했다. 늘 웃으며 따뜻한 미소로 다정하게 대해 주며 유치원까지 태워주던 카빌에게 지금도 고마운 마음이 남아 있다. 그는 다른 사람들과 다르게 우리가 외국인임에도 불구하고 단 한 번도 과하게 사이클 릭샤 요금을 요구한 적이 없었다. 그를 생각하면 저절로 입가에 미소가 머문다. 우리 모녀에게 그토록 따스하고 좋은 추억을 선물해 준 그가 진심으로 감사하다. 그가 고향으로 돌아간다고 했을 때, 우리는 서운한 마음을 달래며 그에게 고향에 갈 여비를 조금 챙겨주었다. 그에 대한 우리의 감사의 마음을 전하고 싶었다.

샤이니가 만 6세가 되어 정식 학교 유치원 K.G.(1학년이 되기 전의 공식 유치원 과정)에 들어갈 때가 되었다. 아이는 간단한 시험을 거쳐 국제학교에 입학했는데, K.G. 1년 동안 샤이니와 우리는 많이 울고, 힘겨운 시간을 보내야만 했다. 영어와 힌디어, 심지어 한국어도 완벽하게 습득하지 못한 샤이니에게 K.G.에서의 공부는 큰 부담이 아닐 수 없었다. 나는 일을 하다가, 때로는 밥을 먹다가도 학교에서 오는 전화를 받고 학교로 달려가야 하는 날이 많았다. 어쩌면 미국 학제를 따르는 국제학교가 샤이니에게는 벅찬 과정이었는지도 모르겠다.

"딸, 학교는 어때?"
"힘들어."
"뭐가 제일 힘들어?"
"엄마, 목이 아파. 목이 자꾸 아파. 여기가."
"그래? 목이 왜 아프지?"
"엄마, 말이 잘 안 나와."

처음 샤이니는 영어로 말하는 게 꽤 힘들었던 모양이다. 선생님은 샤이니가 수업 시간에 자주 화장실을 간다고 걱정하셨다. 나는 그 말이 너무 가슴 아프게 들렸다.

'아이가 숨 쉬는 공간이 화장실이었구나! 우리 아이는 목이 아프고 숨이 막힐 때마다 화장실로 달려가 스스로 스트레스와 불안을 해소하고 있었구나!'

그렇게 우리는 인도에서 깊은 고민에 빠져들어 갔다. 화장실이 샤이니에게는 도피처였다. 학교에서는 샤이니에게 영어로만 말해야 한다고 했고, 우리에게도 집에서 영어로만 대화하라고 강요했다. 나는 한국어를 잊어버리지 않기 위해 집에서는 반드시 한국어를 사용해야 한다고 설득했지만, 선생님은 들으려 하지 않았다. 그렇게 외국인으로서 샤이니의 학교생활은 그리 녹록지 않아 보였다. 엄마로서 아이가 학교에 잘 적응하고 행복한 학창 시절의 추억을 남길 수만 있다면 더 바랄 것이 없었다. 아이의 교육을 위해 기도할 도리밖에 없었다. 세 개의 언어 환경 속에서 아니, 그보다 더 많은 언어 속에서도 굳건히 자존감을 지키며 자라가는 모습을 보며 조금씩 마음을 놓게 되었다.

지금은 한국어로 의사소통을 꽤 잘하고 있다. 오늘 지금 이곳에 서 있는 것이 기적이고 은혜가 아닐 수 없다. 성실하신 주님의 사랑에 그저 감사할 따름이다.

2. 첫걸음, '나마스떼'(Namaste)

"나마스떼, Namaste!"

인도 사람들이 우리에게 인사를 했다. '나마스떼'(Namaste)는 산스크리트어로 인도 사람들이 주고받는 인사말이다. 만났을 때뿐만 아니라 작별할 때도 사용한다. 좀 더 형식을 갖춘 공손한 인사말은 '나마스카르'이다. 인사를 할 때 두 손을 모아 합장을 하는 것이 전통인데, 요즘은 손을 모으지 않고 그냥 가볍게 인사만 하는 추세다.

원래 산스크리트어 '나마스떼'에는 '당신 안에 있는 신을 봅니다.'라는 의미가 있다. 우리나라 인사말 '안녕하세요?'의 의미인 '안녕하다', '별일 없다'에 비하면 그 안에 매우 영적인 뜻을 내포하고 있는 것을 볼 수 있다.

우리 세 식구도 여러 번의 실전 연습을 통해 곧잘 힌디어 인사말을 잘할 수 있게 되었다. 인도 사람들이 인사할 때마다 우리도 두 손을 앞으로 모아 '나마스떼!'라고 화답했다. 샤이니도 제법 비슷하게 발음하려 애쓰곤 했다. 동네 사람들은 검은색 단발머리 꼬마 아이의 힌디어 인사가 신기하고 재미있는지 자꾸 시켜봤다. 두 번, 세 번, 네 번, 아이는 지치지도 않고 인도식 인사를 잘했다.

인도 사람들은 한국 아이가 힌디어로 인사를 하면 신기하기도 하고, 기특해서인지 깊은 사랑으로 대했다. '나마스떼!'라고 인사하는 깜찍한 외국인 아이를 인도 사람들은 단 한 번도 그냥 보내지 않았다. 반드시 사탕이나 초콜릿을 챙겨주며 안아줬다. 샤이니는 어딜 가나 사람들에게 사랑을 듬뿍 받으며 자랐다. 그리고 머지않아 '나마스떼 샤이니'라는 좋은 별명을 하나 얻게 되었다.

훗날, 한국어를 배우는 인도 학생들이 나에게 '안녕하세요?'라고 인사를 하면, 아이가 매번 신기하게 쳐다봤다. 그리고는 '나마스떼!'라고 인도 언니, 오빠들에게 인사를 하곤 했다. 아이가 더 성장한 후에도 변함이 없었다. 인도 사람들한테는 꼭 '나마스떼'라고 인사를 해야 한다고 생각해서인지 한국어를 할 줄 아는 인도 사람에게도 힌디어로 인사를 했다. 어느 나라에 가든 그 나라의 인사말을 올바로 이해하고 사용한다면, 이미 반은 성공적인 삶을 시작했다고 봐도 무방하다. 그런 면에서 샤이니는 인도에서 멋진 첫걸음을 내딛고 있었다.

우리는 아이가 국제학교에서 K.G.(1학년이 되기 전의 공식 유치원 과정)를 마치고 나서, 인도 학교에 보내기로 결심했다. 쉽지 않은 결단이었지만, 우리는 아이를 위해 인도 현지 학교를 선택하는 것이 오히려 도움이 될 것으로 여겨 어렵게 내린 결정이었다. 인도 사립학교에 들어가려면 입학 시험을 치러야만 했다.

인도의 거의 모든 학교는 유치원(Nursery, K.G.)부터 12학년까지 같은 학교에서 공부한다. 그러다 보니 인도 학부모는 자녀들이 좋은 학교에서 교육받도록 유치원 때부터 아주 치열한 입학과 입시 경쟁 속에 진입한다. 어떻게 보면 너무 일찍 진로가 결정되는 것이 안타깝기도 하고, 기회를 얻지 못한 아이들에게는 오래도록 아쉬움으로 남게 될 수밖에 없다.

유치원 입학 시기가 되면 부모들은 입시 정보를 수집하고, 여러 학교에 입학 지원서를 내고 기다려야만 한다. 대학 입시보다도 더 치열해 보이기까지 한다. 둘째가라면 서운할 정도로 자녀 교육에 대한 그 열의가 아주

강하다. 인도의 많은 학생이 개인이나 그룹 과외를 받고 있다. 그만큼 과외 선생님이 많고, 학생들은 방과 후에 여지없이 과외 수업을 받으러 간다. 과외 시스템이 인도 사회 전체에 내재해 있다. 그야말로 인도에는 어마어마한 사교육 시장이 있다.

이런 상황에서 어리고 작은 샤이니는 아직 모국어가 제대로 형성되지 못한 상태였다. 타국에서 외국인으로서 현지 학교에 다니는 아이들의 고충을 눈으로 직접 보고 경험하는 순간이었다. 인도 아이들만 있는 학교에서 피부색과 모습이 다른 외국인으로 함께 공부하는 일은 아이에게 어쩌면 너무 큰 짐을 지어주는 것이었을지도 모른다. 하지만, 우리에게는 다른 방도가 없었다. 좋은 인도 현지 학교를 찾아야만 했다. 그리고 기도했다. 도움이 간절했다. 아이에게 인도 사립학교에 들어가기 위한 입학시험은 넘어야 할 큰 장벽이 아닐 수 없었다. 또한 우리가 생각했던 학교의 조건 중에 에어컨이 설치되어 있는 학교여야만 했다. 섭씨 45도를 오르내리는 델리의 무더운 여름을 찜통 교실에서 너무 힘들게 생활하지 않기를 바랐기 때문이다.

얼마 후, 지인으로부터 최근에 새롭게 재건축해 에어컨이 완비된 학교를 소개받았다. 우리는 곧바로 학교에 전화해서 교장 선생님과 약속 시간을 잡았다. 마침내 인도의 앰비언스 재단에서 운영하는 인도 사립학교 앰비언스퍼블릭스쿨(Ambiance Public School)의 교정에 들어섰다. 가슴이 쿵쾅거리기 시작했다. 바로 그 자리에서 입학시험을 치르자고 할까 봐 걱정이 앞섰다. 에어컨이 없는 일반 인도 학교에 아이를 보낼 수는 없었다. 우리에게 남겨진 최후의 보루였다.

안내를 따라 교장실로 들어섰다. 인도 전통 사리를 입은 작은 키에 근엄해 보이는 여자 교장 선생님께서 우리를 기다리고 계셨다. 크고 넓은 교장실에 들어서는 순간 화려한 문양의 소파와 길고 큰 책상과 벽면을 둘러싼 책장 안에 꽂아둔 두꺼운 책들과 많은 트로피가 눈에 들어왔다. 조금은 위압감마저 들었다. 한참을 걸어 큰 책상 앞에 앉아 계신 교장 선생님 쪽으로 걸어갔다. 걸어가는 그 길이 꽤 멀게 느껴졌다. 그때 갑자기 검은색 단발머리에 분홍색 원피스를 입고 걸어가던 샤이니가 두 손을 합장하며 인사를 했다.

"나마스떼!"

아이가 허리를 숙이며 힌디어로 공손히 인사를 했다. 교장 선생님은 마치 권위와 위엄을 상징하는 듯한 큼직한 책상 위에 두 손을 올리고 앉은 채로 샤이니의 인사를 받으셨다. 그러더니 이내 교장 선생님께서 함박웃음을 지으시며 말씀하셨다.

"내가 지금 인형을 보고 있네요."

샤이니에게 어떻게 그런 용기가 생겼는지 모르겠다. 넓은 교장실에 들어섰을 때 분위기에 압도되어 애써 긴장감을 감추고 있었는데 아이는 그저 담담해 보였다. 가르쳐 주지 않아도 어떻게 인도 어른에게 인사해야 하는지를 잘 알고 있었다. 몸이 저절로 기억하며 아이를 이끌어 갔다.

교장 선생님께서는 아이와 몇 가지 대화를 나누시더니, 그 자리에서 바로 반을 정해 주셨고 담임 선생님을 만나게 해 주셨다. 일종의 입학 면접시험에서 무사히 합격하게 된 것이다. 줄곧 세 가지 언어 가운데 어려움을 겪고 있던 딸이었기에 내 기쁨은 뭐라 말로 형용할 수 없을 만큼 기뻤다. 속으로 환호성을 크게 지르고 싶었다. 얼마나 사랑스러웠는지 아이를 안아주고 또 안아주며, 격려하고 또 칭찬해 줘도 기쁜 마음을 다 표현하기엔 부족했다.

'나마스떼!'라는 작고 소중한 인사가 한 아이의 운명을 결정짓는 날이었다. 감사하게도 이렇듯 사랑스럽고 지혜로운 샤이니는 앰비언스퍼블릭스쿨(Ambiance Public School)의 어엿한 학생이 되었다. 지금도 특별히 엄마처럼 따스하게 1, 2학년 담임으로 사랑을 담아 지도해 주신 스미리띠 선생님의 온화한 미소를 잊을 수 없다. 샤이니 때문에 일부러 1학년 담임에 이어 2학년 담임까지 배정해 주셨다는 교장 선생님의 말씀을 듣고 눈물을 주체할 수 없었다. 아이와 나는 인도 스승의 날인 9월 5일에 부끄러움을 무릅쓰고 고운 꽃다발을 여러 개 준비해서 교장 선생님과 선생님들께 드렸다. 가끔 한국에 나와서 가져간 한국 화장품과 페이스 마스크를 선물로 드리면 더없이 행복해하셨다.

4학년 담임이자 수학을 가르치셨던 딥띠 선생님은 참 예쁘셨다. 샤이니는 선생님 덕분에 수학 교사라는 새로운 꿈을 가졌다.

집으로 찾아와 학교 공부와 영어 공부를 살뜰히 잘 가르쳐 주신 우빠쓰나 선생님은 평생 잊지 못할 훌륭한 과외 선생님이셨다. 선생님 덕분에 아이가 학교 시험을 무사히 잘 치르며 진급할 수 있었다. 우리를 집으로 초대해 맛있는 인도 요리를 정성껏 대접해 주셨던 그 소중한 추억에 감사하지 않을 수 없다.

3. 인도 학교생활의 좋은 추억

인도는 다양한 나라다. 지역마다 풍습과 문화, 음식과 언어까지도 매우 다르다. 우리나라 국토의 30배에 이르는 워낙 큰 땅덩어리를 갖고 있기도 하겠지만, 영국이 200년 동안 식민 지배를 하기 전까지는 500여 개의 왕국이 존재했던 곳이기 때문이다. 각기 다른 왕국이 지닌 특성과 문화가 다양할 수밖에 없다. 그 후로 수많은 세월과 역사가 흘렀지만, 아직도 인도 땅에는 오래된 그들만의 전통과 문화가 이어져 오는 걸 보면 참 대단하다는 생각까지 든다. 물론, 서로 다른 문화를 수용하고 각자의 문화를 존중하며 현재까지도 그것을 지켜 나가는 모습은 배우고 싶은 부분이기도 하다.

이런 다양성이 존재하고 그 다양성을 인정하는 인도에서 어린 딸을 인도 학교에 보냈다. 샤이니가 다녔던 인도 학교는 꽤 명성 있는 현지 사립학교였다. 학교 이름 안에 퍼블릭(Public)이 들어가니 공립학교라고 생각할 수도 있겠지만, 인도에서는 사립학교를 의미한다. 공립학교는 인도에서 정부 학교, 즉 가버먼트 스쿨(Government School)이라고 부른다. 우리나라 대사관 직원이나 대기업 주재원이 자녀들을 미국 학교나 영국 학교에 보낸다면, 이곳은 인도네시아나 베트남의 대사관 자녀들이 다니는 학교였다.

학교의 앰비언스 재단은 인도에서 큰 쇼핑몰을 운영하는 유명 대그룹이다. 일찌감치 인도의 교육에 지대한 관심을 지닌 재단은 아주 오래전부터 학교를 세워 교육에 힘써오고 있었다. 낡고 오래된 학교 건물을 새로 신축한 학교는 현대적이며 세련된 모습을 하고 있었다. 학교 로비는 마치 호텔이나 쇼핑몰의 로비와 같았다. 무엇보다 화장실이 잘 갖춰져 있었고,

전기 사정 때문에 에어컨을 틀지 못하는 날이 많더라도 교실마다 에어컨이 설치되어 있어 마음에 들었다. 1년 중 거의 9개월이 여름인 델리의 사막 기후를 이길 재간이 없었다. 인도에서 명망 있는 좋은 학교일지라도 에어컨 설치가 안 된 학교가 대부분이다. 그런 면에서 이 학교는 아이를 위해 잘한 선택이었다고 자부한다. 교복을 입어야 했고, 신발과 양말, 머리핀과 고무줄까지 무조건 검은색만 허용됐다. 예쁜 것을 좋아할 꼬마 여자아이들이 불평할 법도 했지만, 4년 동안 아이가 인도 학교에 다니는 동안 큰 문제가 되지 않았으며, 도리어 마음이 편했다. 교장 선생님과 선생님들도 전통 의상인 사리나 꾸르따 수트를 입었다.

　인도에서 언어의 문제는 넘어야 할 가장 큰 산이었다. 수업과 교과 과정은 영어로 진행되었지만, 학생들과 교사는 힌디어로 대화했다. 두 개의 언어가 동시에 필수 언어로 진행되었다. 거기에다 학생들은 각각 고향이 다른 배경을 갖고 있기에 샤이니처럼 집에서 사용하는 언어가 따로 있었다. 한국 사람들은 한 가지 언어만 가지고 있으니 가정에서 사용하는 언어가 하나였지만, 인도 사람들의 가정에는 두세 가지의 언어가 함께 존재했다. 아버지와 엄마의 고향이 다르면 다른 국적의 사람이 만나서 국제결혼을 한 가정처럼 모국어를 어떤 것으로 할지 결정해야만 했다.

　인도 아이들이 얼마나 많은 다양한 언어에 노출되어 교육받고 있는지 알 수 있는 대목이다. 학생들은 공용어인 힌디어와 영어를 필수로 사용했다. 하지만, 말하고 소통할 수는 있어도 힌디어를 쓰거나 읽지 못하는 학생이 많았다. 인도 사람들은 누군가를 만날 때는 서로가 소통할 수 있는 언어를 찾아내 편안한 자신들만의 언어로 대화를 나눴다.

　이러한 상황 속에서 결과적으로 샤이니는 영어를 가장 편안하게 받아들이며 공부했지만, 한국어에 대한 어려움에 맞닥뜨려야만 했다. 아이에게 쉽지 않았을 인도 학교생활을 생각하면 지금도 눈시울을 적시고 만다. 어린아이가 감당하기에 그 무게가 얼마나 무거웠을까?

감사하게도 샤이니는 학교생활에 잘 적응해 갔다. 다행히 친한 친구들, 로만과 아니스타, 시방기, 인도 젠틀맨인 남자아이 '아유쉬'와 함께 활기찬 학교생활을 이어갔다.

외국인이 별로 없는 인도 학교이다 보니 한국인인 샤이니에게는 좋은 기회가 많이 생겼다. 또한 선생님들도 외국인인 딸아이에게 특별한 사랑과 관심을 부어주고 챙겨 주신 덕분에 아이의 자존감은 깊고 강하게 잘 세워져 갔다. 주님이 부어 주시는 은혜가 더욱 컸다. 학교의 큰 행사 때마다 샤이니가 무대에 올라갈 기회들이 주어졌다. 유치원부터 12학년 고등학교까지 함께 있는 학교다 보니 학교의 규모가 꽤 컸음에도 불구하고 아이에게 여러 많은 기회가 주어졌다. 선생님들께 너무 감사했다.

부족한 부분이 많았지만, 샤이니는 그렇게 인도 선생님의 사랑을 받고, 또 사랑하며, 학교생활을 행복하게 잘 보낼 수 있었다. 아이가 인도 학교에서 배우고 경험했던 소중하고 가치 있는 것들을 몸과 마음은 기억하고 있으리라 믿는다. 앞으로 샤이니가 살아갈 길고 긴 날들 동안에 그 모든 경험이 큰 밑거름이 되리라. 오늘도 나는 희망 한 스푼 가득 담아본다.

4. "점심시간에 책으로 캐슬(성, Castle)을 만들었어"

인도 음식은 금방 해서 바로 따뜻하게 먹을 때 정말 맛있다. 지금도 여전히 인도에는 채식주의자(베지테리언, Vegetarian)가 주를 이룬다. 비채식주의자들(넌베지테리언, Non Vegetarian))의 음식에 고기가 들어간다 해도 기껏해야 닭고기나 양고기 정도에 불과했다. 우리도 인도에서 거주하는 동안 거의 반절 베지테리언(Half Vegetarian)으로 살았다. 달걀은 거의 매일 먹었지만, 고기는 거의 먹지 않았다. 고기를 구하기도 쉽지 않았고, 처음엔 달걀을 구하기도 어려웠다.

특히, 쇠고기를 구하는 것은 아예 일찌감치 포기했다. 닭고기는 비교적 구하기가 쉬웠지만, 그것도 어쩌다 한 번씩 먹게 되었다. 시간이 갈수록 고기를 먹고 싶은 마음도 사라져서 우리 가족은 채식 위주의 식단에 만족하며 지낼 수 있었다. 인도 친구들이 우리 집에 방문할 때도 채식 음식을 준비하곤 했다. 나름대로 반은 채식주의자의 삶을 그런대로 익숙하게 잘 살아냈다.

아침마다 집 앞 골목에서 섭지 왈라(Subji Wala, 채소를 파는 사람)가 온갖 신선한 채소를 리어커에 싣고는 나를 기다렸다. 우리 식탁은 신선한 토마토와 당근, 브로콜리, 시금치가 주를 이루었고 섭지 왈라는 우리 식구가 좋아하는 버섯을 항상 준비해 오곤 했다. 겨울에는 고구마와 단감을 가져다줘서 달콤한 기쁨을 선물했다.

샤이니가 학교에 다니기 시작하면서 내게 과제 하나가 주어졌다. 나는 매일 아침 아이를 위해 점심 도시락과 스낵 박스를 준비해야만 했다. 긴 여름의 무더위 때문에 모든 학교의 수업이 8시에 시작하며, 학생들은 아침 7시 50분까지 학교에 도착했다. 일찍 등교해서 배가 고픈 아이들을 위해 아침 9시가 넘으면 스낵 먹는 시간이 주어졌다. 아침 식사를 안 하고 등교하는 학생이 많은 이유에서다. 샤이니는 아침 식사를 꼬박꼬박 챙겨 먹고 갔지만, 학교에서도 9시에는 친구들과 함께 다시 스낵을 먹곤 했다. 아이들이 재잘거리며 누리는 즐거운 스낵 타임이었으리라.

인도 현지 학교인 앰비언스퍼블릭스쿨(Ambiance Public Cshool) 학생들은 채식주의자(베지테리언, Vegetarian)가 대부분이었다. 나는 아침마다 신경을 써서 아이가 맛있게 먹을 수 있도록 도시락을 준비했다. 스파게티나 볶음밥, 짜장밥 등을 싸주곤 했다. 인도의 제철 열대 과일 망고나 파파야, 사과와 함께 정성스레 도시락을 준비했다. 샤이니가 부디 남기지 않고 다 먹고 오기를 기대하면서. 그런데 어느 날부터인가 샤이니의 도시락은 다 비워지지 않은 채 거의 그대로 남겨있기 시작했다. 궁금하고 걱정도 되어 아이에게 물어보았다.

"왜 도시락을 다 안 먹었어?"

"그냥"

뭔가 이유가 분명히 있어 보였다.

"괜찮아, 엄마가 도와줄게. 얘기해 봐."

아이는 아무 말이 없었다.

"얘기하기 싫구나. 그럼 안 해도 돼."

그제야 아이가 입을 열었다.

"나, 점심시간에 캐슬(성, Castle)을 만들었어."

"캐슬? 왜 캐슬을 만들었을까?"

"친구들이 똥이래. 그래서 책으로 캐슬 만들어서 혼자 하이드(hide, 숨겨서)해서 먹었어."

"똥?"

"응, 짜장밥이 똥이래. 그거 싸주지 마."

"아, 속상했겠다. 친구들이 그게 얼마나 맛있는지 몰라서 그래. 솔직히 콩으로 만드는 노란 인도 음식이 진짜 똥처럼 보이는데?"

그동안 속으로 혼자 끙끙거렸을 딸아이를 생각하니 마음이 무너져 내렸다. 사실 짜장밥은 미리 준비해 두었다가 아침에 후다닥 싸주기에도 좋고, 무더운 날씨에도 쉽게 상하지 않는 좋은 메뉴였지만, 나는 딸아이의 요구대로 더 이상 짜장밥을 싸주지 않았다. 후에 샤이니가 좋아하는 달걀찜을 싸줬을 때도 아이들이 놀렸다고 했다. 우리에게는 흔한 요리였지만, 인도 사람들에게는 익숙하지 않은 부드럽고 고소한 달걀찜이 이상한 음식으로 보였으리라.

"엄마, 나도 인도 도시락 싸 줘."

처음엔 도시락에 김치를 넣어 달라고 졸라서 '김치는 집에서만 먹는 거'라며 아이를 달랬었는데, 이제는 인도 음식을 싸 달라고 했다. 결국, 나는 아이를 위해 한국 음식과 인도 음식을 살짝 섞은 인도식 퓨전 메뉴를 준비했다.

"엄마, 도시락 보여 줘 봐."

그 후로 샤이니는 아침마다 등교하기 전에 도시락 메뉴를 확인했다. 나는 도시락 퇴짜를 맞을까 봐 도시락 메뉴 선정에 심혈을 기울였다. 아침마다 인도 아이들 눈에 그럴싸하고 괜찮아 보이는 도시락을 준비하는 일은 여간 신경 쓰이는 일이 아니었기 때문이다.

그 후 나는 아이의 담임 선생님이신 딥띠 선생님께 사정을 말씀드렸다. 선생님은 바로 상황을 아시고는 반 아이들에게 잘 이야기해서 이해시키겠다고 하셨다. 하교 시간에 맞춰 샤이니를 데리러 갔더니 아이의 얼굴에 함박 웃음꽃이 피어났다.

"엄마, 나이스! (Nice!)"
"기분 좋은 일 있었어?"
"응, 선생님이 다 얘기해 줬어."
"그래? 무슨 얘기?"
"나는 한국 사람이니까 한국 음식을 먹는 거야. 친구들도 다 이해했어."
"다행이다. 이젠 걱정 안 해도 되겠네."
"친구들은 한국 음식을 잘 몰라서 그래."
"맞아. 아마 친구들이 한국 음식을 먹어 보면 엄청 맛있어서 좋아할 텐데, 잘 모르니까 그치?"

의외로 인도 사람들은 새로운 음식이나 다른 문화에 대해 다소 배타적인 면이 있다. 그래서인지 아이들도 한국 음식을 먹어 보라고 건네주면 선뜻 먹는 걸 두려워하고 주저주저하곤 했다. 반면 샤이니는 인도 음식을 좋아하고 잘 먹었다. 게다가 인도 사람처럼 손으로 먹는 것이 익숙해져서 인도식으로 수저 없이 잘 해결했다. 도시락을 쌀 때마다 포크와 숟가락을 함께 넣어줬지만, 학교에서는 거의 사용하지 않고 아침에 보낸 그대로 집으로 가져올 때가 다반사였다.

사실 인도 음식은 손으로 먹어야 제맛을 느낄 수 있다. 손에서 나오는 맛있는 기운 때문일까? 우리나라에서도 나물이나 반찬이 손맛에서 나온다고 하는 것도 그런 이유가 아닐까 싶다. 한편 다른 사람들이 사용하던 수저보다는 자기 손을 더 믿을 수 있다고도 한다. 음식을 다 먹고 나서 깨끗이 씻으면 그만이니 사실 간편하고 좋은 문화라고 할 수 있지 않겠는가? 지금, 이 순간에도 화덕에서 막 구워낸 따끈따끈한 로띠를 오른손으로 찢어서 커리(Curry)하고 섭지(Subji, 인도 야채 요리)를 곁들여 먹고 싶다. 생각만 해도 입안에 침이 고이는 걸 어떡하나요.

5. 좌충우돌 인도에서의 예능 교육

샤이니는 어려서부터 예술적 재능을 드러내곤 했다. 악기를 보면 몸이 저절로 반응했다. 신비한 소리를 만들어 내는 악기를 그냥 지나치지 못했다. 특히, 다양한 음악 소리에 빠져 리듬에 맞춰 온몸을 흔들며 춤을 잘 추었다. 사람들이 춤추는 아이를 신기하게 쳐다보며 박수를 보내면 더 신이 나서 흥에 겨워 다양한 동작으로 춤을 선보였다. 부끄러운 줄도 모르고 노랫소리가 들려오는 곳에서는 어김없이 춤을 추곤 했다. 인도에서도 그랬다.

나도 음악을 좋아했다. 노래 부르는 것도 악기를 연주하는 것도 좋아했다. 다행히 엄마는 나에게 초등학교 때부터 피아노를 배우게 하셨다. 덕분에 나는 교회에서 피아노와 키보드를 연주했으며, 기타와 하모니카, 장구도 배워서 나름대로 악기를 연주하는 즐거움을 느낄 수 있었다. 악기를 배우고 노래를 좋아했던 나는 인도에서도 학생들에게 피아노 반주에 맞춰 한국 노래를 가르쳐주고, 피아노 연주를 하기도 했다.

그래서인지 나는 딸아이의 예능 교육에 신경을 많이 썼다. 인도에 처음 갔을 때부터 아직 어린아이에 불과했던 샤이니에게 예체능 교육의 기회를 주고 싶었다. 아이의 특기를 일찌감치 찾아 키워 주고 싶었기 때문이다.

인도에는 음악 대학이 없다. 반면 미술 대학은 꽤 유명해서 아름다운 인도 건축물들과 원단 디자이너(Textile Designer)가 많다. 델리에 있는 국립 현대미술관(National Gallery of Morden Art)은 꼭 가봐야 하는 명소일 정도이다. 그 외에도 예술 축제(Art Festival)나 미술 전시회(Art Exhibition), 예술 엑스포(Art Expo)도 종종 열리곤 했다.

그런 곳을 구경하다 보니 샤이니에게 미술을 공부시키고 싶은 욕심이 절로 생겼다. 하지만, 인도에는 딱히 미술 학원이 없어서 혼자 그림을 그리는 정도였다. 후에 알게 된 사실이지만, 아이는 인도에서 학교생활을 하며 말이 통하지 않거나 어려움을 느낄 때마다 혼자 노트에 그림을 그리곤 했다. 마음의 답답하고 힘든 스트레스를 그림을 그리며 해소하는 법을 스스로 터득해 낸 것이다. 덕분에 아이의 그림 실력이나 표현력이 남다르고 더 좋았던 것 같다.

　아이는 스스로 스트레스를 해소하는 방법을 찾아냈다. 그림을 그리기 시작한 것이다. 그림으로 자기 감정을 잘 표현했다. 인도 학교에서도 샤이니가 미술에 소질이 있다고 칭찬하여 마침내 아이의 꿈은 화가가 되었다. 아이는 말로 설명하기 어려운 것은 집에 있는 화이트보드에 그림을 그리며 설명했다. 그림을 그리면서 자기 생각과 의사를 훨씬 쉽고 명확하게 이야기하고 설명할 수 있었기 때문이다. 샤이니는 그림을 그릴 때 포인트를 정확하게 잘 짚어 표현하는 기술이 탁월하다. 나도 아이가 그린 그림을 보며 깜짝 놀랄 때가 많았다. 언제나 어떠한 상황 가운데서도 선하고 좋은 결과를 낳을 수 있다는 사실에 감사하지 않을 수 없다. 일단 나는 샤이니에게 바이올린을 가르치기로 했다.

　샤이니는 언제나 무조건 '예'라고 대답했다. 아이들 예능 교육 품앗이를 하기로 했다. 가장 작은 4분의 1 쿼터 사이즈 바이올린을 사서 샤이니는 깨갱깨갱 바이올린을 배우기 시작했다. 지금은 내가 미국으로 간 형제 성민이와 성현이에게 피아노를 가르쳐 주고, 성민이 엄마 주희 씨는 샤이니에게 바이올린을 가르쳐 주었다. 시간을 쪼개어 함께 집을 번갈아 가며 모여서 악기 교육 품앗이를 했다. 인도 생활에서 가장 행복했던 순간이었다.

하지만, 우리에게 계속 행복을 만끽하라고 그냥 내버려두지 않았다. 눈물의 이별을 해야 했다. 함께 커피를 마시며, 간식을 나눠 먹고, 장난꾸러기 아이들을 달래며 조금이라도 더 가르쳐 보려고 애쓰던 순간들과 타국이지만 가족처럼 따뜻한 사람들이 있어 외롭지 않았던 포근함은 성민이네가 미국으로 이주하게 되면서 끝나고 말았다. 예능 교육 품앗이를 더 이상 할 수 없게 되었다.

나는 다른 방안을 찾아야만 했다.

"딸, 피아노 배워 볼까?"

"응, 배울게."

다행히 샤이니는 피아노를 배우고 싶어 했다. 주인도 한국문화원에는 수강할 수 있는 프로그램이 여러 개 있었는데, 마침 한국에서 오신 피아노 선생님이 진행하시는 피아노 반이 있었다. 나름대로 피아노 배우는 것에 재미있어했다. 아무래도 예쁜 한국 선생님께서 친절하게 잘 가르쳐 주시는 게 좋았나 보다. 하지만, 피아노 선생님께서 한국으로 귀국하셔서 기초마저 마칠 수 없게 되었다.

어느 날부터인가 샤이니가 학교에서 요가를 배워 집에서 시범을 보여 주기 시작했다. 요가의 본고장답게 인도 학교에서는 학생들에게 요가를 직접 가르치고 있어서 아이에게 더없이 좋은 기회였다. 인도에서 제대로 전문적인 요가를 배워 보는 것도 참 좋겠다고 생각했다. 샤이니는 요가 동작을 제법 곧잘 해냈다. 나는 어쩌면 요가가 아이의 특기가 될 수도 있겠다고 기대하던 차에 그렇게 한동안 요가를 좋아하던 샤이니는 어쩐 일인지 요가가 싫다고 했다. 수준이 올라갈수록 강도가 세어지니 이제 몸의 근육이 심하게 아프다고 했다. 한번은 학교 행사에 참석했다가 샤이니가 왜 요가를 안 하겠다고 했는지 짐작이 되었다. 나는 같은 반 친구들의 요가 실력을 보고는 입이 떡 벌어져 다물 수가 없었다. 아이들이 선보인 요가 동작들은 샤이니가 소화하기에는 난이도가 상당히 높아 아무나 범접하기 어려운 수준이었기 때문이다.

샤이니가 예술적 재능이 있는 것은 분명했지만, 아이의 재능을 찾아 길러 주는 일은 인도에서나 한국에서나 힘들고 먼 길이었다. 세상에 쉬운 일이 하나도 없음을 늘 확인하게 된다. 지금도 아이에게 계속해서 기회를 주고 있다. 아이가 예능을 통해 타고난 감성과 예민함 그리고 잠재력이 그 속에서 무궁한 우주가 꿈틀대도록 자극을 주기 위해서다. 예술가가 되게 하기 위한 목표보다는 그저 아이에게 즐거움과 행복을 찾는 길을 제시해 줄 뿐이다.

6. 라즈빳 나가르에서 엄마들의 대첩(인도 엄마, 한국 엄마)

　인도의 수도 델리는 "Green Delhi Clean Delhi"(초록 델리 깨끗한 델리)라는 친환경적인 슬로건을 내걸고 5층 이상의 주택 건축을 금지하고 있다. 남델리 바산트 쿤즈(Vasant Kunj)에서 델리 중앙의 라즈빳 나가르(Lajpat Nagar)로 이사해서 우리가 살던 집도 4층짜리 아파트였다. 큰 대문과 마당이 있는 4층 단독 건물이었다. 1층(Ground floor)에는 펀자브 사람 시크교도인 집주인 여섯 식구가 살고 있었다. 2층엔 미국인 마이클과 로라, 존과 이샤가 살았고, 3층엔 우리 식구 그리고 4층 꼭대기 층에도 미국인 게일과 에드윈, 아들 티코가 살았다.

　후에는 티코가 미국으로 대학에 진학하면서 게일 가족이 고국으로 돌아가게 되어, 새로 네델란드인 부부가 이사를 들어왔다. 처음에는 아이가 없었던 요시야 부부는 우리 위층으로 이사를 오고 나서 임신과 출산을 했는데 그 아이가 토비야스였다. 샤이니는 이 사랑스러운 아기를 친동생처럼 돌봤다. 한 건물 안에 각층별로 4개 국가의 다국적으로 함께 살았다. 한 지붕 네 가족이 산 것이다. 특히, 로라와 마이클은 인도에서 사는 동안 평생 잊을 수 없는 우리의 형제자매이고, 가까운 가족이자 친구였다.

　같은 건물에서 함께 살다 보니 즐겁고 행복한 추억이 많았다. 반면에 힘들고 속상했던 순간들도 있었다. 아이들이 있으니 더욱 그랬다. 항상 현관문을 열어 놓고 계단을 오르락내리락 가족처럼 왕래하던 로라와 마이클 가족의 존과 이샤도 미국으로 떠나고, 결국은 1층 집주인 라즈벤더 가족과 우리 가족 그리고 4층의 새로 태어난 아기 토비야스가 있었다.

아무튼 그러다 보니 집주인의 아이들 굴지와 아시스, 두 남매는 매년 샤이니와 함께 서로의 생일 파티에 초대하며, 같이 놀면서 6년 동안 가장 친한 친구로 지냈다.

'딩동딩동!'

"안띠, can shiny come down? (샤이니 내려올 수 있어요?)"

굴지가 샤이니를 부르는 소리였다. 항상 나에게 같이 놀아도 되는지 물어봤다.

"Okay~~!"

샤이니는 응답하고 내려갔다. 학교에 다녀오면 같이 놀자고 매일 샤이니를 불렀다. 가끔은 샤이니가 가려 하지 않았다. 그러면 굴지는 마음이 상했고, 굴지 엄마 라즈벤다까지 합세해 내게 샤이니를 보내라고 전화를 했다. 그럴 때는 참 곤란했다. 나는 아이를 억지로는 보내지 않으려 했지만, 가끔은 샤이니를 구슬려서 내려보내고는 했다. 굴지 가족은 영화를 보러 갈 때나, 수영장에 갈 때, 때론 친척 집에 갈 때도 샤이니를 챙겨서 같이 데리고 다니곤 했다. 인도의 명절과 축제 때는 항상 샤이니를 초대해서 함께 축하하며 인도 전통 놀이를 즐겼다. 늘 같이 시간을 보내며 놀았다. 굴지 엄마는 나의 이웃이자 친구였다.

굴지는 외조부님과 함께 살았다. 외할머니와 외할아버지, 굴지의 아빠는 보통 키였던 반면, 굴지 엄마와 굴지, 누나 아시스의 키는 아주 작았다(소인증, Dwarfism 키가 매우 작은 증상을 앓고 있었다). 유전적인 요인이 있었다. 처음 우리가 이사했을 때만 해도 샤이니 키가 훨씬 작았었다. 아이들이 차차 성장하면서 어느새, 샤이니의 키가 굴지를 따라잡더니 굴지보다 훨씬 커지기 시작했다. 샤이니는 여러 번 물어왔다.

"엄마, 왜 굴지는 키가 나보다 작아? 안 커?"

"응, 굴지는 태어날 때부터 원래 키가 많이 안 커. 굴지한테 왜 키가 작냐고 물어보지 마. 알았지? 속상하잖아. 샤이니처럼 키가 크고 싶을 텐데, 그치?"

"알았어. 안 물어볼게."

그 후로 샤이니는 굴지의 키에 대해 다시는 묻지 않았다.

우리가 살던 라즈빳 나가르(Lajpat Nagar) 주택 단지에는 군데군데 동네마다 작은 공원이 조성되어 있어서 마음에 큰 위안이 되었다. 인도 정부, 특히 '그린 델리 클린 델리'(Green Delhi Clean Delhi, 초록 델리 깨끗한 델리)를 내세운 델리의 정책에 감사했다.

공원 가장자리를 따라 집들이 각각의 모습으로 빙 둘러 번호를 따라 줄지어 서 있었다. 어느 각도에서든 공원이 보이는 구조였다. 우리 집 바로 앞에도 작은 공원이 있어서 여러모로 좋은 혜택을 받았다. 일단 공원 주변에 주차할 수 있는 공간이 있어서 편리했다. 공원 바로 앞에는 함석으로 지어진 작은 네모 상자 같은 가게가 있었다. 아주 작은 구멍가게였지만, 어지간한 간식거리와 우유, 밀가루 등 별별 상품이 있어서 급할 때는 요긴한 단골 가게였다. 거기에다 핸드폰 전화기 심카드(SIM 카드로 한국에서는 주로 유심, USIM이라고도 함)에 패키지 이용권을 충전할 수 있었다.

편의점과 같은 역할을 하는 아주 작은 공간이 우리에게는 얼마나 유용했는지 모른다. 옆 공원 앞에는 다림질하는 프레스 왈라(사람들이 가져다주는 옷을 숯불 다리미로 다림질해 주는 사람)가 날씨와 상관없이 늘 자리를 지키고 있었다. 내겐 이 프레스 왈라 가족과 얽힌 웃지 못할 에피소드가 있다. 나는 아침마다 이 작은 공원을 열 바퀴씩 돌면서 걷기 운동을 하곤 했다. 가끔 쥐가 나타나기도 했지만, 공원을 걸을 수 있다는 자체로 행복했다.

집 앞 공원 놀이터는 3층인 우리 집에서 바로 내려다보여서 위험하지 않았다. 작은 공원에는 가장자리를 3층인 우리 집 바깥 발코니 높이보다 더 키가 큰 님나무(Neem tree, 피를 맑게 하고 해독 작용을 해서 다용도로 쓰이는 인도의 나무)들이 둘러싸고 있었다. 아주 오래된 나이를 꽤 먹은 아름드리 나무들이 위풍당당하게 서 있었다. 골든 샤워(Golden Shower, 인도에서는 카시아 피스툴라, Cassia fistula로 불린다.)라 불리며 천연 노란색 꽃을 흐드러지게 피우는 커다란 나무는 인도의 여름을 화려하게 빛냈다.

델리의 나무들은 큰 주황색 꽃을 피우는 굴모아르나무(Gulmohar tree)에 이르기까지 그 크기로 위엄과 아름다움을 자랑했다. 그렇게 큰 나무 아래에는 군데군데 낡은 벤치 의자가 놓여 있었다. 종종 일하던 인도 여자 아야(Aya, 힌디어로 청소나 설거지를 해 주는 인도 여자 메이드)들이 잠깐 틈새를 이용해 옹기종기 모여 앉아 짜이를 마시거나, 수다를 떨며 달콤한 휴식을 보내기도 했다. 그들이 이런저런 정보도 교환하고 인도 마담(안주인)들 뒷담화를 나누며 스트레스를 푸는 곳이 되기도 한다. 가끔 나도 급한 손길이 필요하거나 다른 한국분들이 도움을 요청해 올 때는 공원 벤치에 가서 일손을 도울 수 있는 아야의 연락처를 주고받기도 했다.

이렇듯 큰 나무들은 일하다가 피로에 지친 이들에게 안식과 휴식을 제공했다. 종종 나무 그늘 아래 벤치에 누워 잠깐 단잠 자는 모습을 쉽게 볼 수 있었다. 이렇게 키가 큰 나무는 온갖 새들의 안식처가 되어 새들이 들고 나며 노래를 불러댔다. 아이들에게는 뜨거운 햇볕을 피해 행복한 놀이터 그늘을 만들어 주었다. 물론, 이마저도 땡볕 무더위가 기승을 부리는 5, 6월에는 꿈도 꿀 수 없는 일이었다.

동네 아이들은 이 작은 공원에서 여러 놀이를 하고, 자전거를 타며 놀았다. 처음에는 나도 늘 같이 나가서 샤이니가 노는 것을 지켜보고는 했지만, 어느 정도 시간이 흐르자 샤이니는 혼자서도 동네 친구들과 잘 어울리며 놀았다. 앞집 쪼끼다르(인도 경비원, 델리의 대부분 아파트 건물에는 경비원들이 집을 관리 함)와 집주인 굴지 집의 운전기사 로션이 아이들이 노는 것을 돌봐주곤 했다. 집주인의 운전기사였던 로션이 작고 소소한 일을 돕곤 했다. 샤이니와 동네 아이들은 가끔 싸우거나 울기도 했지만, 날마다 동네가 떠들썩하게 재미있게 놀았다.

어느 날이었다. 사건이 터졌다. 그날도 아이들이 함께 집 앞 공원에서 놀고 있었다. 나는 놀고 있는 틈을 이용해 얼른 과일을 사러 갈 생각이었다. 나는 동네 어귀의 만디르(Mandir, Hindu Temple, 산스크리트어. 힌두 사원으로 동네마다 있음) 건너편에 색색의 온갖 종류의 과일을 쌓아 놓고 파는 노상 단골 과일가게가 있었다. 집을 나서며 무심코 아이들이 놀고 있는 공원을 바라보았다. 그런데 별일 없이 잘 놀고 있으리라 생각했던 샤이니가 아이들 앞에서 울고 있었다. 아이들이 샤이니를 달래고, 굴지는 입을 꾹 다문 채 표정이 굳어 있었다.

그동안 굴지는 종종 아이들 간의 사소한 문제를 엄마에게 시시콜콜 이야기해서 문제를 키우곤 했다. 그 때문에 딸아이도 여러 차례 상처를 받은 적이 있었다. 나는 분위기가 심상치 않아 이번에는 그냥 두고 넘어갈 수 없어 아이들을 향해 발걸음을 옮겼다.

"굴지, 무슨 일이야?"

내가 물었다.

"경찰 놀이를 했는데, 나는 도둑이고 샤이니가 경찰이라서 나를 쫓아오다가 밀어서 내가 넘어졌어요. 샤이니 잘못이에요. 엄마에게 말할 거예요"
 샤이니는 더 큰 소리로 울기 시작했다. 공원에서 지켜보시던 이웃 아저씨가 내게 다가오셔서, 내가 봤는데, 샤이니는 잘못이 없고, 굴지가 그냥 혼자 넘어졌다고 하셨다. 나는 진실을 알려 주신 아저씨께 감사 인사를 드렸다. 그리곤 먼저 샤이니를 달랜 후 굴지에게 가서 같이 사이좋게 놀라고 가볍게 타일렀다. 과일을 사러 자리를 뜨고 겨우 발걸음을 몇 번 떼었을 때, 굴지 엄마한테서 바로 전화가 왔다.
 "샤이니가 어떻게 했는지 알아요?"
 "아, 나도 들어서 알아요. 아이들이니까 이해해요. 샤이니가 밀지 않았대요."
 "샤이니가 너무 나빠요."
 "괜찮아요. 아이들이잖아요."
 굴지 엄마의 언성이 높아졌다. 아이보다 엄마가 더 감정이 격해 있었다.

 나는 과일을 빨리 집어 들고는 집으로 서둘러 돌아왔다. 공원을 돌아보니 딸아이가 보이지 않았다. 나는 굴지와 아이들이 있는 곳으로 다가가서 물었다. 주위의 다른 동네 아이들과 경비원이 나와 굴지를 바라보고 있었다. 나는 아이들 앞에서 샤이니를 위해 엄마의 힘을 보여 줘야만 했다. 외국인으로 인도에서 아이들과 어울려 지내는 딸아이에게 엄마가 든든한 지원군이 되어 주어야만 했기 때문이다. 늘 좋게 좋게 넘어갔었지만, 이번에는 그렇게 하지 않기로 마음을 단단히 먹었다. 나는 굴지에게 다가가 샤이니가 어디에 있는지 물었다. 굴지는 엄마가 보내서 샤이니는 집으로 갔다고 대답했다. 굴지는 엄마에게 책임을 돌리고 있었다. 나는 강한 어조로 굴지에게 경고했다. 더 물러설 수가 없었다.

"굴지, 네가 샤이니와 같이 노는 것이 행복하지 않으면 앞으로 부르지 않는 게 좋겠어, 알겠지? 네가 놀고 싶어서 불렀으면 사이좋게 놀아야지. 그렇지 않아?"

"예스."

굴지가 조용한 목소리로 대답했다.

대문을 열고 들어가니 굴지 엄마는 나와 굴지의 대화를 듣고 있다가 내게 물었다.

"지금 우리 아이에게 뭐라고 말했어요?"

내가 대답했다.

"들었으면 알겠네요."

"샤이니가 어떻게 했는지 알아요?"

"네, 알아요. 샤이니는 잘못하지 않았어요."

갑자기 굴지 엄마의 목소리가 올라갔다.

"샤이니가 아주 나쁘게 행동해요."

"그래요? 굴지도 나쁘게 행동하던걸요."

"뭐라고요? 지금 뭐라고 했어요? 어떻게 그렇게 말할 수 있어요?"

"왜요? 당신은 늘 그렇게 말하잖아요."

나도 입에 힘을 주어 대답했다. 그 순간만큼은 뱀처럼 지혜로울 필요가 있다고 생각했다. 내가 평소에는 한 번도 목소리를 높여서 말해본 적이 없었던 터라 굴지 엄마는 크게 충격을 받은 듯 보였다. 열어젖힌 현관문 안으로 굴지의 외할머니가 소파에 앉아 상황을 지켜보고 있는 것이 보였다. 일가친척도 가족도 없는 타국살이의 설움이 아래에서 울컥 올라왔다. 친정엄마가 생각났다. 나는 혼자이니 더 강해져야만 했다. 내겐 지원군이 없었다. 굴지 엄마는 나를 향해 크게 소리를 높여 말했다.

"당신은 정말 나빠요. 어떻게 나한테 그렇게 말해요?"

"미안해요. 하지만, 나도 오늘은 할 말을 해야겠어요."

나도 굽히지 않고 대꾸했다.

"샤이니 엄마는 이제 더 이상 내 친구가 아니에요."

쾅!! 굴지 엄마는 문을 닫고 들어가 버렸다. 나는 가슴이 벌렁벌렁하며 팔딱팔딱 뛰었다. 내가 무슨 짓을 한 거지? 내가 너무 과했나라는 생각이 들었지만, 한편으로는 마음이 홀가분하기도 했다.

그 후 얼마 동안 굴지 엄마와 나는 서로 얼굴을 피하며 외면했다. 굴지도 샤이니를 부르지 않았다. 나는 마음이 편치 않았다. 그래서 하루는 도넛 한 상자를 사서 샤이니와 함께 굴지 집 현관문을 두드렸다. 굴지 엄마가 살며시 문을 열었다. 사과하면서 건네는 나의 도넛을 사양하며 문을 닫고 들어가 버렸다. 나는 굴지 엄마의 마음이 다시 회복될 때까지 조용히 기다리기로 했다. 딸아이는 얼굴에 수심이 가득한 채로 나를 걱정했다.

"엄마, 나 때문에 어떻게 해?"

"괜찮아, 엄마는 샤이니 엄마잖아. 걱정하지 마."

"엄마, 미안해."

"아니야, 왜 네가 미안해? 하나도 안 미안해. 괜찮아. 엄마는 네 편이야."

그렇게 우리는 서로를 위로했다. 그 후 2주 정도의 시간이 흘렀다. 굴지 엄마가 나를 불렀다. 우리가 베란다에 키우던 알로에 한 가지만 달라고 했다. 나는 기쁜 마음으로 가장 싱싱하고 좋은 알로에 가지를 하나 잘

라주며 인사를 했다. 그렇게 우리는 아무 일이 없었던 것처럼 아래층으로 내려가 거실 소파에 둘러앉아 굴지네 집사가 만들어 준 생강짜이(Ginger Chai, 생강과 설탕, 우유를 넣고 펄펄 끓여서 내린 인도식 밀크티, 생강 홍차)를 쿠키와 곁들여 마시며 대화를 나누었다. 굴지도 나에게 샤이니와 같이 놀아도 되는지 정중하게 물었다. 내가 물론 좋다고 흔쾌히 허락하자 굴지는 샤이니를 불렀다. 샤이니는 자기 이름을 불러주기를 기다렸다는 듯이 굴지가 부르자 반가워하며 달려 내려왔다.

　한국 엄마와 인도 엄마의 대첩이었다. 누구도 승자는 없었다. 아니 승자만 있고, 패자가 없는 대첩이었다. 엄마들은 국적에 상관없이 아이를 위해 가끔 이렇게 이성을 잃을 때가 있나 보다. 그렇게 아이들은 어린 시절의 추억을 함께 공유하면서 행복하게 자라났다. 어른들 사이의 문제로 아이들이 같이 놀지 못하기도 했지만, 지나고 보니 그 또한 애틋한 추억으로 남았다.

제3장
인도 생활, 사용 설명서

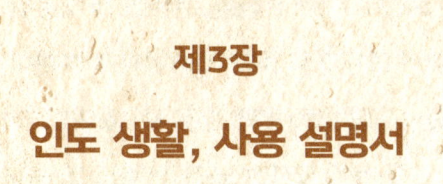

1. 인도의 화장실 사용법 배우기

처음 컨테이너로 인도에 이삿짐을 보낼 때, 두루마리 화장지를 최대한 많이 빈틈없이 실어 보내라고 들었다. 어차피 컨테이너 운송비는 동일하니 비어있는 곳곳마다 휴지로 꽉꽉 채우라는 것이다. 그래서 나는 마트에서 휴지를 가능한 한 많이 사서 보냈다. 10년도 훨씬 더 전이니, 그 당시에는 인도에 아기 기저귀나 여성용 물품, 물티슈도 귀했던 터라 온갖 물건을 한국에서 컨테이너에 실어 보냈다. 당시만 해도 흔하지 않던 위생용품들을 준비해 간 것은 아이 엄마로서 할 수 있는 최선의 예비였다.

처음 인도 생활을 시작하면서 인도에 살면서 왜 휴지가 필수 준비물이었는지 알 거 같았다. 화장실을 찾는 것이 쉽지 않을 뿐만 아니라 인도 화장실에는 휴지가 없기 때문이다. 휴지통도 당연히 없다. 그렇다 보니 공산품으로 파는 두루마리 휴지도 많지 않은 상황이었다. 지금은 도시에서는 휴지를 쉽게 구할 수 있지만, 인도 물가에 비하면 턱없이 비싼 가격이라 일반 서민들이 휴지를 사서 쓰는 것은 흔한 일이 아니다. 필요를 느끼지 못하니 사지 않는다. 그래서인지 가게에서는 두루마리 휴지를 낱개로 하나씩 팔기도 하고, 2개나 4개로 묶어서 파는 경우가 많다. 우리나라와 같은 20개 이상이 들어있는 휴지 묶음은 찾아볼 수가 없다.

인도에서 여행할 때 가장 어려웠던 부분이 화장실 사용이었다. 워낙 지역이 넓다 보니 인도를 여행하려면 보통 장거리 여행을 해야 하는데, 그럴 때마다 중간에 쉬어가는 휴게소가 마땅치 않아 걸림돌이 되곤 했다. 지금은 꽤 좋은 휴게소가 있는 고속도로가 있긴 하지만, 여전히 장거리 여행길에서는 감수해야 할 어려움에 직면할 수밖에 없다. 그 때문에 외국인들이 인도 여행을 꺼리는 이유가 되기도 한다. 어쩔 수 없이 눈 딱 감고 볼일을 봐야만 하는 위급한 상황과 마주하기가 십상이기 때문이다. 특히나 시골길을 지나야 할 경우는 더욱 그러하다. 모든 여행지가 시골길을 피할 수가 없었다. 여행하면서 경험했던 다양한 화장실을 생각해 보면 몸서리쳐지는 곳이 있다. 화장실 문도 없고 한밤중에 불빛이 없어서 플래시 불빛에 의지해 깜깜하고 작은 후미진 곳에 더듬거리며 들어가서 어떻게 뒷처리를 했는지조차 모를 정도로 성급히 빠져나왔던 적도 있다. 지금이야 그러한 최악의 상황만 아니라면 그리 큰 문제가 되지 않지만 말이다.

   인도의 몇몇 대형 쇼핑물의 사정은 이와 크게 대비된다. 그곳의 화장실은 호텔 화장실 저리 가라 할 정도로 청결하며 고급스럽다. 화장실마다 휴지가 비치되어 있을 뿐만 아니라 화장실을 관리하는 직원이 상주하고 있어서 손을 씻고 나오면 종이 휴지를 하나씩 뽑아서 건네주기까지 한다. 그곳에 가면 대접받는 느낌에 왠지 기분이 좋아진다. 아니 괜스레 황송하고 미안한 마음이 들기도 한다. 물방울이 떨어지기가 무섭게 담당 직원은 바로바로 물기를 닦아내며 쓰레기가 하나라도 보이지 않도록 완벽하게 청결한 상태로 유지한다. 오히려 그곳은 기분을 상쾌하게 만들어 주었다. 여느 인도 화장실과는 완벽하게 대비되는 광경이었다.

   인도 화장실 사용법은 어떨까?

   나는 여학교 시절에 소변을 보고 나서도 휴지를 사용해야 한다고 가르쳐 주셨던 선생님 덕분에 휴지가 없으면 화장실 사용이 어려운 사람이 되어버렸다. 그러다 보니 인도에서 늘 휴지를 챙기는 일이 신경 쓰였다. 보통 인도의 화장실에는 물통과 바가지 외에는 없다. 처음에는 그러한 도구를 어떻게 사용해야 하는지 몰라서 아예 물통과 바가지를 못 본 척 외면하곤 했다. 사실 엄두가 나지 않았다. 자신이 없었다. 그래서 늘 한국에서 하던 대로 나만의 방식을 고수하기로 마음먹은 것이었다. 솔직히 말하면 인도에서 8년 이상을 살면서 이 부분은 극복하지 못하고 말았다. 어찌 보면 넘을 수 있는 장벽이었음에도 나 스스로 거부했던 게 아닌가 싶기도 하다.

보통 인도 가정집에는 인도식 비데가 설치된 곳이 많았다. 그것은 한국에서 사용하는 비데와는 다르다. 인도식 비데는 변기 옆 수도꼭지에 설치된 작은 샤워기를 사용하는 것이다. 우리가 살던 집에도 같은 인도식 비데가 있었지만, 처음에 나는 이것을 사용하는 데 익숙하지 않아 거의 화장실 벽에 부착된 하나의 장식품에 불과했었다. 한국형 비데와는 사용법이 다르니 불편하기도 하고, 어색하기도 했다.

그런데 언젠가부터 딸아이가 이 비데를 자연스럽게 사용하기 시작했다. 아무래도 아이는 인도 학교에 다니다 보니 인도 생활 습관을 우리보다 더 자연스럽게 익힐 수 있었을 게다. 어느새 우리도 샤이니를 따라 인도 스타일 비데를 사용하기 시작했는데, 꽤 괜찮았다. 마침내 상쾌함까지 느낄 수 있을 정도로 우리는 인도식 화장실에 적응해 갔다.

물론, 아직도 인도 화장실에서는 인도 비데보다는 수도꼭지 아래에 놓인 조그마한 통에 담긴 물을 사용해서 왼손으로 뒤를 처리한다. 그러다 보니 자연스레 인도 사람들은 납작한 빵으로 된 인도의 주식 로띠나 난을 먹을 때 왼손을 사용하지 않는다. 반드시 오른손만 사용해야만 한다. 우리도 처음에 왼손을 뒤로 하고, 오른손만을 사용하며 로띠나 은색 스테인리스 접시에 담긴 밥과 커리를 먹는 연습을 열심히 했다. 맛있는 식사 시간에 인도 사람들 앞에서 양손을 사용하다가 그들의 비위를 상하게 하거나 불결한 인상을 주고 싶지 않았기 때문이다. 꾸준히 연습한 덕분에 자연스럽게 오른손으로 불편함 없이 로띠를 뜯어서 커리나 섭지와 함께 곧잘 먹게 되었다. 오히려 그들처럼 다른 사람들이 사용하던 숟가락이나 포크를 입에 대지 않고 깨끗하게 씻은 자기 손으로 먹는 것이 가장 믿을 만하다는 생각에 동의하게 되었다. 집에서는 여전히 수저를 사용할 수밖에 없었지만.

확실히 갓 구운 따끈따끈한 인도 음식은 손으로 호호 불어가면서 조심스레 찢어먹는 게 더 입맛을 돋우며 맛이 더해졌다. 손끝에서 나오는 손맛을 느끼는 인도식 식사 예법이었다. 인도 사람들은 오른손으로 음식을 맛있게 먹는 우리의 모습을 웃으며 지켜보았다. 그들만의 문화를 존중하며, 같이 공감하는 자체에 마음이 녹았던 거 같다. 온화한 눈빛으로 좋게 바라봐 주니 우리도 더없이 감사했다. 한국에 온 외국인들이 한국 문화를 배우고 적응하기 위해서 비록 서툰 젓가락질을 시도하려는 모습에 마음이 따뜻해지는 것과 같았으리라.

이렇게 인도에서는 사실 돌돌 말린 채로 자리를 차지하고 있는 하얀 두루마리 휴지가 없어도 화장실 이용이 문제가 안 된다. 하지만, 우리에게는 불가능한 일일 것이다. 처음에는 인도의 화장실이 불결하고, 비위생적이라는 생각도 들었는데, 깨끗하게 씻고 나서 화장실 입구에 있는 세면대에서 다시 손을 깨끗이 씻으면 오히려 위생적이지 않을까? 인도식으로 직접 물과 손을 이용해 깨끗하게 세정하는 인도에는 다른 나라에 비해 치질 환자가 많지 않다고 한다.

다른 문화권에서 그들만의 다른 방식으로 살아가는 모습을 보며 새로운 삶의 교훈을 얻을 때가 있다. 인도 화장실 사용법과 오른손 식사법을 배워가면서도 마찬가지였다. 우리는 어느 순간부터 우리가 휴지를 필요 이상으로 너무 많이 사용하면서 낭비하고 있다는 생각이 들었다. 세 칸 사용하기나 다섯 칸 사용하기를 실천하며 연습하기도 했지만, 여전히 많은 양의 휴지를 사용하는 자신을 보게 된다.

지난 코로나 팬데믹으로 유럽이나 미국 등지에서 사람들이 두루마리 화장지를 사재기하는 모습을 뉴스로 보았다. 문명이 발달한 결과물이라고 자부하기도 하지만, 과연 우리가 휴지 없이 살아가는 방법은 없을까 하고는 잠시 고민해 본다.

인도 여행을 하다 보면 시설이 좋은 고급 호텔에 가도 인도식 비데가 있는 것을 보게 된다. 한국의 비데 시스템도 좋지만, 차라리 인도식 비데가 경제적이면서도 건강에도 도움이 되며, 환경을 보호하는 친환경적 방법이 아닐지 조심스럽게 생각해 본다. 우리나라처럼 필터를 정기적으로 교체해 주지 않아도 되니 얼마나 좋은가? 거기에다 나무로 만들어야 하는 두루마리 휴지를 많이 사용하지 않아도 되고, 건강에도 좋으며, 요즘 같은 때에 경제적으로도 훨씬 도움이 될 테니까.

2. 인도의 물 사용서, 여름 나기

길고 긴 여름 동안 무더위와 싸우며 씨름해야 하는 인도에는 물이 부족하다. 물이 귀하디귀하다. 물이 너무 소중한 나라이자, 물 부족 국가이다. 인도 「파이낸셜 익스프레스」에 따르면, 인도 인구의 50퍼센트 이상이 안전한 식수를 접하지 못하며, 약 20만 명의 사람들이 매년 안전한 식수 공급의 부족으로 사망한다. 인도는 최근 수도관 공급이 없는 농촌 가구들의 물 문제와 직면하고 있다. 이에 더해 2030년까지 인도 인구의 40퍼센트가 식수를 공급받지 못하게 될 것이며, 가정용 물의 75퍼센트 이상이 깨끗한 식수를 갖지 못하게 될 것이라고 했다.

이러한 인도의 물 상황을 보면 '인도의 물 위기'라고 봐야 할 것이다. 나도 인도가 물이 부족하다는 사실을 미리 알고 갔지만, 현실이 되어 내게 다가왔을 때는 정말 암담했다. 처음에는 인도 수도시설이나 시스템도 어떻게 가정에서 물을 관리해야 하는지 알지 못했다. 나는 서서히 인도 생활에 적응하면서 인도에서의 물 사용 설명서를 스스로 만들어갔다.

처음 인도에서 집을 구할 때 부동산 업자가 '1,500리터 물탱크가 있다', '수도가 들어오는 집이다', '물차가 와서 물을 넣어준다'라고 소개할 때는 무슨 의미인지 모호했다. 델리에서 살아가는 날이 하루하루 더해지면서 차차 '인도의 물 사용법'을 알아갔다.

인도 델리의 큰 장점 중 하나는 상수도관이 설치되어 하루에 한 번씩 아침마다 수돗물이 공급된다는 것이다. NCR 지역인 구르가온이나 노이다에는 상수도관이 없어 고층 아파트조차도 지하수를 이용하고 있다. 델리의 수돗물은 그나마 수질이 좋아 정수기를 사용하면 물을 그대로 마셔도 괜찮을 정도였다. 빨래도 그런대로 깨끗하게 잘 되었다. 하지만 한국에 잠시 나와서 보면 인도에서 우리가 입던 옷의 색이 한국처럼 환하지 않다는 것을 확인하곤 했다. 물에 석회가 많기 때문이다. 설거지를 하거나 야채와 과일을 씻을 때 마지막 헹굼은 꼭 정수기 물로 헹궈야 했다. 그렇지 않으면 설거지하고 난 그릇과 과일에 석회가 그대로 하얗게 남곤 했다.

델리 외 다른 지역은 사정이 더 열악하고 어려운 실정이었다. 땅속에서 끌어올린 지하수나 물차로 공급해 주는 물의 수질은 그리 좋은 편이 아니다. 빨래한 옷의 색깔이 점차 누렇게 변해가며 정수기 필터를 사용하지 않으면 안 되었다.

처음 우리가 살았던 곳도 물이 떨어지면 물차가 와서 물탱크에 물을 가득 채워 주던 곳이었다. 그때는 물 때문에 정말 많은 어려움을 겪었다. 아이가 어렸던 시기라 우리에게는 더없이 고생스러운 날들이었다.

델리에서 시작하는 하루의 일과는 기도와 묵상을 하거나, 운동을 하는 것보다도, 무조건 눈을 뜨기가 무섭게 바로 물탱크 모터를 올리는 것이었다. 아침마다 누가 모터를 올리느냐를 놓고 보이지 않는 기 싸움을 벌여야 했다. 이른 아침 시간에만 공급되는 수돗물을 모터를 올려서 옥상에 있는 1,500리터 검은색 큰 물탱크에 받아서 채워야만 했다.

눈앞에 없는 옥상에 설치된 물탱크에 물이 다 채워지는지 알려 주는 인디게이터(Indicator, 옥상 물탱크에 줄을 연결하여 센서를 통해 물이 다 차면 신호를 보내 주는 작은 장치)를 설치하는 것은 그야말로 생활 필수 요소였다. 새로운 집으로 이사할 때 집주인이 인디게이터를 달아 주지 않는다면 사비를 들여서라도 꼭 장만해야 하는 항목이었다. 1,500리터 물탱크에 물이 다 차면 물탱크에 있는 감지 센서가 물이 다 찼으니 어서 모터를 끄라는 알람 소리가 울리면 바로 모터를 꺼야만 했다.

가끔 인디게이터가 없거나, 혹은 그 알람 소리를 듣지 못해서 가끔 인디게이터가 고장이 나서 모른 채로 계속 지하 물탱크에 모아둔 물을 끌어 올리다가는 물탱크에 물이 차고 넘쳐서 급기야 옥상에서 골목길로 흘러 내려와 온 길을 적시곤 했다. 얼마나 아까운지 통탄할 일이 아닐 수 없다.

나도 이런 황당한 실수를 한 적이 있다. 라즈빳 나가르로 이사한 지 얼마 지나지 않아, 아침에 모터를 올려놓고 물이 다 차기 전에 깜박 잊고 외출을 해 버렸다. 아래층 집주인 라즈벤더가 옥상에서 물이 흘러넘치자 서로 범인을 찾기 시작해 보니, 바로 우리 집이었다는 것이다. 화가 난 그녀는 내게 전화를 걸어 왜 그런 실수를 하느냐며 무척이나 화를 낸 적이 있다.

결국, 전기 단자에서 우리 집 전기 차단기를 내려서 억지로 모터를 멈추게 했다는 것이다. 우리 집 안으로 들어갈 수도 없으니 그 방법밖에 없었을 것이다. 결국, 우리가 집으로 돌아올 때까지 전기가 차단되어 있었다. 얼마나 큰 민폐였는지. 지금도 그때 일을 생각하면 얼굴이 벌겋게 달아오른다. 사실 그 후로도 인디케이터가 고장 난 줄 모르고 있다가 물이 밖으로 넘쳐나는 사태가 벌어졌다. 인도 생활에서 특히 델리에서 물을 받아 올리는 모터와 인디케이터는 삶의 동반자와 같다.

매일 우리는 받아진 물을 온종일 분배하여 사용했다. 아침에 늦잠을 자거나 깜박 잊고 모터를 올리지 않은 날은 끔찍했다. 전날 물탱크에 남겨진 물이 있으면 다행이지만, 보통은 하루치 사용할 수 있는 양밖에 되지 않기 때문에 물이 남아서 다음 날까지 가는 일은 거의 없다. 특히, 아이가 있는 집은 더 그렇다. 빨랫감이 많으니 그럴 수밖에 없다. 빨래도 하루에 딱 한 번 할 수 있다. 행여라도 세탁기를 두 번 돌렸다가는 샤워나 요리할 물이 부족한 상황과 마주해야만 했다. 그래서 세탁할 양이 많을 때는 이른 아침에 모터를 올려놓고 공급되는 상수도 물을 받으면서 동시에 세탁기를 돌렸다. 물을 조금은 여유 있게 사용할 수 있는 생활의 지혜이기도 했다.

처음 우리가 인도에 갈 때는 딸아이가 만 두 돌이 되던 때라 이불이나 옷에 실례를 할 때가 종종 있었는데 수도꼭지에서 물이 나오지 않아 그때마다 세탁기를 사용할 수가 없어 얼마나 힘들었던가? 물탱크에 저장된 한정된 물을 사용하다 보면 자신도 모르게 그저 감각으로 물탱크에 남은 양을 계산할 수밖에 없었다.

예를 들면, 야채를 많이 씻고 다듬거나 요리를 많이 하는 날은 다른 용도의 물을 좀 더 아껴야만 했다. 머리를 감으면 안 된다든가, 세탁기를 돌리지 않거나, 샤워를 참아야 하는 날도 있었다. 어느 날은 최소한 화장실 용변을 볼 수 있는 물이라도 아껴서 비축해 둬야 하는 날도 있었다. 어떤 날은 화장실을 사용하던 도중 갑자기 수도꼭지에서 물이 나오지 않을 때도 있었다. 최악의 경우는 머리를 감거나 샤워하는 중에 물이 떨어졌을 때다. 머리를 감다가 미처 다 헹구지 못하고 생수병을 가져다가 머리 감기를 마쳐야 했을 때는 눈물이 그만 핑 돌았다.

한여름에는 물탱크가 옥상에 있기에 아침에 받아 둔 물은 한낮이 되면 50도 이상의 뜨거운 물로 데워졌다. 얼마나 뜨거운지 손을 담글 수도 없었다. 씻는 것은 엄두도 낼 수 없었다. 수도꼭지에서 나오는 찬물을 뜨겁게 데워서 온수로 사용하는 일은 오히려 간단하지만, 뜨거운 물을 식힐 수 있는 방법을 찾기는 쉽지 않았다. 그래서 미리 큰 통에 물을 받아 미지근하게 식혀 둔 후에 아이를 씻기곤 했다.

아직도 시골 지방에는 수도시설이 전혀 없는 곳이 대부분이며, 델리 안에도 낙후된 지역은 수도시설이 되어 있지 않고, 물 차가 물을 실어 나르곤 한다. 인도 사람들은 그러한 삶으로 인해 물을 아껴 쓰는 일이 습관이 되어 있다. 나도 살면서 그들에게 본받고 배우려 애썼던 부분이다.

　처음 살던 곳은 여러 가구가 함께 공동으로 물탱크를 사용하던 곳이라 우리 집에서 가장 많은 양의 물을 소비하고 있었을 게다. 나 또한 제한된 물의 양을 하루 동안 나눠 사용해야 하니, 주방에서 야채를 씻을 때마다 신경이 쓰였다. 늘 물을 아껴야만 하고, 청소할 때도 물을 아껴야만 했다. 인도에 살면서 주방에서 소비되는 물의 양이 얼마나 많은지 알게 되었다. 손님이 오셔서 요리를 더 해야 하는 날은, 주방일을 많이 하게 되면 영락없이 그날은 물이 부족했다. 수돗물을 틀어 놓고 야채를 씻다가는 영락없이 낭패 보게 된다. 설거지도 마찬가지다. 한국에서 오신 분들이 설거지하려고 하면 아예 못하게 막곤 했다. 한국식 설거지를 하다가는 물이 금방 동나기 때문이었다.

　우리는 최대한 물을 절약하면서 그릇을 깨끗이 씻는 노하우를 습득하기 시작했다. 야채와 그릇 모두 마지막 헹굼은 항상 정수기 물을 사용했다. 물론, 정수기 필터를 통해 버려지는 물도 그냥 버릴 수가 없었다. 그 물조차도 큰 통에 받아서 집 안 청소나 걸레를 빨 때 사용했다. 종종 용변을 보고 화장실에서 변기 물을 내리는 데 사용하기도 했다. 화장실에 사용하는 물조차 사치스럽게 여겨졌기 때문이다. 버려지는 물이 하나도 없었다.

　그렇게 물을 아끼고 아껴서 절약하다 보니, 인도 생활 초기에는 인도 식당에서 외식을 하기가 좀 꺼려졌다. 과연 손님들을 위해 부족한 물로 음식 재료를 얼마나 깨끗하게 손질했을지, 그릇을 어떻게 깨끗하게 씻었을지 걱정되었다. 그럴 수밖에 없는 형편을 알고 있으니 불평할 수도 없는 노릇이었다. 점점 인도 생활에 익숙해지면서 그런 점은 우리에게 큰 문제가 되지 않았다. 그 또한 감사하다.

이렇듯 물이 부족하다 보니 마셔야 할 식수가 문제였다. 여전히 사람들은 깨끗하지 않은 물을 마시다가 장티푸스와 같은 질병에 걸려 어려움을 겪곤 했다. 요즘은 인도에도 여러 회사에서 생수를 판매하고 있어서 식수를 해결할 수 있지만, 사실 그것도 여의치않다. 물값이 만만치 않기 때문이다. 살 수 있는 형편이 되는 사람들만이 누릴 수 있는 특권이 되는 실정이다.

요즘 인도의 가정에도 정수기를 많이 설치하고 있긴 하지만, 통계에 따르면 정수기를 사용하는 가정은 전체 인도 인구의 4퍼센트에 불과하다고 한다. 아직도 대다수가 안전한 식수를 마시지 못하고 있다. 그래서 어쩌면 인도 사람들이 홍차와 우유를 넣어 펄펄 끓이는 짜이를 즐겨 마시는 게 아닐까 싶다. 건강에도 좋고 몸에 해를 끼치는 유해 물질을 뜨겁게 끓여서 없앨 수 있으니까.

길을 가다 보면 동네 어귀마다 항아리가 하나씩 보였다. 무더위에도 길을 가는 행인들을 위해 비치된 물이다. 델리에서 시민들을 위해 준비한 작은 배려였다. 그것조차 없다면 갈증과 더위를 이겨낼 힘이 있기나 할까? 종종 길에서 오이를 깎아서 파는 사람들이 있었다. 처음엔 생소했던 오이 장수들의 존재가 이해되었다. 더위에 물 대신 오이를 깎아 먹으며 갈증을 해소하는 사람들이 꽤 많다는 사실도 알게 되었다. 열사병을 방지하기 위해서인지 인도 사람들은 오이에 흑소금을 뿌려서 먹는다. 한여름에 씹히는 시원하고 상큼한 오이 맛이야말로 여름날의 보약과도 같다.

우리는 인도 수박을 하루에 하나씩 먹으며 더위를 해결하곤 했다. 여름철 과일인 인도의 열대과일 망고와 수박, 오이들로부터 살아갈 힘과 긴 여름을 견뎌낼 에너지를 얻곤 했다. 식수를 마시지 못하는 대신 해갈할 다른 길이 있어 감사할 따름이었다.

아무튼 인도 생활에서의 물은 전쟁터에서 목숨을 지키기 위한 무기와도 같았다. 외출할 때도 가방에 물을 넣어 다녔다. 집에서 끓여 마시던 물은 여주를 말려 볶은 것과 섞은 옥수수차였다. 딸아이도 다행히 끓인 물을 좋아해서 학교에도 집에서 끓인 물을 들고 다녔다. 무더운 찜통더위에 부엌에서 물을 끓이면 뜨거운 공기 때문에 물을 식히기도 힘들었지만, 인도에 사는 내내 우리는 거의 매일 주전자에 물을 끓여댔다. 그것도 빼놓을 수 없는 중요한 하루 일과 중의 하나였다.

그런가 하면 인도에도 워터파크가 있다. 물이 귀한 곳에 물로 가득찬 워터파크라니 도무지 믿기지 않았다. 인도에 워터파크가 있다는 사실에 놀랐다. 물론, 한국의 물놀이 공원에 비하면 규모가 크지 않고 좁은 편이다. 워낙 물이 부족한 국가이니 그럴 수밖에 없을 것이다. 물놀이장이 있다는 자체로 감동이고 인도에 여름을 즐길 수 있는 그러한 공간이 있다는 자체로 감사하고 다행이다 싶었다.

사설 수영장이 있어서 회원권을 발급받아 이용할 수도 있지만 시설이 열악한 편이었다. 델리 중앙에 아시안 게임이 열렸던 시리 포트 체육관은 비교적 쾌적하고 시설이 잘되어 있었지만, 매달 마지막 주 월요일에 회원 등록을 신청하기 위해 새벽 4시부터 줄 서서 기다려야 했다. 다행히 외국인들에게도 기회가 주어졌다.

그곳 수영장은 유일하게 지붕이 설치된 곳이었다. 물론, 이용 시간은 아침 6~9시까지 그리고 오후 5시가 넘어야 사용할 수 있었다. 회원 등록이 되면 샤이니와 함께 물놀이를 할 수 있었다. 하지만, 거의 회원 등록을 하지 못했기에 가끔 시리 포트 안에 있는 놀이터나 카페테리아를 이용하곤 했었다. 델리에서 누릴 수 있는 크나큰 혜택이었다.

아무튼 인도의 수도 델리 하늘에서 내리쬐는 한낮의 태양은 두려움의 대상이었다. 한여름의 대낮 정오 시간에는 무조건 강렬한 태양 빛을 피해 실내에 머물러 있어야 안전했다. 대책 없이 쨍쨍 내리쬐는 햇볕에 노출되어 길거리를 돌아다니다가는 바로 병에 걸리거나 쓰러지기가 쉽다. 마치 목숨을 내놓는 일과 같았다. 뜨거운 햇볕에 변을 당하기 십상이기 때문이다.

사실 그러한 위험에 대비하여 인도의 모든 워터파크나 수영장은 한낮에는 개장하지 않으며, 수영을 금지하고 있다. 아무리 물속에서 더위를 피하고 싶다고 해도 이용할 수가 없다. 보통 오후 5시가 넘어야 물놀이를 할 수 있도록 수영장을 개장한다. 살을 태우는 것은 둘째 치고, 살을 익힐 정도인 살인적인 열기를 끌어올리는 델리의 오후 5시까지 거의 모든 게 멈춘다. 사실 아무것도 할 수가 없다.

마침내 타는 열기가 한풀 꺾이기가 무섭게 인도의 젊은이들이 물놀이를 즐길 수 있는 놀이동산 워터파크로 갔다. 여느 젊은이들과 마찬가지였다. 극단적으로 보수적인 인도에서 젊은이들이 같은 공간에서 물놀이를 즐기는 모습이 내게는 신기해 보이기도 했다.

우리도 딸아이를 데리고 노이다에 있는 워터파크 원더랜드에 가 본 적이 있다. 어떻게든 흘러내리는 땀을 식히고 물속에서 더위를 피하고 싶은 염원과 함께 기대 반 호기심 반으로 갔다. 수영복과 수영 모자와 돗자리, 먹을 간식거리까지 챙겨서 물놀이를 즐길 만반의 채비를 하고 갔지만, 모든 게 허사였다.

여러 정보가 부족했던 우리는 인도식 물놀이장의 규칙을 배웠다. 일단 들어가는 입구에서 입장할 때부터 복장 단속이 매우 엄격하다. 성인들은 몸을 드러낸 수영복을 절대로 입을 수 없으며, 비키니를 입을 생각은 꿈도 꿀 수 없다. 해녀들이 입을 법한 목에서부터 발목까지 온몸을 덮고 있는 수영복을 입은 젊은이들이 물속에서 더위를 식히며 즐기는 모습은 참 묘하고 흥미로웠다. 아마 우리나라도 오래전 그 옛날에는 그러지 않았을까 싶다.

여하튼 비록 그 규모가 작고 스릴 넘치는 놀이기구가 많이 없는 곳이라 할지라도 여름에 한 번쯤 워터파크에 가서 더위에 지친 몸을 물에 담글 수 있는 것만으로 행복하고 감사했다. 먹고 마실 물조차 부족한데 그 많은 물을 한곳에 모아 놀이공원을 만들어 놓은 것만으로도 내 눈에는 그저 하나의 기적처럼 보였다.

물을 내 마음대로 쓸 수 있을 때는 그 고마움을 잊어버리고 만다. 생각조차, 기억조차 하지 못한다. 하지만, 그것을 잃고 나서야 비로소 얼마나 우리에게 물이 소중했는지를 뒤늦게 깨닫게 되지 않겠는가?

그렇게 인도 생활이 나를 변화시켰다. 얼음 없이는 못 살았던 나는 마침내 아이스커피와의 이별을 고했다. 처음에는 무더위 속에서 얼음을 즐겨하지 않는 인도 사람들을 이해하지 못했다. 그런데 그곳에서 지내다 보니 나도 모르게 어느새 차가운 아이스커피를 거부하고 있었.

기후 탓인지, 몸이 그렇게 반응하는 것인지 점차 인도 날씨에 적응해 갔다. 타는 듯한 불같은 날씨에도 뜨거운 커피와 짜이를 마시며 더위를 이겨냈다. 찬 음료가 오히려 몸에 불편함을 주었다. 이열치열을 비로소 인도에서 이해하며, 미지근한 물을 마시기 시작했다. 덕분에 인도에서부터 쭈욱 우리 집 냉장고 냉동실에는 얼음이 없다. 이제는 얼음 없이 사는 게 익숙해져 버렸다. 인도 덕분에 지금도 생활 속에서 물을 아껴 쓰며 절약하는 좋은 습관까지도 몸에 젖어 들었다.

이 얼마나 감사한 일인가?

3. 인도 전기, 제발 나가지 마!

인도의 여름은 덥다 못해 뜨겁고, 뜨겁다 못해 탄다. 불이 활활 타는 것처럼, 한증막의 뜨거운 열기처럼 타오른다. 반면에 겨울은 춥다. 분명히 한국보다 기온이 높아 영상을 유지하면서 영하로 내려가지도 않는데 엄청 춥다. 체감 온도는 얼음이 꽁꽁 어는 영하의 날씨 같지만, 얼음이 어는 일은 거의 없다. 인도의 전기(Electricity) 이야기를 하려면 인도의 날씨를 꼭 알아야 할 필요가 있다. 그래야 그곳의 전기에 얽힌 이야기를 좀 더 쉽게 이해할 수 있을 테니까.

나는 종종 인도 친구들에게 한국에는 하루 24시간 동안 전기가 들어오고, 24시간 내내 수도꼭지에서 물이 콸콸 쏟아져 나온다고 말했다. 그러면 모두가 놀라 입을 다물지 못한 채 아무도 내 말을 믿으려 하지 않았다. 도저히 믿기지 않는다고 했다. 이해할 수 없다며 몹시 신기해했다. 나는 가끔 우리에게는 너무나 당연한 일들이 누군가에게는 아주 특별한 일이 되기도 하고, 이상하고 신비롭게 비칠 수도 있다는 것을 발견했다.

그렇다. 인도에는 24시간 동안 전기가 들어오는 날이 거의 없다. 물론, 인도의 수도인 델리는 요즘 전기 사정이 많이 좋아져서 다행이지만, 그 외 지역은 여전히 그리 좋지 않다. 우리가 처음 인도에 가자마자 가정용 인버터, 그러니까 가정용 발전기를 사야만 했다. 전기가 들어왔다가 수시로 다시 나갔기 때문이다. 사실 도시는 그나마 전기가 들어오는 시간이 훨씬 많지만, 시골 지방은 아직도 전기가 들어오는 시간보다 나가 있는 시간이 더 길다.

처음에는 왜 인도 사람들이 냉장고나 세탁기를 많이 사용하지 않는지 이해할 수 없었다. 냉장고 없이 어떻게 식료품을 보관하는지 수수께끼 같기만 했다. 세탁기를 사용하면 손빨래보다 오히려 물을 덜 사용하게 된다는 것을 알고 나서는 도대체 왜 중산층임에도 불구하고 세탁기를 장만하지 않는지 의문이 들었다. 나는 머지않아 인도의 전기 공급 사정을 알고서는 왜 그럴 수밖에 없는지 고개를 끄덕이며 수긍할 수밖에 없었다. 맞다. 인도는 전기가 턱없이 부족하다.

기온이 45도에서 내려올 생각을 하지 않는 무더운 여름에 에어컨이나 선풍기 없이 지내는 것은 뜨거운 지옥을 상기시킨다. 자동차의 에어컨도 뜨거운 고온을 이기지 못해 시원한 바람 내는 것을 포기할 정도이다.

겨우 에어컨으로 더운 공기를 조금 식혀서 시원하게 해 놓으면 갑자기 전기가 나가고 말았다. 그리고는 숨이 턱턱 막히는 더운 열기로 금방 바뀌곤 했다.

가정용 인버터(발전기)가 있어도, 겨우 천장에 매달린 선풍기 하나 정도만을 돌릴 수 있을 정도의 전력을 만들어 낼 뿐이다. 그것마저도 수명이 그리 오래가지 않았다. 서너 시간이면 가정용 발전기도 힘을 잃고 말았다. 전기가 오랫동안 나가 있으면 선풍기마저 돌릴 수 없었고, 밤에는 불을 켤 수 없어서 양초를 켜야만 했다.

델리는 사막 기후로 더위와의 싸움에서 이겨내기 위해 집에 창문이 많이 없다. 지하실처럼 뙤약볕이 들지 않도록 건축한 것이다. 가능한 한 더위를 멀리하기 위한 건축법이었다. 그러다 보니 대낮에 전기가 나가면 실내는 깜깜한 밤처럼 어두워지곤 했다. 더운 여름날에 전기가 나가면 숨쉴 힘조차 없어 그저 몸을 최대한 움직이지 않고, 그대로 가만히 누워 있었다. 그래야 그나마 그 순간의 위기를 견뎌낼 수 있기에. 낮에 전기가 나가면 그런대로 버틸 수 있었지만, 밤에는 딸아이와 맥도널드로 피신을 가곤 했다. 그나마 그곳에는 대용량 발전기 덕분에 검은 어둠도 피하고 빨간 더위도 식힐 수 있었기 때문이다. 인도에서는 백화점이나 쇼핑몰에서도 갑자기 전기가 끊겨 건물 전체가 깜깜해지는 경험을 자주 하게 된다. 다행히 그곳에서는 대형 발전기가 돌아가기까지의 몇 초만 참으면 다시 '쌩'하는 소리와 함께 전기가 들어오고, 매장은 불빛으로 다시 환하게 되니 걱정할 필요는 없다.

인도에서 겨울을 보내기 위해서도 전기가 절실하다. 영상이지만, 햇살이 안 들어오는 실내는 바깥보다도 더 추웠다. 난방 시설은 아예 없다. 짧은 겨울이지만 추위에 오돌오돌 떨어야만 한다. 그러다 보니 인도 생활에 전기요가 필수품이다. 바닥은 차가운 대리석이라 발바닥을 딛기도 어렵고, 따스한 햇살을 쐬려면 발코니로 나가야만 했다. 전기요가 없이는 인도의 겨울밤을 이길 재간이 없었다.

옷을 여러 개 껴입고, 어린 시절 우리가 덮고 자던 밍크 이불을 덮고는 바닥에 전기요를 깔아야만 따듯하게 숙면을 취할 수 있다. 전기가 나가면 그마저도 소용이 없지만 말이다. 겨울이 되면 곳곳에서 공기를 데워 주는 전기난로를 팔았다. 빨간 불빛을 밝히는 전기난로 앞에서 따끈한 생강 짜이 한 잔을 마시면 그런대로 추위를 잊을 수 있었다. 그러다 보니 겨울에도 전기 사용량이 많아 전기요금을 많이 지불해야만 했다.

한국에서는 전기의 고마움에 대해 잊은 지 이미 오래였고, 고마워할 마음조차 없었던 터였다. 하지만, 인도에 가서는 전기에 대한 고마운 마음이 뼛속에서부터 차 올라왔다.

인도에 있으면서 노트북을 두 대나 망가뜨렸다. 전기가 들어왔다 나가기를 반복하다 보면 노트북의 수명이 줄어들 수밖에 없었다. (힌디어로도 한국어와 같은 표현을 한다. '전기가 나갔다', '전기가 들어왔다', '비가 온다', '비가 그쳤다', 라는 표현 방식이 너무 똑같아 흥미로웠다.) 어떤 날은 하루 종일 전기가 들어오지 않는 날도 있었다. 그런 날은 그냥 운명으로 받아들이고 뭔가를 해야 한다는 생각을 내려놓았다. 그럴 때는 차라리 밖으로 나가곤 했다. 언제 전기가 나갈지 모르는 상황 속에서도 우리는 전기가 갑자기 나가도 그러려니 하며 받아들이게 되었다. 점차 그러한 환경에 깊숙이 젖어 들고 있었던 게다. 거스를 수 없는 운명을 받아들이듯이.

　우리는 한국에서 삼성 지펠 양문형 냉장고와 엘지 김치냉장고를 컨테이너에 싣고 인도로 건너갔었다. 이 두 물건은 우리 집에서 큰 구경거리이지 우리의 자랑거리였다. 꽃무늬에 큐빅까지 박혀 있는 양문으로 열 수 있는 냉장고, 거기에다 문을 열지 않고도 물을 꺼내 마실 수 있는 선반까지 있는 마치 가구와 같은 세련되고 예쁜 냉장고는 인도에서는 볼 수 없었기 때문이었다. 가끔 구경하고 싶어 하는 사람들이 우리 집에 찾아오기도 했다. 인도 사람들은 우리 김치냉장고를 보면 아무리 설명을 해줘도 이해하기 어려워했다.

　이런 우리 집의 보물 같은 양문형 지펠 냉장고도 시간이 흐르자 슬슬 문제가 생기기 시작했다. 수시로 전기가 들어왔다 나가기를 반복하는 인도의 춤추는 전기 상태에 그만 냉장고가 견디지 못하고 고장 나고 만 것이다. 삼성 서비스 센터와 기술자들을 통해 여러 차례 서비스와 수리를 받으며 애를 먹었다. 결국, 제대로 된 부품을 찾기도 어려워 원래의 성능을 회복하지 못했다. 그런대로 잘 사용하던 예쁜 우리 집 지펠 냉장고는 인도의 중고 상인이 값을 쳐주고 가져갔다. 인도에서 구하기 어려운 냉장고이기에 사가서 어떻게든 다시 비싼 값에 되팔 심사였던 거 같다.

　이렇게 속을 썩이는 전기는 사용할 때마다 가슴을 졸여야만 했다. 인도의 전기세는 터무니없이 비싸기 때문이다. 물론, 인도 사람들이 사용하는 전기 소모량에 비해 우리가 월등하게 많이 쓰고 있으니 어쩔 수 없었다.

전기세를 아끼느라 더위를 참아 보기도 했지만, 허사였다. 하루 24시간 천장에 달린 선풍기를 트는 것은 기본이고, 전기가 들어오는 시간 틈틈이 에어컨을 틀어야 했다. 그러하니 우리가 내는 1개월 동안의 전기세는 에어컨을 사용하지 않는 인도 사람 집의 1년 치 전기세보다 더 많이 나오곤 했다. 전기가 나가는 시간이 많음에도 불구하고 매달 내야 하는 전기세에 기염을 토했다. 우리가 인도의 전기회사 BSES(우리나라 한국전력과 같은 곳)를 먹여 살리는 게 아닌가 싶을 정도의 많은 전기세 때문에 늘 조마조마했다. 인도에 살면 물가가 싸서 생활비가 많이 들지 않을 거라는 생각도 하지만, 사실은 비싼 전기세를 감당하려면 허리띠를 졸라매야 할 정도였다.

아니면, 무더위와 친해지든지 추위를 견딜 힘을 기르든지 해서 전기 없이 사는 연습을 해야 하지 않겠는가?

그래도 전기를 사용할 수 있다는 것 자체에 감사했다.

전기가 없는 곳이 얼마나 많던가!

아무리 생각해 봐도 어떻게 인도 사람들은 긴긴 여름을 에어컨 없이 생존할 수 있었는지 살면 살수록 내게는 수수께끼와 같았다. 나는 인도 각지를 여행하며 인도 사람들의 생활 양식과 건축에 흥미를 갖고 살펴보았다. 특히, 인도의 오랜 유적지를 방문할 때마다 선조들의 지혜에 놀랄 때가 한두 번이 아니었다. 특히, 인도의 천 년, 수백 년이 지난 옛 궁전은 그 어느 곳보다도 시원하게 과학적으로 건축해 놓은 것을 보았다.

예를 들면, 라자스탄 자이푸르에는 천 년 전에 지어진 아메르 포트(Amer Fort) 성 바로 옆에 커다란 인공 호수가 있다. 그 옛날에 만들었다는 게 믿기지 않을 정도로 아름답고 훌륭한 곳이었다. 그곳에 인공 호수를 만든 이유는 여름을 시원하게 보내기 위함이었다. 멀리서 수로를 통해 물을 끌어와 호수를 만들고, 인공 호수를 이용해 여름 궁전을 만들어 작열하는 여름의 열기를 식혀 왕궁 사람들이 조금이나마 시원하게 보낼 수 있게 한 것이다. 옛 조상들의 지혜와 과학적 기술은 신비스러울 정도로 놀라웠다. 그 호수 옆에는 채소를 기르는 커다란 정원을 구비해 두고 있다.

인도에서는 과거에도 그러했듯이 현재도 에너지를 절약하며 참고 견뎌내고 있다. 나는 그러한 그들의 삶의 태도와 습관을 통해 편하고 좋은 것만을 찾아 헤매는 것은 아닌지, 힘들다고 도망치고 견뎌내는 힘을 기르지 못하는 건 아닌지 되돌아보며 교훈을 얻었다.

얼마 남지 않은 이 지구의 에너지를 귀하게 여기며 더 신경을 쓰며 살아야 하지 않겠는가?

어디에 있든 인도에서처럼 방심하지 말고, 전기를 아끼고 절약하는 습관을 놓치지 않고 붙들어야겠다. 쓸데없는 전기가 낭비되고 있는 건 아닌지, 전기가 부족한 국가에서 절전을 몸에 익히고 살아가는 것처럼 그렇게 살기로 다짐하게 된다.

겨울에도 전기 없이 추위에 떨고 고생하는 그곳의 사람들을 생각하면 마음이 짠하다. 그들은 여전히 겨울 동안 어서 따스한 봄이 오길 기다리며 몸을 녹여 줄 따사로운 겨울 햇빛이 비치는 양지를 찾아 햇볕 사냥을 하고 있을 것이다. 무더운 여름은 여름대로 그렇게.

4. 인도 우버(UBER) 택시 이용 설명서

워낙 겁이 많은 내가 인도에서 혼자 우버(Uber)를 타고 다닐 거라고는 생각지도 못했다. 혼자서 택시를 타고 인도를 돌아다니다가는 큰일을 당할지도 모른다는 불길한 생각이 들기도 했다. 하지만, 감사하게도 우버(Uber)의 시스템이 많이 향상되었고, 안전하게 이용할 수 있게 되어 얼마나 감사했는지 모른다. 계획에 전혀 없었던 인도에서의 우버(Uber)를 이용하게 된 것은 우리나라 교육부에서 주관하는 인도 학교 한국어 수업을 하기 위해 필수였다.

일주일에 두 번, 우리나라 교육부에서 제공하는 교통비로 우버(Uber)를 타고 1시간 거리에 있는 인도 학교로 수업을 하러 다녔다. 내가 한국어 수업을 하던 그린웨이모던스쿨(Greenway Modern School)은 주인도 한국문화원에서 1시간이 훨씬 넘게 걸리는 곳이며, 더군다나 델리 외곽에 있어서 내가 혼자 운전해서 다니기에는 벅찬 곳이었다. 인도에서 자가운전을 했었지만, 가능하면 낯선 곳이나 위험한 곳에는 혼자 운전해서 가지 않았다. 그래서 위험부담을 최소화하기 위해 우버(Uber)를 이용하기로 했다.

물론, 우리나라 교육부에서도 인도 학교에 한국어 수업을 하러 가는 선생님들에게 교통비를 지급했는데, 우버(Uber) 택시요금으로 정산하는 것이 편리하기도 했다. 그 당시 왕복 요금이 600루피(원화 1만 원) 정도가 나오는 거리였으니 꽤 먼 장거리 여행이었다.

인도에는 미국에서 들어온 우버(Uber)와 인도 토종 운송 서비스 올라(Ola)가 있다. 어느 것으로 선택할지 고민하다가 나는 우버(Uber)를 선택했다. 처음으로 우버(Uber) 택시를 타기 위해 휴대폰에 앱을 다운받을 때는 반신반의하는 마음이었다.

과연 안전할까?
제대로 학교를 찾아갈 수 있을까?
우버(Uber)의 운전기사는 어떠할까?
안전 운전을 할까?

마음속에서 쉴 새 없이 질문이 쏟아져 나왔다. 실제 뚜껑을 열었을 때는 가장 큰 문제가 거리였다. 한국이라면 택시가 장거리를 운행하는 것을 선호했을 거라 예상하지만, 인도에서는 특히 내가 거주하던 델리에서는 우버(Uber)가 장거리를 선호하지 않았다.

우버 앱(Uber App)에서 내가 수업하러 가는 학교를 목적지로 치면, 처음에는 가겠다고 승인했던 기사가 잠시 후에 취소하는 사례가 자주 생겼다. 수업 시간 전까지 도착해야 하는데, 미리 우버를 예약하고 기다려도 낭패를 볼 때가 있었다. 내가 원하는 목적지에 가기를 거부하는 우버가 많았다. 나중에 알고 보니 왕복이 아닌 편도로 운행하는 우버가 한 시간 이상 떨어진 먼 곳에 갔다가, 다시 델리로 돌아오는 손님을 찾기가 어려웠기 때문이었다. 한국 택시비의 반값도 안 되는 요금이지만, 인도 현지 물가로는 큰 금액인 장거리 우버(Uber)를 이용하는 손님을 찾기가 여간 쉽지 않았을 것이다.

한번은 우버(Uber)를 끝내 잡지 못하다가 수업을 취소한 적도 있었다. 우버(Uber)를 기다리다 취소당하고, 기다리다 취소당하기를 반복했던 경험이 있다. 얼마나 기다리다 지쳤는지 생각하기도 싫은 기억이다. 때로는 길에서 기약 없이 우버를 기다리기도 했다.

델리에서 수업하러 갈 때보다, 오히려 수업이 끝나고 집으로 돌아오는 우버를 부르기가 더 쉬웠다. 델리 동쪽 끝자락에 학교라서 선생님들도 내가 오고 가는 길을 함께 염려해 주며, 나의 안전을 챙겨 주었다. 내가 우버(Uber)를 불러서 학교를 안전하게 떠날 때까지 늘 함께해 줬다. 비록 그들의 퇴근 시간이 지났음에도 함께 있어 주며, 나보다도 더 나의 신변을 걱정해 주었다. 엄마의 품 같았던 그들의 따스한 돌봄에 지금도 감사하지 않을 수 없다. 우버(Uber) 택시를 타고 다니며, 인도 학교에서 한국어를 가르쳤던 경험은 내게 잊을 수 없는 큰 자산이 되었다. 나는 이렇듯 인도에서 따듯하고 다정한 사람들을 많이 만났다. 봄햇살 같은 그들의 따스함이 내 마음을 채웠다.

인도에서 우버를 부를 때는 차량을 선택할 수 있다. 필수 항목이다. 인도 우버에는 차량의 종류가 여럿 있다. 차량 종류에 따라 요금이 달라진다.

우버의 차량 종류 중에는 오토(Auto)가 있다. 오토(Auto)는 바퀴가 세 개 달리고 문이 없는 오토바이 형식의 교통수단이다. 사실 그냥 길에서 오토를 타려면 가격을 흥정해야 하는데, 우버를 이용해서 오토(Auto)를 부르면 피곤하게 가격을 흥정하지 않아도 되니 훨씬 편하게 이용할 수 있다. 우버 고(Uber Go)는 트렁크가 없는 작은 차량으로 조금 불편했다. 그 외에 우버 풀(Uber Pool)도 있는데, 택시를 다른 사람과 같이 공유하는 합승의 개념이다. 인도 사람들은 교통비를 아끼기 위해 우버 풀(Uber Pool)도 자주 사용한다.

내가 이용하던 프리미엄(Premium)은 고급 택시는 아니지만, 우리나라의 보통 일반 택시와 같은 차량으로 트렁크가 있는 차량이다. 특히, 여성이 혼자 우버를 이용할 때는 이 프리미엄을 추천한다. 에어컨이 있을 확률도 높기 때문이다. 더운 여름날 에어컨 없이 창문만 열어 놓고 달리는 택시

안에서 땀을 뻘뻘 흘리지 않으려면 당연히 프리미엄을 선택해서 불러야만 한다. 미세 먼지 지수가 세계에서 1, 2위를 다투는 델리에서 창문을 열고 달리는 자동차는 피할 수만 있다면 피해야 한다. 그래서 나도 우버를 탈 때마다 조금 더 요금이 비싸더라도 매번 프리미엄(Premium) 택시를 선택했다. 하지만, 프리미엄 택시조차도 에어컨이 없는 경우도 있었다.

인도의 토종 택시 서비스 올라(Ola)는 인도 은행 카드로만 결제할 수 있다. 반면 우버(Uber)는 외국 기업이라서 그런지 해외 은행 카드도 사용할 수 있었다. 그래서 인도 은행 계좌가 없는 많은 외국인은 올라(Ola)보다는 우버(Uber)를 사용하는 경우가 많았다. 인도에서 카드 사용이 조금 부담스러웠던 나는 현금 결제만 이용했다.

그러다 보니 늘 거스름돈 때문에 어려움을 당했다. 우버를 탈 때 잔돈이 있는지 물어야만 했다. 잔돈이 없다고 해도 어쩔 수 없었다. 가끔은 일부러 잔돈이 없다고 슬쩍 속이는 기사가 있기도 했다. 목적지인 학교에 도착해서 학교 앞 길거리 노점상에게 가서 잔돈으로 바꿔야만 할 때가 많았다. 내가 귀찮아서 잔돈을 받지 않겠다고 하면, 우버 기사들에게는 좋겠지만, 인도에서 꽤 오랜 세월을 지내온 나도 호락호락 넘어가고 싶지 않았기 때문이다.

가끔은 얼굴을 붉히며 잔돈을 받지 않고 그냥 내릴 때도 있었다. 그때마다 나는 이용 후기 피드백에 별점을 낮게 줄 수밖에 없었다. 가능하면 나는 우버를 이용하고 나서 우버 택시와 기사들의 더 좋은 개선과 발전을 위해 피드백을 남기며 좋은 별점을 주도록 노력했다. 어떤 기사는 차에서 내리는 내게 좋은 별점을 달라고 요청하기도 했다.

내가 만난 인도의 우버 기사들은 특별히 말을 시킨다거나 잡담을 심하게 하는 일은 많지 않았다. 한번은 정말 괴로웠던 경험도 있었다. 내가 탑승하기 전부터 누군가와 통화를 하고 있던 우버 기사가 나를 목적지에 내려 주는 그 순간까지 1시간이 넘게 나를 뒷좌석에 태우고 통화를 이어 갔다. 그것도 뭔가 싸우는 듯한 통화였다.

그는 통화 중에 나를 향해 "맴, 쏘리" 하며 미안하다고 여러 차례 사과하면서도 계속 통화를 이어갔다. 거기에다가 에어컨을 켜지 않은 채 창문을 열고 운전하며 내내 통화를 했다. 그 끔찍했던 순간을 잊을 수가 없다. 한번은 우버 기사가 운전하던 중간에 길가에 차를 세우고 급하다면서 볼일을 보는 일도 있었다. 생각하고 싶지 않은 기억이다. 장거리 우버 택시 여행을 하다 보니 별일을 다 겪었다.

어떤 우버 기사는 나를 태우고 운전하면서 가족들과 화상 통화를 하기도 했다. 그는 내게 자기 가족이라면서 인사를 해 달라고 요청하기도 했다. 외국인 승객을 태운 그는 신이 나 보였다. 나는 그의 가족들에게 인사를 하고 나서는 위험하니까 통화는 나중에 해 달라고 여러 차례 간곡히 정중하게 부탁해야만 했다. 그래도 대부분의 우버 기사는 꽤 신사적이었고 친절했다. 한번은 실수로 택시에 자동차 열쇠를 떨어트리고 내린 적이 있다. 다행히 우버 기사와 연락이 닿아 자동차 열쇠를 찾을 수 있었다. 우버의 시스템 덕분에 기사와 다시 연결되어서 얼마나 감사했던지 잊을 수가 없다. 그는 바쁜 중에도 직접 우리 집까지 자동차 열쇠를 가져다주기까지 했다.

우버를 처음 이용했을 때는 탑승 시부터 목적지에 도착할 때까지 긴장을 늦추지 못했다. 책을 보거나, 왠지 불안해 친구와 장시간의 전화 통화를 하기도 했다. 하지만, 시간이 지나면서 우버를 타고 여행하던 그 시간을 즐기기 시작했다. 눈을 들어 멀리 인도의 바깥 풍경을 바라보며, 가끔은 카메라에 담기도 했다. 길가를 가다 보면 정말 신비롭고 재미있는 풍경들을 마주할 때가 많았다. 오고 가며 창밖으로 보았던 각양각색의 인도 사람들과 그들의 삶, 복잡하기 그지없는 풍경들은 지금도 내 가슴에 남아 있다. 인도에 대해 가장 많은 것을 보고 느꼈던 순간이 바로 우버 택시를 타고 인도 학교를 오가던 길이 아니었을까? 그 시절, 나는 다양한 인도의 모습을 내 머릿속에 가득가득 담았다.

택시 안에서 잠시 머물던 그 시간들이 지금은 모두 소중한 추억이 되었다. 어지간하면 에어컨을 틀지 않은 택시 기사들이 날 위해 시원한 에어컨을 아끼지 않고 틀어준 것도 고맙다. 편안하게 목적지까지 무사히 데려다준 것도 고마울 따름이다. 외국인 여성이 혼자 택시를 타고 장시간 이동하면 운전기사를 의식하지 않을 수 없다. 그곳이 인도였다면 누구나 조심하고 또 조심하며 안심하기 어려웠을 것이다. 하지만, 안전하게 우버 택시를 이용할 수 있도록 그 오랜 시간 동안 불꽃 같은 눈으로 지켜주신 주님께 감사한다.

5. 인도에서의 일상, 장보기

그리운 사람들이 인도 델리 동네의 야채 장수가 될 줄은 꿈에도 몰랐다. 얼마 전, 오랜만에 지인과 만나 대화를 나누다가 인도 섭지 왈라(야채 파는 사람)와 펄 왈라(과일 파는 사람)가 그립다는 말을 꺼내다가 울컥해서 목이 메어오며 눈가에 이슬이 고였다.

인도에서의 매일 아침은 야채 장수들과 함께 시작했다. 날씨가 더운 델리의 이른 아침은 개인 리어카에 야채를 싣고 동네 곳곳을 누비며 집집마다 필요한 야채들을 공급하는 과일과 야채를 파는 사람들이 있기 때문이다. 아이를 학교에 데려다주러 대문을 열고 나서면 어김없이 동네 골목에서 이웃들에게 먹거리를 팔고 있는 이들과 마주쳤다.
"마담~~, 여기 브로콜리 있어요. 버섯 있어요(맴~ 야하 브로콜리 해. 메레 빠스 머쉬룸 해!)"

우리 집에서 필요로 하는 야채를 알고 있어서 날 위해 준비해 주는 것이다. 가을이 되면 날 위해 히말라야에서 오는 단감을 특별히 챙겨다 주곤 했다. 나중엔 문화원에 있는 다른 선생님들을 위해서도 심부름까지 맡아서 할 정도였다. 단감이 뭔지도 모르는데, 내가 사진으로 보여줬더니 도매 시장에서 날 위해 가져다주곤 했다. 심지어 히말라야 대봉까지 가져다줬다.

그들 덕분에 인도에서 달콤한 곶감까지 만들어 먹었으니 어찌 그들을 잊을 수 있을까!

인도 고구마도 우리 입맛에 잘 맞아 좋아했다. 일부러 우리가 좋아하는 걸 알고 구해다 주었으니 얼마나 고마운 사람들인가? 그들을 생각하니 가슴이 뭉클하고 뜨거운 무엇인가 뭉텅한 게 마음속으로부터 솟구쳐 올라온다. 그분들 덕분에 우리는 고기가 없는 인도에서도 풍성한 식탁의 호사를 누렸다.

야채와 과일을 파는 그들에게 나는 어쩌면 VIP였으리라. 나도 소비를 그리 즐기는 편은 아니지만, 인도 사람들에 비하면 야채와 과일을 많이 사는 고객이었다. 인도 사람들은 과일과 야채를 많이 사지 않는다. 처음 인도에 갔을 때는 사람들이 토마토 세 개, 감자 세 개, 양파 두 개, 당근 한 개, 시금치 한 줌씩 사가는 걸 보며 인도 사람들은 참 검소한 민족이라 생각했었다. 나처럼 토마토 1킬로그램, 감자 1킬로그램, 양파 1킬로그램, 버섯 1팩씩 사는 인도 사람은 거의 없었다.

그들은 딱 그날 먹을 만큼만 사서 소비하고 다음 날, 다시 딱 먹을 만큼만 사는 반면에 나는 미리 사서 보관해야 마음이 안정되다 보니 늘 1킬로씩 사게 되었다. 이 소비 습관을 고쳐 인도 사람들처럼 그날 먹을 것만 사려고 결심을 해봤지만, 인도에서 8년을 넘게 살면서도 결코 고치지 못하고 말았다. 그러니 나는 동네 야채와 과일을 파는 이들에게 VIP 고객이었던 것이다.

한 번은 동네 가게에서 김장을 하기 위해 소금 10킬로그램를 주문 한 적이 있다. 인도에서 소금은 한 봉지에 1킬로그램짜리니 10개를 주문한 것이다. 전화로 주문할 때도 내게 몇 번이고 소금 10킬로그램이 맞느냐고 확인하고는, 우리 집으로 소금을 배달하러 와서도 정말 소금을 10킬로그램 주문한 게 맞냐며 미심쩍어했던 기억이 있다. 그들은 얼마나 궁금했을까? 가정집에서 소금을 10킬로그램을 주문하다니 호기심이 가득했던지 내게 이렇게 많은 소금으로 도대체 무엇을 하려고 하냐며 물어왔다.

내가 한국 음식 김치를 담근다고, 미리 겨울에 무덥고 긴 여름을 대비해서 많이 만드는 거라고 설명을 해 줬지만, 인도 사람들의 상식으로는 도저히 이해가 안 가는 상황이었다.

나와 소비 습관이 달랐지만, 서로를 위해 필요를 채워 주던 나의 일상 속의 그들이 너무 그립고 보고 싶다. 문득문득 그들이 무사하길 기도하는 나를 본다. 부디 모두 건강하기를 바라며 기도한다. 다시 만나고 싶은 그들을 위해.

6. 기온 40도에 이사하다

8년을 넘게 인도 델리에 살면서 두 번의 이사를 했다. 한국에서 컨테이너로 필요한 살림살이를 가져갔기 때문에 우리 집 이삿짐은 꽤 되었다. 사다리차도 없는 인도에서 이사하기는 너무너무 힘든 일이었다. 아이도 어려서 혼자서 많은 이삿짐을 다 포장할 수가 없어 포장 이사 업체를 소개받았다. 포장 이사 경험이 많이 없던 터라 세 명이 이사 전날 우리 집에 와서 짐을 미리 포장했다. 이사 당일 아침에는 이삿짐을 옮기기 위해 인부 열 명이 와서 짐을 트럭에 옮겨 실었다. 우여곡절 끝에 겨우 모든 짐을 이사할 새집으로 옮겼지만, 모든 이삿짐을 풀고 정리하는 일은 전적으로 내 몫이었다. 지금 생각해도 끔찍하다.

인도에서는 차라리 추운 겨울에 이사하는 게 좋은데, 우리는 4월임에도 기온이 40도가 넘는 봄에 이사를 해야만 했다. 땀을 비오듯 쏟으며 짐을 나르는 이들을 위해 물과 간식을 사다가 날랐다. 행여라도 이사하다가 쓰러지기라도 할까 봐 걱정이 이만저만이 아니었다. 제대로 영양가 있는 식사를 하고 왔는지도 의문이었다. 우리 집에는 무엇보다도 무겁고 큰 두 개의 물건이 있었기에 더 걱정이 앞섰다. 바로 피아노와 냉장고였다.
한국에서 가져간 양문형 냉장고는 없어서는 안 될 귀중한 재산이었고, 피아노는 내 정서를 채워 주며 마음에 위안을 주던 친구와도 같은 물건이었다. 이 두 물건을 가지고 인도에서 두 번의 이사를 하는 동안 마음고생을 많이 했다. 그래도 어찌하겠는가? 40도가 넘는 불볕더위 속에서 그들이 얼마나 힘든지 너무나 잘 알기에 불평할 수도 없는 일이었다. 엘리베이터가 없는 3층으로 사다리차도 없이 계단을 이용해 모든 이삿짐을 이고 지고 올리면서 그들의 때 묻은 수건으로 흐르는 땀을 닦느라 앞이 보이는지조차 의구심이 들 정도였다. 거기에다 무거운 피아노를 옮겨야 하니 얼마나 암담했겠는가?

피아노를 옮기는 일은 요령이 있으면 단 두 사람이라도 쉽게 옮길 수 있지만, 경험이 부족한 사람들이 기술 없이 힘으로만 올리려니 보통 어려운 일이 아니다. 이사업체는 피아노를 잘 포장해서 옮길 수 있다고 장담했었지만, 막상 닥쳐보니 그들은 피아노 운반 요령과 경험이 부족해 보였다. 결국에는 여덟 명이 함께 피아노를 이고 지고 계단을 오르며 옮기느라 쩔쩔매다가 한 번에 옮기지 못하고 계단에 멈추어 서버렸다. 계단도 좁은 데다가 큰 덩치의 피아노에 매달려 있는 많은 인원까지 움직일 수조차 없어 보였다. 인부들과 매니저가 이렇게 저렇게 의논하며 머리를 맞대며 한 시간이 넘도록 피아노와 씨름을 했다. 보는 내내 가슴을 졸였다.

우여곡절 끝에 과연 미심쩍었던 피아노까지 다 옮기며 이사를 마치고 나니 밤 11시가 가까웠다. 40도를 웃도는 삼복더위에 애쓴 인부들에게 고마웠다. 미리 챙겨 둔 100루피짜리 열 장을 한 사람씩 손에 쥐어 주며 감사의 마음을 전했다. 매니저에게 주면 개인에게 돌아가지 못할 가능성을 염두에 두고 직접 남편이 한 장씩 팁을 주며 감사하다고 인사를 건넸다. 돌아가는 길에 달달한 짜이와 푸짐한 저녁 식사를 하며 하루의 고된 피로를 풀 수 있을 만큼의 금액이었다.

밤늦은 시간이었지만, 간단한 청소를 했다. 신발을 신고 다녔던 거실과 방에 걸레질하다가 피아노 앞에서 뭔가 이상한 기운을 느꼈다. 다시 한번 고개를 들어 가만히 살펴보니 오른쪽 피아노 다리 하나에 얼룩이 잔뜩 묻어 있었다.

설마 했는데, 피아노 다리가 부러져 있는 게 아닌가!

그들은 계단에서 부러졌던 피아노 다리에 접착 본드를 덕지덕지 발라 아슬아슬하게 넘어지지 않게 고정시켜 놓은 채 줄행랑쳤던 것이다. 내게 아무 말도 하지 않고 가버리다니 그들에게 너무 화가 났다.

우리는 그것도 모르고 거금의 팁도 주지 않았던가!

아무것도 눈치채지 못한 나 자신에게 더 화가 났다. 눈물이 났다. 찌는 더위에 일하느라 고생한 것은 알겠지만, 적어도 나에게 언질이라도 해 줬더라면 내 마음이 그토록 서럽지는 않았을 텐데 허리 깊숙한 곳에서 서러움이 몰려왔다. 계약서에 적힌 대로 변상하라고 이사 업체 매니저에게 전화로 따져 물었다. 그냥 모른 척 말없이 가버린 매니저에게 그냥 넘어가서는 안 된다고 생각했기 때문이다. 수리비라도 물어달라고 했더니 오히려 나더러 피아노를 가르쳐달라고 했다. 업체와 실랑이하다가 더 힘이 빠졌다. 배상은커녕 마음만 상했다. 결국, 목수를 불러 피아노 다리를 수리했다.

무덥고 길고 긴 이삿날은 그렇게 끝나가고 있었다. 아침에 에스더 사모님이 점심 요기를 하라며 가져다주신 김밥을 집어 먹으며 허기를 달랬다. 같은 동네 이웃이 된 지민이 엄마가 직접 싸다 주신 도넛과 음료로는 저녁을 해결했다. 지금은 미국에 거주하는 주희 집사님이 샤이니를 봐주시겠다며 오전 일찍 데리고 갔는데, 아예 집에서 재우겠다고 했다. 샤이니도 성민, 성현이 오빠랑 제법 잘 어울리며 놀고 있다니 안심했다.

엄마 아빠의 힘든 상황을 이해하는 듯 샤이니는 주희 집사님 집에서 잘 자고 다음 날 오후가 되어서야 돌아왔다. 주희 집사님은 게다가 딸아이와 함께 밑반찬을 듬뿍 손에 들고 나타났다. 말로 다할 수 없는 고생이 있었지만, 사랑 가득한 손길들이 우리에게 큰 위로가 되었다. 큰 은혜를 입었다. 누군가의 도움 없이 살아갈 수 없고, 또 누군가에게 작은 손길을 내밀 수 있는 따스한 세상에 있음에 감사할 뿐이다.

인도에서 이사하는 일은 지금 생각해도 아찔하다. 이제 정말 필요한 물건만 지니고 간단한 삶을 살자고 마음속 깊이 다짐해 본다. 불필요한 건 나누고 많은 것을 비워냈지만, 여전히 뭐가 없어도 되는 물건들과 다시 동거하는 건 아닌지 뭐가 많아도 필요 이상으로 너무 많아 회개가 절로 나온다. 다시 한번 하루에 하나씩 비워내기 연습을 시작해야 할 때다.

7. 열쇠에 얽힌 인도 이야기

나는 열쇠를 좋아한다. 열쇠고리도 그렇다. 그런 면에서 나는 인도가 좋았다. 열쇠는 삶에서 참 중요했다. 열쇠가 없으면 우리에게 주어진 공간으로 절대 들어갈 수 없기 때문이다. 열쇠는 사람에게 권위와 책임, 지위를 부여하는 힘이 있다. 생각보다 열쇠는 삶에서 훨씬 큰 의미를 부여한다. 인도에서는 더욱 그러했다.

주인도 한국문화원에서 근무할 때 우리가 사용하던 사무실 Office 2, 즉 교육국의 열쇠가 가끔 내게 쥐어졌을 땐 뭔가 자유롭고, 왠지 마음이 편안하고, 홀가분해질 뿐만 아니라, 한편으로는 어깨가 무거워지는 책임감마저도 들었다. 사무실의 열쇠가 제한적이어서 모든 선생님이 열쇠를 가질 수는 없었다. 그래서 열쇠를 가진 선생님들을 선망의 눈으로 바라보며, 때론 언제쯤 개인 열쇠를 지니고, 자유롭게 사무실 문을 열고 닫으며 다닐 수 있을지 기다리며 열쇠 쟁탈전을 방불케 하는 일들도 일어났.

물론, 경비를 불러서 문을 열 수도 있지만, 아는 사람들은 알겠지만, 인도 사람들이 우리나라 사람들의 성미에 맞게 '빨리빨리' 움직여 주지 않는다. 경비가 와서 문을 열어 줄 때까지 기다려야 하는 그 시간을 더욱더 피하고 싶고, 불편함과 마주하지 않으려 했다. 인도 사람들은 느긋한 편인 나로서도 무척이나 참기 어려울 만큼 심하게 느긋하다. 그러한 인도에서 종종 선생님들끼리 대화 중에 농담으로 열쇠가 대화의 주제가 되기도 했다.

"저는 사무실 열쇠 있는 사람이에요. 호호"
"좋으시겠어요. 전 열쇠 없는 사람이에요. 하하"

열쇠가 없으면 얼마나 많은 불편함을 감수해야 하는지 알기 때문에, 가끔 열쇠 있는 사람과 없는 사람으로 계급이 나눠지기도 한다. 마치 열쇠가 사람의 지위를 정해 주는 것처럼 말이다.

　인도에서 살던 우리 집은 세 개의 문을 통과해야 비로소 집 안으로 들어갈 수 있었다. 4층 건물이었는데, 맨 아래층에는 집주인이 살고 있었고, 우리는 3층에 살았다. 펀잡 출신 시크교도인 집 주인은 보안에 꽤 신경을 썼다. 그러다 보니 먼저 대문을 통과해서 마당을 지나 건물 안으로 들어오는 현관을 거쳐 계단을 올라야 우리 집 현관에 이를 수 있었다.

　대문은 빗장으로 되어 있어서 안에서 잠그지 않으면 그냥 열고 들어올 수 있지만 밤에는 안에서 걸어 놓기 때문에 아무도 들어올 수가 없었다. 한번은 우리가 한국에 다녀오며, 여느 때처럼 한밤중에 도착해 대문이 잠겨 있는 바람에 담을 넘은 적도 있다. 미리 우리 비행기가 밤늦은 시간에 도착한다고 예고를 했음에도 불구하고 집주인이 깜박 잊고는 대문을 잠가버렸기에. 건물 현관의 문은 꽤 안전하고 튼튼한 열쇠로 되어 있었다. 계단을 올라 다시 현관문 열쇠를 열면 마침내 집 안으로 들어갔다.

　어느 날, 나는 생각에 골똘히 빠져 정신이 공중에 둥둥 떠 있기라도 했던지 현관 앞에 서서 문을 열려고 하는데, 이상해서 여러 번 계속 시도하고 있었다. 그때 우리 위층에 살던 미국인 에드윈이 계단을 올라오면서 말을 건넸다.

　"헤이, 그레이스!(Grace, 인도에서 이웃들이 내게 붙여준 영어 이름이다.) 거기서 뭐 해?"

　"열쇠가 말을 안 들어요. 이상해요."

　"내 생각에는 그 집은 너희 집이 아닌 거 같아."

　나는 에드윈이 무슨 말을 하는지 이해할 수 없었다. 그래서 그 말을 농담으로 받아들이며 말했다.

　"무슨 말이에요? 우리 집이죠."

"글쎄, I don't think so"(난 그리 생각 안 하는데).

그제야 나는 내가 남의 집 현관문 앞, 우리 아래층인 이층집 현관 앞에서 열쇠와 씨름을 하고 있었다는 걸 알게 되었다.

"나도 내가 왜 그러는지 모르겠어요"

얼마나 창피하던지, 나는 에드윈에게 대답하며 한바탕 웃었다.

이것은 그래도 웃어넘길 수 있는 일화이다. 내게 정말 웃지 못할 심각한 일이 벌어졌다. 아마도 인도에서만 겪을 수 있는 일일 게다. 어느 날부턴가 우리 집 현관 열쇠가 뻑뻑하니 말을 잘 듣지 않았다. 우리 집 열쇠는 그래도 다른 집처럼 커다란 자물통을 걸어서 잠그는 게 아니라 안과 밖에서 열고 잠글 수 있고, 안에서 잠가 놓으면 밖에서는 열 수 없었다. 나름대로 안전한 열쇠 잠금장치였다.

몇 번 기름을 발라서 손을 보고, 열쇠 수리공을 불러서 새로 바꾼 상태였는데 어느 날 아침, 사건이 터졌다. 학교에 갈 준비와 출근 준비를 마치고 밖을 나서며 현관문을 열었는데 문이 열리지 않았다. 아무리 열려고 해도 문이 열리지 않았다. 자동차를 닦고 있는 라즈가 보였다. 날씨가 덥고 먼지가 말할 수 없을 만큼 많은 인도에는 이른 아침에 골목에서 동네의 차를 닦아주는 일을 직업으로 삼는 사람들이 있다. 그도 우리에게 한 달에 500루피(8,000원 정도)를 받으며 매일 아침 우리 차를 닦아주고 있었다. 그에게 우리 집 열쇠를 던져주며 올라와서 우리 현관문을 밖에서 열어 달라고 부탁했다. 그는 우리가 뭐든 부탁하면 성심껏 도와주는 사람이었다.

인도 사람은 대부분 더없이 친절하다. 그들은 말도 꺼낼 수 없는 사소한 어떤 부탁이라도 언제든 선뜻 도울 준비가 되어 있었다. 마음이 따뜻한 사람들이다.

라즈가 밖에서 열쇠로 우리 현관문을 열려고 해도 도무지 문이 열리지 않았다. 결국, 문 여는 걸 포기하고, 그 이른 아침에 열쇠 수리공에게 전화를 걸었다. 조마조마한 마음으로 간절히 기도하며 전화했는데, 다행히 내 전화를 받았다. 그는 우리 집을 기억하고 있었다. 우리가 외국인이라 동네 사람들과 우리 집에 한 번 왔던 사람들은 우리를 기억했다. 지금 와 줄 수 있느냐고 물었더니 집이 멀다고 했다. 괜찮으니 최대한 빨리 와 달라고 정중하게 간절한 마음으로 부탁했다. 11시에 오겠다는 그에게 11시에서 10시로, 10시에서 9시로 사정사정해서 가능하면 일찍 와달라고 부탁하고, 우리는 넋 놓고 기다릴 수밖에 없었다.

샤이니 학교 가는 것도 문제였다. 아이가 다니던 인도 학교는 7시 50분까지 등교를 해야 하는데, 8시가 되면 정문을 닫아 버리고 아예 학교에 들어갈 수가 없었다. 지각이라는 자체가 허용되지 않는다. 결국, 샤이니의 등교를 포기할 수밖에 없었다. 더 큰 문제는 나에게 있었다. 교사 회의가 8시 30분에 있고, 수업은 9시에 시작된다. 학생들이 기다리고 있는데, 선생님이 갈 수 없어 애가 탈 수밖에 없었다. 결국, 다른 선생님께서 강의실에 들어가 학생들을 자습시킬 수밖에 없었고, 나는 열쇠 수리공이 우리 집 현관 열쇠를 통째로 바꾸고 난 후 10시 경이 되어서야 수업에 갈 수 있었다. 약속을 제대로 지키기 어려운 인도에서 거의 기적처럼 열쇠 수리공이 내 사정을 알고, 일찍 달려와 줘서 나는 하늘의 손길을 느꼈다.

인도에 살다 보면 인도 사람들이 제시간에 약속을 지키는 일이 얼마나 어려운 일인지 어찌 모르겠는가? 인도 사람들의 '인디언 타임'(Indian Time) 앞에 우리의 오래전 '코리안 타임'(Korean Time)은 명함도 못 내밀 정도이니 더 말할 필요가 없다.

제4장
코끼리 뒷다리 만지는 인도 이야기

1. 그들이 거짓말을 하는 이유

힌디어로는 '어제'와 '내일'이 같은 단어다. 처음 힌디어를 배울 때는 잘 이해되지 않았다.

어떻게 '어제'와 '내일'이라는 단어가 같은 단어가 될 수 있을까?

신기하기만 했다.

힌디어로 같은 단어를 사용하면서 과거와 미래를 이야기하는 인도 사람들은 문맥과 시제를 보고 '어제'와 '내일'의 의미를 구분할 수 있다. '껄'과 '깔' 사이의 발음을 해야 하는 이 단어는 어제도 되고 내일도 된다. 예를 들면, "껄 로띠를 먹었다"는 어제의 의미가 되며, "껄 로띠를 먹을 것이다"는 내일을 나타내는 의미로 바뀐다. 그래서 어제가 내일이고 내일이 어제가 될 수 있다. 힌두교 정신과 문화를 조금이나마 이해할 수 있는 부분이다. 억겁의 시간을 거쳐 윤회를 이어가는 힌두교에서는 어제와 내일의 의미가 그리 큰 차이가 없어 보인다.

인도 사람들은 거짓말을 잘한다. 거짓말이라고 표현해서 미안하지만, 우리 입장에서 보면 거짓말이 분명하다.

왜 그들은 거짓말을 아무렇지 않게 쉽게 할까?

물론, 인도 사람이 모두 그렇다는 것은 아니다. 하지만 많은 사람이 거짓말하는 것을 경험하곤 했다. 한번은 집 안의 전기 배선 문제로 단골 전기 기사인 망갈을 불렀다.

"몇 시에 올 수 있어요? 내일 아침에 올 수 있어요?"

"내일 아침 9시에 갈게요."

9시에 망갈은 오지 않았다. 전화했더니 오는 중이라고 했다. 한참 동안 기다려도 오는 중이라고 말했던 망갈은 나타나지 않았다. 다시 전화했다. 그는 10분 후에 도착한다고 했다. 나는 다시 10분을 더 기다렸다. 역시 오지 않았다. 1시간을 더 기다리고 난 후 전화를 하니 바로 우리 집 앞이라고 했다. 나는 곧 울릴 벨소리를 기대하며 현관문 앞에서 서성거렸다. 하지만, 그는 결국 그날 우리 집에 오지 않았다.

'왜 거짓말을 할까?'

화도 나고 실망감을 감추기가 어려웠다. 이해하고 싶었다.

'왜 그들은 이렇게 매번 나를 골탕 먹일까?'

'어떻게 받아들여야 할까?'

인도에 살면서 그들을 이해하기 위해 노력했다.

'이유가 있겠지. 그들만의 이유가 분명히 있을 거야.'

늘 나의 감정을 추스르며 나 자신을 이해시키려 했다.

나는 여러 정보를 공부했고 남편이 힌두교 문화에 대해 연구한 것을 내게 설명해 주기 시작하면서 나름대로 그 이유를 조금은 더 이해하게 되었다. 내 수준에서 이해하는 정도이긴 하지만 말이다. 힌두 사상에 억겁의 시간과 윤회를 생각하면 인도 사람들에게는 그야말로 '어제가 내일이고, 내일이 어제가 된다.' 현재도 없고 그저 순간의 아주 짧은 '찰나'와 '인연'만이 존재한다고 볼 수 있다. 다시 말하면, 하루나 1시간, 5시간이라는 시간에 그리 큰 차이를 두지 않는다는 의미라 할 수 있다.

숫자 '0'을 발견하고, 수학에서 '무한대'라는 용어와 의미를 만들어 낸 인도에서의 시간 개념은 한순간에 변화를 불러오기는 어려워 보인다.

또 다른 이유로 보면, 힌두교의 3억 5천만의 힌두신 중에 '거짓말을 죄'라고 칭하는 신은 없다는 것이다. 유익을 위하거나 배려하는 상황에서, 자신을 위해서나 상대를 위해 거짓말하는 것은 죄가 되지 않는다는 것이다. 그러니 거짓말을 했다고 양심의 가책을 느끼거나 할 필요가 없다.

다시 말하면, 상대를 위해서 거짓말을 할 수도 있다는 것이다. 즉, 상대방이 원하는 대답을 준다. 사실을 사실대로 말하지 않는다. 내가 망갈에게 전기 수리를 위해 내일 아침에 꼭 와 달라고 부탁할 때, 망갈에게는 이미 다른 볼일이 있어서 올 수 없는 상황이었지만 나를 위해 아침에 오겠다고 대답했다. 그는 내가 원하는 대답을 해 준 것이다.

계속 기다리고 있는 날 위해 거짓말을 계속 이어간다. 망갈은 우리 집 근처에도 없었는데, 집 근처라고 또는 집 앞이라고 대답한다. 그 모든 대답은 내가 원하는 대답이기 때문이다. 한국 사람이 이런 인도 사람들의 사상과 세계관을 이해하기란 너무너무 어렵고 힘든 일이다. 매번 속으면서도 매번 믿는다. 이번은 진짜로 대답했을 거라고 스스로 믿고 싶을 뿐이다.

우리가 원하는 것은 나를 위한 거짓말이 아니라, 사실 그대로를 듣고 싶어 한다는 것을 그들이 알아준다면 얼마나 좋을까? 우리는 당신이 못 온다고 하는 그 순간에는 속상하고 곤란하기도 하지만, 계획을 세워 스케줄이 움직여 주는 것을 원하니까 다음에는 사실대로 말해 달라고 여러 번 부탁하기도 했던 기억이 있다.

우리와 같은 외국인들과 일을 해 본 경험이 쌓인 인도 사람들은 조금씩 우리의 사정과 형편을 이해하며 변화되는 것을 보았다. 하지만, 평생 몸에 익은 삶의 패턴을 바꾸기에는 부단한 노력을 쏟아부어야 하기 마련이다. 그런데 그런 필요조차도 느끼지 못한다면, 여전히 그들은 상대방이 원하는 대답을 던져주며 '거짓말이 거짓말'인지도 인지하지 못한 채 살아갈 것만 같았다. 날 위한 인도 사람들의 거짓말로 인해 힘들고 답답했던 심정을 그들이 알아준다면 얼마나 좋을까?

오랜 세월 동안 쌓여 온 문화와 관습의 차이가 서로를 맞추며 적응해 가기엔 꽤 어려웠던 부분 중의 하나였다. 문화의 차이를 넘어 서로를 판단할 수 없는 점이었기에 더 힘들지 않았을까?

2. 아름다움, 미(美)를 말하다

아름다움, 외모에 대한 사람들의 주관적인 견해는 각각 달라도 너무 다르다.

인간이 지닌 미(美)의 기준은 어쩌면 상대적인 것이 아닐까?

특히, 인도에 있으면서 이러한 생각을 많이 했다.

"샤이니, 눈 떠야지. 눈 떠!"

인도 친구들과 사진을 찍으면 우스갯소리로 농담 반 진담 반 샤이니에게 눈을 크게 뜨라고 한다. 그러면 딸아이는 눈을 크게 부릅뜨곤 했다.

어느 날, 학교에서 돌아온 샤이니의 얼굴이 어두웠다.

"무슨 일 있어? 마음이 안 좋아?"

"응, 나 화났어."

"왜 화났을까?"

"친구들이 나보고 눈이 작다고 웃었어. 인도 사람들은 왜 눈이 커?"

"진짜 화났겠다. 그런데, 사실은 친구들이 네가 예쁘다고 생각할걸?"

"아니야, 난 눈이 작잖아."

"눈은 작지만, 얼굴이 하얗고 보드라워서 다 예쁘다고 하잖아. 그치?"

"응, 맞아."

눈이 작다고 인도 친구들이 놀린 모양이었다. 다행히 마음을 달래주긴 했지만, 눈이 작은 게 여간 속상한 게 아니었나 보다. 하지만, 대부분의 인도 사람은 딸아이가 인형처럼 예쁘다고 늘 부러워했었다. 하루는 아래층에 사는 집주인 굴지 엄마가 내게 물었다.

"샤이니는 어떤 샴푸를 쓰는지 알려 줄 수 있어요? 머릿결이 너무 좋아요."
"샴푸를 쓰지 않아요. 바이오틱 비누로 감아요."

사실 우리는 인도에 가서 헤어 샴푸나 보디 클렌저를 사용하지 않았다. 물 때문인지 피부 트러블로 어려움을 겪었다. 심지어 나는 손가락에 끼고 있던 반지와 목걸이도 빼야만 했다. 도저히 착용할 수가 없었다. 가렵거나 빨갛게 부어오르고, 물집이 생기기도 했다. 샤이니는 머리를 감을 때도 샤워를 할 때도 인도에서 파는 바이오틱 비누나 인도의 유기농 카디 비누만을 사용했다. 굴지 엄마는 나에게 뭔가 특별한 것을 기대했다가 실망한 눈치였다. 그리고 어느 날 굴지 엄마는 또 내게 물었다.
"샤이니는 어떤 로션을 사용하는지 말해 줄래요? 피부가 너무 부드러워요. 정말 소프트해요."
나는 우리가 사용했던 인도에서는 흔한 팝 인디아에서 팔던 유기농 바디로션을 알려 줬다. 이번에도 역시 실망한 눈치였다. 그렇게 인도 사람들은 한국 사람들의 머릿결과 피부를 부러워했다.

한번은 스웨따가 내게 이야기를 전해 줬다.
"선생님, 사실은 선생님이 수업하실 때, 우리는 선생님의 머릿결을 보며 이야기를 나누곤 했어요. 선생님의 머릿결은 너무 아름다워요."
아뿔싸!!! 직모에 돼지털처럼 두꺼운 내 머릿결을 좋다고 부러워하는 사람은 인도에서 처음 본 것이다. 나는 일부러 파마를 하지 않아도 곱슬곱슬하고 갈색인 그들의 헤어 스타일이 너무 아름답다고 생각하던 터였는데, 그들은 오히려 내 머릿결이 좋다고 부러워하고 있었던 거다. 가까운 한국 사람끼리 만나면 우리는 인도 여성들이 얼마나 아름다운지에 대해 이야기하곤 했다. 들어갈 데 들어가고 나올 데 나온 글래머러스한 그들은 너무 아름다웠고, 크고 동그란 눈에 오뚝한 코와 작은 얼굴을 흠모하며 동경할 정도였다. 상대적으로 빈약한 우리의 모습에 괜히 움츠러들 때도 있었다.

그런데 놀라운 것은 인도 사람들의 눈에는 한국 여자들이 너무 예쁘고 아름답다는 것이었다. 그들은 우리의 피부와 머릿결과 외모를 부러워했다. 특히, 인도 남학생들은 내게 진심 어린 말로 그들의 소망을 이야기하곤 했다.

"선생님, 저는 한국 여자랑 결혼하고 싶어요. 한국 여자는 너무 예뻐요."

"그래요? 난 인도 여자들이 너무 예쁘다고 생각해요. 아니에요?"

"아니에요. 한국 여자들이 너무 예뻐요."

참, 이상하다. 내 눈에는 인도 여성들이 얼마나 아름다운지 세상에서 가장 아름다운 사람은 인도 여성들이라는 생각까지 들 정도였는데, 그들은 다른 사람들을 보고 있었다.

한국에 온 딸아이가 내게 고개를 갸웃거리며 물었다.

"엄마, 왜 얼굴이 빨개? 왜 그래?"

"엄마 얼굴이 그래?"

"응, 인도에서는 얼굴이 하얗고 예뻤는데, 지금은 얼굴이 아니야."

한두 번이 아니라 여러 번을 그렇게 이야기하는 딸아이의 말을 들으니, 울고 싶은 심정이었다. 서글퍼지려고 했다. 그런데, 가만히 들여다보니 한 가지 사실을 발견하게 되었다. 딸아이 눈에 비친 내 모습은 달라졌을 것이다. 인도에서는 피부색도 하얗고, 젊고 예뻤던 엄마가 한국에 오니 그리 예쁘지도, 젊지도 않은 모양이었다. 한국에는 세련되고 아름다운 한국 여성들이 얼마나 많던가? 화장도 제대로 하지 않고, 꾸미지 않는 엄마의 모습이 상대적으로 후줄근해 보였을 테다. 반면 인도에서는 그들에 비해 피부색이 하얗던 엄마의 모습이 이러나저러나 예뻐 보였던 게 틀림없다. 그도 그럴 것이 인도 사람들은 내 나이를 알려 주면 아무도 믿으려 하지 않았다. 인도에서는 그들에 비해 동안이었으니 몇 번이고 인도에 있을 때의 엄마가 예뻤다고 말하는 아이의 마음이 이해되기 시작했다.

떠오르는 기억 하나가 있다. 우리 집 아래층에 살던 미국인 로라는 정말 미인이었다. 로라와 한참 동안 대화를 하다가 샤이니 얼굴을 보고 깜짝 놀라서 "아, 샤이니, 얼굴이 왜 그래?" 하며 마치 샤이니에게 무슨 문제라도 생긴 것 같은 착각을 했던 적이 몇 번 있었다. 샤이니의 납작해진 얼굴을 보며, 뭔가 어디 아픈 게 아닌지 걱정스레 물었다. 한참 후에야 금발 머리에 새하얀 피부로 이목구비가 뚜렷한 백인 미녀 로라를 바라보던 내 눈이 샤이니의 얼굴을 그렇게 만들어 버렸다는 것을 알게 되었다. 사람이 바라보는 것이 무엇인지에 따라 보이는 것이 얼마나 다르게 나타나는지 알게 된 엄청난 경험이었다. 화장하지 않은 엄마의 얼굴이 한국의 예쁜 다른 여성들과 비교했을 때는 당연히 상대적으로 뭔가 곱지 않게 보였던 모양이다. 내 모습은 인도에서나 한국에서나 별 차이가 없었겠지만, 샤이니의 눈에는 그렇게 보였던 거다.

아름다움이란 상대적이다. 즉, 모든 사람은 아름답다. 나이가 들면서 사진 찍는 일이 그리 달갑지만은 않다. 사진 속의 내 모습이 아름답지 않게 여겨졌다. 그런데 불과 몇 해 전에 한국에 와서 친구나 가족들과 함께 찍었던 사진을 들춰보며 스스로 놀랐다. 그때 그 순간, 사진 속의 나는 내가 생각했던 것보다 훨씬 젊고 예뻤다. 그때는 내가 젊고 아름다웠다는 것을 몰랐었다. 함께 외출한 친정엄마에게 사진을 찍자고 했더니, 다 늙어서 무슨 사진을 찍느냐고, 보기 싫어서 안 찍는다고 하시며 극구 거절하셨다.

"엄마, 지금이 엄마 인생에서 가장 아름다운 날이야. 지금이 젤 예쁜 날이라니까요."

"아이고, 이제 다 늙었는데 예쁘긴 뭐가 예뻐."

"아니야, 나중에 봐요. 아마 바로 오늘이 얼마나 젊고 예뻤는지 알게 될걸요?"

그래서 나도 종종 사진에 가장 아름다운 오늘을 담아 두려고 노력한다. 내가 가장 예쁘다고 생각하는 인도의 여성들이 오히려 나와 샤이니가 아름답다고 해주니 사실을 사실대로 받아들이기로 했다.

사람의 외모가 아무리 아름다운들 들에 핀 꽃들만 할까?
누가 누구의 외모에 대해 등급을 매기는 건 아무 의미가 없어 보인다. 세상의 꽃들과 사람들 그리고 모든 창조물은 다 아름답기에.

3. 누가 해야 할까? 직업의 귀천

　한 번은 수업 중간 쉬는 시간에 한 학생이 실수로 짜이를 쏟았다. 설탕과 우유가 들어가 끈적거림이 남은 갈색 짜이가 책상에서 흘러 바닥까지 얼룩을 만들고 있었다. 그런데 아무도 치우지 않고 청소하는 사람이 와서 치우길 기다리며, 쏟아진 짜이를 그냥 그대로 방치했다. 심지어 자신이 쏟았다는 걸 알면서도 그냥 두고 모르는 체하며 남의 일처럼 방관했다. 그대로 두었다가는 책이며 노트에 얼룩이 묻을 수도 있고, 신발과 옷에도 자칫 스며들 것만 같았다. 그냥 그런 불안한 상태로 수업을 바로 시작할 수가 없었다. 더군다나 수업 중간에 다른 사람이 강의실에 걸레를 들고 들어와 닦게 할 수도 없었다. 나는 급한 대로 얼른 화장실에 가서 휴지를 가져와 닦으려고 했다. 그제야 다른 학생이 나를 도와 쏟아진 짜이를 정리하기 시작했다. 차마 선생님이 하도록 그대로 보고만 있을 수 없었던 모양이다.

　인도에서는 보통 그렇다. 휴지 줍는 사람, 청소하는 사람, 바닥 닦는 사람들이 정해져 있어서, 그러한 일을 선뜻 하려고 들지 않는다. 특히, 물걸레질이나 화장실을 청소하는 일, 바닥을 닦는 일은 가장 지위가 낮은 사람들이 하는 일이기에 더욱 그렇다. 인도에서는 내가 무심코 바닥을 닦거나 청소할 때마다 내게 달려와 하지 말라고 나를 말렸다. 거기에는 나름의 이유가 있었다. 그들은 내가 그런 일을 절대로 해서는 안 되는 사람이며 그런 일을 하는 사람은 따로 정해져 있다고 생각했다. 또한 내가 그런 일을 하면 다른 사람들이 나를 지위가 낮은 사람(한국에서 온 불가촉천민)이라 생각해서 함부로 대할 수 있으니 절대로 그런 일을 하려는 생각조차 해서는 안 된다며 만류했다.

이렇듯 인도에서는 몸이 좀 더 편할 수 있다. 환경이나 기후의 여러 열악한 상황을 견뎌낼 수만 있다면 손에 물을 묻히거나 고된 노동을 하지 않고 지낼 수 있는 장점도 있다. 물론, 모두에게 적용되는 이야기는 아니다. 그런 면에서 인도 여성들은 참 편해 보였다. 심지어 아이들을 돌봐주는 유모(나니)가 있어서 한국 엄마들에 비하면 육아에 대한 고충이 훨씬 덜하다. 대한민국 엄마들만큼 살림에 육아를 병행하며 아이들 양육까지 도맡아 하는 슈퍼 엄마들이 있을까 싶다. 거기다가 직장생활을 하는 엄마들은 더 말할 것도 없으리라. 그러다 보니 솔선수범하는 게 몸에 밴 한국 사람들은 인도와의 문화차이를 극복하며 적응하는데 조금 어려움을 겪기도 한다.

아무튼 그래서일까? 인도의 길거리는 더럽고 냄새가 많이 난다. 쓰레기가 너무 많은데 청소하는 인력은 부족하다. 사람들은 대부분 쓰레기를 치우거나 정리해야겠다는 의지가 없으며, 전체적인 시스템에도 허점들이 있어 길거리가 깨끗해지기가 어려운 실정이다. 물론, 대형 쇼핑몰이나 관리가 잘 되는 곳은 예외이다.

직업의 귀천이 있을까?

고위급이 아니면 어떠한가 높고 낮음을 내가 설정하지 않으면 되는 것을 나 스스로 옭아매고 있지는 않았을까 생각해 본다. 누군가를 살리고 돕는 자리에 있다면 그 행하는 모든 직업은 다 귀하다 할 것이다.

높은 지위에 있다 할지라도 누군가를 죽이고 할퀴며 상처를 내는 직업이라면 어찌 귀하다 할 수 있겠는가?

이 땅에서 더 낮은 자리로 내려가려 애쓰고 희생하며 살아가는 이들이 있다면 어찌 존경하지 않을 수 있겠는가?

높은 곳을 향해 오르고 싶은 인간의 본능을 거스르며 살아가는 그들을.

4. 인디언 타임(Indian Time), 인도에서 약속 시간

'코리안 타임'(Korean Time, 예전에 한국에서 약속 시간보다 대략 1시간 정도 늦는 경우를 말함)보다 훨씬 강도가 심한 '인디언 타임'(Indian Time, 인도에서 주로 정해진 시간보다 4~5시간 길게는 10시간 정도씩 늦어지는 경우를 말함)은 성격이 느긋한 편인 나조차도 적응하는데 이만저만 어려운 게 아니었다. 숨 넘어가는 '인디언 타임'은 수년을 살아도 여전히 감내하기 어려운 넘어야 할 엄청나게 큰 산 중의 하나였다.

나도 사실 약속 시간 전에 미리 도착하기보다는 거의 제시간에 맞춰서 움직이는 편이다 보니 중간에 변수라도 생길라치면 늦을 때도 종종 있다. 내 속에는 쓸데없는 이기심이 자리하고 있는 듯하다. 왠지 약속했던 시간보다 일찍 미리 나가 있으면 내 시간을 도둑맞는 느낌이 있어서 딱 시간에 맞춰 움직이는 나쁜 습관이 있다. 그러다 보니 도리어 내가 약속 시간에 늦어서 다른 사람의 시간을 도둑질할 때도 많다.

누군가와 약속을 잡고 시간을 정하는 사소한 것들까지도 모두 소중하다. 기한 내에 서류를 내는 것도, 회의나 수업 시간, 식사나 모임의 약속은 어느 것 하나 제외할 것 없이 중요하다. 그래서 나도 한번 정한 약속은 뒤집지 않으려고 노력하는 편이다. 부득이하게 약속을 변경해야 할 경우는 상대방도 이해가 되며 동의가 되는 상황에서만 양해를 구하곤 한다. 가끔 설레며 기다리던 약속이 일방적으로 취소되거나 뒤집힐 때는 자신이 부인되거나 작아지는 듯한 썩 좋지 않은 불쾌한 감정까지 들 때도 있기 때문이다. 어쩌면 상대방에게 나 자신이 그만큼 큰 비중을 차지하지 않을 수 있다는 표시일지도 모르겠다. 물론, 부득이하게 피치 못할 사정이 있는 경우도 있지만 말이다.

인도에 살면서 이러한 시간과 약속에 대한 괴로움 때문에 불안하고 불편하며, 가슴이 터질 것만 같은 순간들과 마주할 때가 수없이 많았다. 한번은 한국에서 가져간 냉장고가 고장이 난 적이 있다. 냉장고 없이 델리에서 여름을 보내는 것은 거의 불가능해 보였다. 뜨겁고, 무더우며, 찌는 듯한 델리의 날씨 때문에 냉장고가 고장 나면 음식이나 채소가 금방 상해버리고 말았다. 거기에다 우리 집 냉동실에는 한국에서 가져간 비상식량을 얼려서 보관하고 있었는데, 계속 냉장고가 고장 나면 낭패를 볼 게 뻔했다. 한시라도 빨리 냉장고를 고쳐야만 했다. 시간과의 싸움은 생존의 치열한 전쟁과도 같았다. 마음이 급했다.

 인도에 있는 현지 삼성 서비스 센터에 연락했다. 다행히 인도 수리 기사가 집에 방문했다. 물론, 엔지니어가 우리 집에 오기까지 여러 차례 약속을 번복하며 기다리다 체념하기를 반복하면서 이를 악물어야 했지만 말이다. 그는 냉장고를 살펴보더니 부품을 갈아야 한다고 했다. 문제는 부품을 한국에 주문해서 직접 가져와야 한다며 우리에게 맞는 부품이 없어서 고칠 수가 없다고 안타까운 표정을 지어 보였다. 그러더니 안쓰러워 보였던지 내게 살짝 집 근처 동네 전기제품 수리점에 연락을 해보라며 귀띔했다. 내심 그에게 고마웠다.

 그때부터 냉장고 수리와의 전쟁이 시작되었다. 고통과의 줄다리기 싸움이었다. 인터넷으로 검색해서 센추럴 마켓에 있는 냉장고 수리 전문센터에 연락했더니 사장인 듯한 사람이 우리 집으로 왔다. 우리 냉장고 문을 열었다 닫았다 자세히 살펴보더니 고칠 수 있다고 자신했다. 당시만 해도 인도에는 양문형 냉장고를 쉽게 볼 수 없었기에 그들에게 결코 만만한 임무가 아니었을 법했음에도 불구하고 말이다. 그는 꽤 비싼 수리비를 요구했다. 우리는 그저 제대로 고쳐주기만 해달라며 그에게 수리를 맡기기로 했다. 그는 장비를 챙기고 부품을 사 와야 한다며 다시 돌아오겠다는 말을 남기고 떠났다.

그런데 도무지 다시 돌아올 생각을 안 했다. 숨바꼭질이 시작된 듯했다. 그에게 전화를 걸면 오후에 오겠다. 다시 내일 오겠다. 또다시 오후에 오겠다. 또 다음날 오겠다. 그렇게 약속은 뒤로 자꾸 미루어지기만 했다. 하염없이. 며칠을 기다리다가 그가 오지 않은 이유는 부품을 찾지 못했거나, 아니면 양문형 냉장고를 수리할 자신이 없었을 거라는 결론을 내릴 수밖에 없었다. 그냥 못하겠다고 내게 솔직하게 말해주었더라면 얼마나 좋았을까? 야속하기만 했다. 신음과 한숨 소리에 맞춰 목 놓아 울고 싶은 심정이었다. 더 이상 냉장고에 반찬이나 채소를 넣어둘 수 없어 모두 꺼내어 밖에 두었다. 냉장고 안의 냉기가 아예 사라져 버렸기 때문이다.

결국, 다른 수리 센터를 찾아 다시 전화를 걸었고, 사람이 왔다. 역시 부품을 사서 다시 오겠다고 했다. 나는 또 기다렸다. 약속했던 시간이 지나도 수리 기사는 등장하지 않았다. 나는 오기가 생겨 그에게 또다시 전화를 걸었다. 2시에 온다고 했다. 어쩌면 2시에 그가 안 올 수도 있다는 것을 알면서도 무심하게 혹시나 하고 그를 기다렸다. 역시 2시가 훨씬 넘어서도 아무도 내게 오지 않았다. 무슨 믿음이 있어서인지 나는 포기하지 않고 다시 그에게 전화해서 언제 오느냐고 물었다. 그는 내일 아침에 오겠다고 했다. 그리고 결국 나타나지 않았다. 그렇게 일주일이 흘렀다. 속절없이 시간만 흘러가고 있었다.

눈에서 눈물이 주르륵 흘렀다. 볼을 타고 흘러내리는 눈물을 훔치며 혼자 중얼거렸다.

'차라리 못 온다고 했으면 그토록 기다리지 않았을 텐데, 왜 고칠 수 있다고 장담하며, 꼭 오겠다는 약속을 했을까?'

무더위 속에서 냉장고 없이 일주일을 버티는 일은 결코 쉬운 일이 아니었다. 결국, 동네 LG 전자제품 대리점에 가서 세일 품목이라도 급한 대로 구해야만 했다. 인도 현지 공장에서 생산되는 열쇠가 달린(인도에서 생산되는 모든 냉장고 문에는 열쇠가 달려있다. 보통 인도의 가정에서 집안일을 도와주는 일꾼들이 냉장고를 열지 못하도록 고안해 낸 불편한 인도의 현실 속 결과물이다) 작은 빨간색 소형 냉장고를 구입할 수밖에 없었다. 하지만 나는 인터넷으로 냉장고 수리점을 검색하며 연락하기를 멈추지 않았다.

작은 새 냉장고에 반찬과 채소를 넣어 사용하던 어느 날, 감사하게도 동네에서 뜻하지 않은 기술 좋은 인도인 수리 기사가 우리 집을 방문했고, 그는 뚝딱뚝딱 마술처럼 부품을 교체하더니 냉장고를 고쳤다. 비록 수리비가 조금 부담되긴 했으나 한국에서 싣고 간 나의 가족 같은 큐빅 박힌 냉장고를 사용할 수 있는 것만으로 감사했다. 냉장고에서 다시 '윙~' 하고 모터 돌아가는 소리가 나던 그 순간의 기쁨을 어찌 말로 다 표현할 수 있을까? 그렇게 냉장고 고장 사건은 우여곡절 끝에 마무리되었다. 마침내 고통의 시간이 막을 내렸다.

그뿐만이 아니다. 인도에서 결혼식이나 저녁 식사에 초대받으면 기본적으로 두세 시간 이상을 기다려야 한다. 서너 시간쯤 지나서야 주인공이 모습을 드러내며 식사나 예식을 시작할 분위기가 조금씩 보이는데, 이미 기다리다가 지쳐버린 우리는 예식이 시작됨과 동시에 주인공의 얼굴만 보고 집으로 돌아올 때가 허다했다. 그 뒤로는 일부러 초대장에 적혀있는 약속 시간보다 두 시간을 늦게 가서 참석한 적도 있었는데, 그때마저도 1시간 이상을 기다려서 주인공을 만나 겨우 기념사진을 촬영하고 서둘러 집으로 돌아왔다. 인도의 파티나 예식은 대체로 한밤중에 이루어지기 때문이다.

처음 인도 친구의 저녁 식사에 초대받았을 때 무척이나 당황스러웠던 적이 있다. 식사 시간에 맞춰 바로 저녁 먹을 준비를 하고 갔는데, 접시에 달콤한 짜이와 비스킷만 주고는 소파에 앉아 대화를 이어갔다. 그러더니 한참 후에야 부엌에서 식탁에 차릴 음식을 요리하기 시작하는 게 아닌가? 처음에는 그런 인도의 문화를 모른 채 뱃속에서 들려오는 꼬르륵 소리가 부끄러워 부지런히 비스킷을 주워 먹으며 허기를 달래기도 했다. 어서 맛있는 음식이 준비되기를 기다리면서.

심지어 인도의 저녁 식사 시간은 10~11시 정도가 되다 보니 초대받은 외국인 손님인 우리를 위해서만 음식을 준비했다. 본인들은 나중에 먹겠다고 하며 옆에서 식사하는 우리를 바라보기만 할 때도 있었다. 우리는 그때마다 주인인 관객 앞에서 음식을 먹는 것만 같은 그 이상하고 묘한 기분을 느꼈다. 살면서 이렇듯 독특하고 재미난 경험을 할 수 있다니 믿을 수가 없었다.

이러한 인도의 시간관념은 그저 단순하게 쉽게 판단할 만한 것이 아니라 힌두교의 역사와 정신, 힌두 문화에서 내려왔다고 한다. 물론, 내 생각에는 무더운 기후와도 상관이 있어 보인다. 아무튼 인도에서 누군가와 시간 약속을 하고 나면 의심병이 도지곤 했다.

'과연 약속을 지킬 것인가?'
'과연 시간을 지킬까?'

5. 알고 나면 쉬운 예절, 배꼽보다 다리?

처음 한국어를 배우고 수료식에 참석한 인도 남학생이 대표로 수료증을 받기 위해 강단 위로 올라갔다. 한국 선생님들은 동시에 그대로 모두 얼어붙어 버렸다. 그는 인도 슬리퍼 쪼리(엄지와 검지 발가락 사이에 줄을 하나 연결해 놓은 인도 신발)를 신은 채, 왼손을 왼쪽 바지 주머니에 집어넣고는 오른쪽 한 손으로 수료증을 받는 게 아닌가? 그리고 서둘러 손을 바꿔 수료증을 들고는 문화원장님과 한 손으로 악수하고 기념사진을 촬영했다.

주인도 한국문화원 세종학당에서는 한 학기(4개월)가 끝나면 매번 축제와 같은 수료식을 했다. 그동안 한국어를 공부하느라 수고한 인도 학생들에게 수료증과 성적 장학금도 수여하고, 학생들과 교사들이 준비한 노래와 춤, 사물놀이와 K-pop 댄스 등 다양한 공연도 준비해 발표하는 시간을 가졌다. 언어를 배운다는 것은 그 문화를 함께 알아가며 경험하는 것이기에 학기 마지막 시간에 성의를 다해 연습하며 준비하곤 했다.

한국어 선생님들은 예상치 못했던 한 남학생의 자연스러운 인도식 태도에 의도치 않게 충격을 받고 말았다. 프로그램에 신경을 쓰다가 한국의 예절과 예의를 가르치는 일에 잠시 방심한 건 아닌지 돌아보게 되었다. 언어를 배우는 것은 문화와 마찬가지로 예의까지 배워야 한다는 걸 뼛속 깊이 깨닫는 기회였다. 언어만 열심히 배우다가는 큰 낭패를 볼 것이 뻔했기 때문이다. 취미로 시작한 한국어 공부가 훗날 한국 회사에 취직하거나, 한국 대학교로 유학을 떠나는 길로 이어지고 있어 언어뿐만 아니라 예의도 필수로 배워둬야 했다.

그 후로 인도 학생들에게 한국어를 가르치면서 한국의 예법을 잘 가르쳐 주려고 노력하며 연습시켰다. 고개를 숙이며 허리까지 굽혀 인사하는 법은 인도 사람들에게는 꽤 힘든 부분이었다. 두 손을 합장하며 "나마스떼"라고 말하며 인사하는 게 몸에 밴 그들이 허리를 구부려 머리까지 숙여 양손을 양쪽 다리 옆에 살짝 주먹을 쥔 상태로 붙여야 하는 인사법을 배우는 데는 많은 연습이 필요했다. 거기에다 한국식 악수를 따로 배워야 했다. 결코 한 손으로만 악수하면 안 되고 한 손을 반드시 아래에 놓고 받치면서 해야 하는 한국식 악수법을 익히는 데도 꽤 많은 연습이 필요했다. 하지만 그들은 겸손한 자세로 열심히 잘 배워 나갔다.

한국 드라마를 통해 한국 사람들이 술을 좋아한다고 생각한 인도 남학생들은 술 마시는 예의에도 많은 관심을 보였다. 인도는 사실상 술과 담배 판매가 금지된 나라다 보니, 일반 가게에서 드러내 놓고 술과 담배를 사거나 팔 수 없고, 마음대로 마실 수도 없어서 그런지 더욱 관심을 갖는 것 같았다. 음주 문화에 익숙하지 않은 나도 종종 한국 사람과의 술자리에서는 어떻게 해야 하는지, 어느 자리에 앉아야 하는지, 어떻게 술을 따르고 마셔야 하는지 알려 주며 동작을 직접 연습해 보기도 했다.

이러한 한국의 예절에 대해 함께 이야기하며 연습한 덕분에 한국문화원에서 만나는 인도 학생들은 마치 한국 사람과 같은 정서와 느낌을 고스란히 받았다. 다른 문화를 존중하며 배워가는 그들의 모습에 고마운 마음마저 들었다. 인도는 같은 아시아권이라서 그런지 연장자를 존중하고 배려하며 양보하는 비슷한 정서가 있기도 하지만 생각했던 것보다 의외로 한국과 다른 면들이 많아 서로 배우려는 노력이 더욱 필요했다. 자칫하다가는 실수하기가 십상이었다. 우리도 인도에서 지내는 동안 그들의 문화와 예의를 중시하며, 공부하면서 배우고 따르려고 노력했다. 내가 가진 나만의 강한 틀을 깨뜨려야 할 순간과 맞닥뜨려야만 하는 일들이 생각보다 많았다.

인도는 아직도 꽤 보수적인 나라다. 그들이 추구하는 그들만의 예의를 보면 더욱 그러하다. 지금도 여전히 다리 부위를 내보이면 안 된다. 인도 예의에서 벗어나는 일이다. 그래서 인도에서 지내는 동안 특별한 경우가 아닌 이상 짧은 치마를 입거나 스타킹을 신는 일이 거의 없었다. 물론, 반바지도 입지 않았다. 처음엔 힘들었지만, 차차 익숙해져 갔다. 인도 여름 날씨가 워낙 덥다 보니 가끔 한국에서 온 젊은이들이 핫팬츠를 입고 다니는 걸 보면 아슬아슬해 괜히 내가 더 걱정될 때가 있곤 했다.

가끔 우리는 배꼽이 드러나는 그들의 전통 의상인 사리를 보면서 불평하곤 했다.

"배꼽보다는 다리가 더 괜찮지 않아요?"

"배꼽은 보여 줘도 괜찮은데, 왜 다리는 안 되는 거죠?"

하지만 우리는 알고 있었다. 문화 속에 들어있는 그 고유한 예의를 우리가 불편하다고 마음대로 바꿀 수 없을 뿐 아니라 뭐라고 이야기할 수도 없다는 것을. 타문화, 타국의 예절은 잘 알지 못하면 어쩔 수 없이 실수하게 되지만, 알게 되면 쉽지 않겠는가? 혹여 상대의 문화와 예의를 존중하지 않는 마음에서 나오는 예의에 어긋난 행동이나 눈살 찌푸리게 만드는 모습이 있다면 한 번쯤 생각해 봐야 하지 않을까?

나라와 나라 사이의 예의나 개인과 개인 사이의 예의도 마찬가지라 생각해 본다. 서로 존중하고, 서로를 배워 나간다면 예의를 지키는 일은 그리 어려운 일이 아닐 것이다.

6. 코끼리 뒷다리 만지는 인도의 종교 이야기

　인도의 종교에 대해 다 이야기하거나 그것을 다 이해했다고 말한다면, 과연 가능할까? 글쎄, 모르겠다. 여러 많은 견해가 있고, 그 내용도 무궁무진하여 파도 파도 모자랄 뿐이다. 특히, 나와 같은 보통 사람에게는 더 그렇다. 장님이 코끼리 뒷다리를 만지고, 봉사 문고리 잡는 격이 될지도 모르는 일이다. 그럴 수밖에 없다. 하지만, 나는 비록 그렇다 할지라도 바닷가의 작은 모래알만큼만이라도 인도에서 보고 느낀 인도의 종교에 대해 나눠보고자 한다.

　종교가 빠진 인도에 대해 말하는 것은 불가능하기도 하고, 그만큼 중요한 부분이기 때문이다. 지극히 작은 나의 주관적인 견해지만 복잡한 인도의 종교를 이해하는 데 조금은 도움이 되지 않을까 생각한다.

　인도는 인류의 4대 문명 중에 인더스 문명이 일어났던 곳이니 그 시작은 고대부터였다. 수많은 인도의 왕국이 오랜 역사 속에서 존재해 왔다. 얼마나 많은 왕조가 존재했는지, 지금 인도에는 몰락한 인도 왕들의 궁전을 호텔로 개조해서 운영하는 곳을 어렵지 않게 본다. 왕궁을 유지하기 어려운 왕가의 자손들은 그들 조상의 궁전을 사업가들에게 헐값에 팔았다. 그 덕분이라고 해야 할까? 지금은 옛날 왕족들이 호사를 누리며 호령하던 화려한 궁전에서 인도 왕가의 일원이 되어 하룻밤 묵어보며 과거로 돌아가면 어떨까? 꽤 신비롭고 특별한 경험을 하게 될 것이다.

　인도는 그렇게 수많은 왕조가 종교의 역사와 함께 줄곧 인도의 역사로 이어지면서 운명을 같이 해 왔다. 처음부터 힌두교가 인도의 주 종교는 아니었다. 고대부터 내려오던 브라만 종교가 인도의 토착 종교와 결합해 힌두교가 발생했다.

그 힌두교가 현재까지 인도의 주 종교로 이어져 내려오고 있으니 얼마나 놀라운가?

거기에다 인도는 불교의 발생지로 지금도 한국에서 많은 불교 신자가 성지 순례를 가는 곳이지만 불교 국가가 아니다. 힌두교에서 나온 불교는 결과적으로 인도 사람들의 마음을 사로잡지 못했다. 힌두교 입장에서 불교는 힌두교 중의 한 종파 정도로만 인정할 수밖에 없었다. 불교는 석가의 출생지인 네팔에 주로 전파되어 분포되었다. 그러다 보니 인도에서 불교 신자 만나기는 쉽지 않다. 눈을 씻고 찾아 봐도 어렵다. 사라져 자취를 감춰버린 것만 같다.

기독교는 어떠한가? 2000년 전에는 예수님의 제자 중 하나인 도마가 인도의 해안가 남인도로 건너와 복음을 전파했다고 한다. 지금도 인도에는 도마 종파가 남아 있다. 그러고 보면 인도에서의 기독교 역사는 매우 오래되었다. 지금도 남인도 타밀나두(Tamil Nadu)와 케랄라(Kerala) 지역에 가면 오랜 기독교의 발자취가 그대로 남아 있다.

그 후 11세기에는 이슬람인 무굴 제국이 인도를 정복해서 긴 세월을 지배했다. 영국이 무굴 제국을 장악하고 인도를 식민지로 통치하기 전까지 길고도 오랜 기간이었다. 물론, 영국 식민지 전에도 네덜란드와 포르투갈, 프랑스가 인도 전역을 분할 점령했던 역사가 있다. 알렉산더 대왕이 인도 원정에서 인도의 무시무시한 전투 코끼리 부대와 싸워 승리를 거두기도 했지만, B.C. 323년에 알렉산더 대왕이 인도를 정복한 후 무더위 속에 모기에게 물려 말라리아로 생을 마감했다는 설도 남아 있다.

아무튼 영국이 인도에 들어와서 1857년 세포이 항쟁(Sepoy Mutiny, 영국에 대항한 인도의 1차 독립전쟁)에서 승리하고 인도의 마지막 무굴 제국의 황제 바하두르샤 2세를 폐위시켰다. 그때부터 대영제국의 빅토리아 여왕이 인도의 황제로 오르게 되며 거대한 이슬람 제국의 끝을 알렸다. 천년만년 장구하리라 여겼던 무굴 제국이 무너진 것이다. 330년 동안의 오랜 역사를 지닌 무굴 왕국의 이슬람 건축 유산은 지금 인도의 큰 관광자원이 되었다. 샤자한이 죽은 왕비를 위해 만든 무덤인 타지마할(Taj Mahal, 세계 7대 불가사의 중의 하나), 무굴 제국이 남긴 거대한 성이자 요새(Fort)였던 아그라 포트(Agra Fort, 인도 아그라에 위치한 요새)와 레드 포트(Red Fort, 붉은 성으로 델리에 남은 무굴 제국의 화려한 요새) 등 수많은 웅장한 건축물이 세계의 관광객을 인도로 부르고 있다.

인도의 곳곳에 있는 오래된 사원이나 성에 가보면, 힌두교와 이슬람 건축 양식이 혼합되어 동시에 남아 있는 것을 종종 볼 수 있다. 문양이나 건축 형태가 섞여 있는 것은 두 종교가 역사를 달리 해오면서도 서로 존중하고 배려했던 것으로 보인다. 포용력을 가지고 수많은 인도의 왕조와 시크교, 힌두교를 아예 없애지 않았다. 영국이 지배할 당시에도 무굴 제국이 세웠던 요새나 성을 그대로 복원해 사용했다. 덕분에 후손들과 세계 관광객들이 지금도 남겨진 문화유산을 볼 수 있게 되었다.

인도와 방글라데시, 파키스탄, 이 세 국가가 불과 1947년 이전까지는 하나의 나라였다는 사실을 사람들은 알고 있을까? 특별히 인도에 관심을 기울이지 않는다면 대부분 모르고 있을 것이다. 처음부터 인도는 하나의 단일 국가가 아니었다. 영국은 인도에 있던 500여 개의 왕조를 그대로 유지하도록 했지만, 끝내 왕족들은 경제적으로 버티지 못하고 몰락하고 말았다. 사실상 영국이 인도라는 거대한 단일 국가를 만드는 데 일조했다고 해도 과언이 아니다. 인도와 파키스탄, 방글라데시는 대영제국으로부터 독립하기 전까지는 한 국가로 유지되었다.

하지만, 인도는 마하트마 간디(Mahatma Gandhi, 인도 독립운동가, 1869~1948)와 자와할랄 네루(Javaharlal Nehru, 인도 독립운동가, 인도 초대 총리, 1889~1964)가 이끄는 독립운동을 통해 제2차 세계대전이 종식되면서 영국의 식민 통치로부터 독립을 이루었다. 독립과 함께 하나의 거대한 국가가 세워지는 것은 순리였을지 모르지만, 인도는 그러하지 못했다. 우리나라도 이념으로 나라가 두 개로 나눠질 거라고 그 누가 상상이라도 했겠는가? 인도도 종교 때문에 분단국가가 되어 버렸다. 우리와 같은 아픔이 그곳에도 존재했다. 영국의 식민지 기간에도 인도에는 여러 다양한 종교가 존재했다. 인도 국민은 힌두교와 이슬람교에 속해 있으며, 종교의 갈등이 꽤 깊었다. 1947년 영국으로부터 광복하고 독립적인 국가가 세워질 때, 인도는 결국 종교에 의해 두 나라로 나뉘었는데, 이 과정에서 1948년 마하트마 간디가 극단주의 힌두교도에 의해 총살당하고 말았다. 힌두교 중심인 인도와 이슬람교 중심인 파키스탄은 동과 서파키스탄으로 분리 독립을 하게 되었다.

결국, 이슬람 중심으로 동과 서(동파키스탄과 서파키스탄)로 나뉘었다가, 1971년 파키스탄과 뱅골 중심의 방글라데시로 다시 분리되어 각각의 정부를 세웠다. 그러다 보니 파키스탄과 인도, 방글라데시는 언어뿐만 아니라 식생활과 문화가 거의 비슷하다. 힌두교 중심으로 남게 된 인도에도 여전히 많은 이슬람교도가 남아 있다. 그 인구가 어마어마하다. 인도의 인구 중 80퍼센트가 힌두교라면 이슬람교가 14퍼센트를 차지한다. 종교로 나라가 분리 독립되었지만, 1억 4천만 정도의 이슬람교도가 생업과 터전을 버리지 못하고 북쪽 파키스탄으로 미처 이주하지 못한 채 인도에 남아 함께 거주한다.

지금도 인도에 있는 이슬람교도는 힌두 국가인 인도에서 실제로 많은 어려움을 겪고 있는 것을 보았다. 인도에 살다 보면 사람들이 가진 이름의 성을 보면 그 사람의 신분이나 종교를 알 수 있었다. 사람들은 도시와 동네나 지역의 이름으로 이슬람교와 힌두교의 지역을 구별했다. 어떤 곳은 서로의 지역을 의도적으로 피해 다니는 사람도 있다.

　사람들은 우스갯소리로 힌두교 마을과 이슬람교 마을이 싸울 때는 고기를 받으러 간다고 했다. 쇠고기를 금기시하고 먹지 않은 힌두교도를 향해 쇠고기를 던지고, 돼지고기를 절대로 먹지 않는 이슬람교도들에게 돼지고기를 던지며 싸운다고 했다. 실제로 인도 현장에서 이 쇠고기와 돼지고기의 문제는 가장 현실적인 문제로 대두되곤 한다. 소 도축을 금지하는 인도에서 쇠고기를 먹는 것이 발각되어 힌두교도들에게 맞아 죽은 사례도 더러 있었다. 인도에서 종교가 얼마나 삶에 밀착되어 있는지를 보여주는 하나의 사례에 불과하다.

　한국문화원 학생 가운데도 이슬람교도들이 꽤 있었다. 나와 개인적으로 친하게 지내던 학생도 많았다. 그들은 누구보다도 정이 많고, 예의 바르며, 사랑스러웠다. 처음에는 조금은 선입견으로 이슬람교에 대해 경계심을 갖기도 했지만, 곧 선하고 성실한 그들과 인격적인 관계를 이어나갔다. 힘들고 어려울 때마다 찾아오던 그 친구들을 잊지 못한다. 사피아, 짠드와 아리프, 무굴, 지야울은 얼마나 마음이 여리고 따스했던가? 일생을 인도 사회에서 약자로 살아가며, 차별과 역경을 이겨내야 하는 무거운 생을 보았다. 힌두 정권인 현 정부 아래에서 약자로 살아가는 그들이 일상의 삶에서 겪는 불이익이 얼마나 많을지 눈에 훤히 보였다. 그들은 사랑하고 보듬어야 할 대상이었다.

그 외에 인도에는 시크교와 자이나교와 같은 다양한 종교가 더 존재한다. 나의 친한 친구였던 스웨따는 라자스탄 출신인 자이나교였다. 그녀의 성 자인(Jain)이었다. 자인이라는 이름에 종교를 내포하고 있었다. 인도에서 누구든 자인의 성을 가진 이들은 자이나교도임을 금방 알아챌 수 있다. 스웨따는 내 생애에 처음으로 가깝게 지낸 자인교(혹은 자이나교라고 함) 친구였다. 우리는 가끔 만나서 커피를 마시며 이야기를 나눴다. 스낵을 먹기도 하고, 식당에 함께 가기도 했다. 스웨따를 따라다니면 자이나교(자인교)는 살생을 전혀 하지 않을 뿐 아니라, 고기를 절대로 먹지 않는다는 것을 저절로 알 수밖에 없었다. 그들은 심지어 모기나 파리도 죽이지 않는다.

  스웨따는 고기로 요리하는 식당에는 아예 발을 내딛지도 않았고, 그곳에 베지테리언 음식이 있다고 해도 절대로 입에 대지 않았다. 식당 주방에서 요리하는 그릇이나 도구를 고기를 조리하면서 같이 사용할 수 있기 때문이라고 했다. 철저하게 순수 채식 식당에서만 같이 식사했다. 그러다 보니 다른 사람들의 집에서 식사하는 것 또한 꺼렸다. 스웨따의 집은 라자스탄에서 집안 대대로 사업을 하는 가문이었다. 자이나교는 주로 사업을 가업으로 이어서 해왔고, 사업 수완은 인도의 그 누구보다도 뛰어나다. 인도의 대리석과 실크 비단 사업은 이들의 손에서 움직이고 있었다. 친구 덕분에 바로 가까이에서 자이나교의 삶을 실제로 지켜보며 경험할 수 있는 기회를 얻었다.

  시크교는 우리가 살던 집의 집주인 가족이 믿는 종교였다. 6년 동안 같은 지붕 아래서 함께 살던 펀잡 시크교 가족은 우리와 늘 가까이에 있었다. 그들 가족의 6명은 모두 머리카락을 자르지 않고 길게 길렀다. 평생 머리카락에 가위를 대지 않는다. 마치 성경 속의 나실인처럼. 남자들은 머리를 위로 길게 묶어 올린 후 돌돌 말아 단단히 고정한 후 긴 천으로 된 터번을 썼다. 같은 건물 안에 살다 보니 종종 터번을 벗은 집주인 할아버지와 굴지의 길게 늘어뜨린 머리카락을 보곤 했다. 우리나라에 단발령이 내리기 전의 조선시대 어르신을 보는 것만 같았다. 외출하지 않고 집 안에 있을 때는 편안하게 터번을 벗고 지냈다. 터번의 색상도 다양해서 패션 스타일을 완성시키기에도 꽤 좋아 보였지만, 역시 불편한 건 어쩔 수 없으리라. 시크교는 종파에 따라 남자들이 머리카락을 자르기도 한다. 종종 머리가 짧은데도 시크교도라고 말하는 사람도 심심치 않게 볼 수 있다.

딸아이는 집주인의 아들 굴지가 남자아이인데 왜 머리를 자르지 않고 기르는지 궁금해했다. 굴지 엄마는 아이들의 긴 머리카락을 관리하는 데 온 신경을 쓰다 보니 우리가 사용하는 샴푸에 늘 관심을 보였다. 집주인 굴지네 가족은 같은 동네에 있는 시크교 사원 구르드와르(지역마다 있는 시크교 사원을 일컫는 말이다)에 정기적으로 가서 기도하곤 했다. 우리 집 근처에는 힌두교 사원 만디르와 시크교 사원 구르드와르가 있어서 동네 가게에서 달걀을 팔지 않았다.

시크교는 수많은 다양한 신을 섬기는 힌두교와 달리 오직 하나의 신을 섬긴다. 이렇듯 시크교는 이슬람과 힌두교가 혼합된 종교다. 알수록 신기했다. 그런가 하면 시크교도는 채식주의인 힌두교가 전혀 먹지 않는 닭고기를 잘 먹는다. 종종 힌두교도는 닭고기 먹는 시크교도를 조롱하기도 했다. 그런데 놀랍게도 시크교도는 돈이 많은 부자가 많다. 그들은 아무래도 돈을 버는데 재능이 있어 보였다.

인도에서 기독교의 세력은 그 역사에 비해 매우 미약하다. 아직도 인도의 기독교인은 여전히 가난하고 힘이 없다. 오래전부터 주로 가난한 낮은 카스트의 사람이 기독교로 개종해 신앙을 갖고 살다 보니, 인도에서 기독교인은 가난하고 좀 구차한 사람으로 인식되는 듯했다. 그런 상황이 마음 아팠다. 그럼에도 이미 많은 인도의 기독교인은 이미 해외로 나가 거주하며 본국을 위해 헌금을 보내기도 하고, 인도 교회를 도우려 애쓰고 있다는 사실이 마음을 감동케 했다. 하지만, 여전히 인도의 기독교 상황은 미약하기 짝이 없다. 인도 밖 어딘가에서 인도를 위해 기도하는 사람이 더 많아지기를 바랄 뿐이다.

나는 인도의 젊은이들이나 여러 다른 사람을 만날 때마다 내가 기독교인임을 알렸다. 그들을 위해 기도해 줄 수 있다고 했다. 적어도 나는 그들의 생애 가운데 만났던 한 사람의 좋은 크리스천으로 기억에 남기를 원했다. 언젠가 그들이 살아가면서 그들의 인생 가운데 만났던 한 그리스도인, 한 무명의 크리스천을 기억해 낼 수 있기를 바라는 마음이었다. 그에게 기독교에 대한 새로운 인식을 심어 주고 싶었다. 그리고 언젠가 그들이 신앙을 갖게 될 수 있는 날이 오기를 기도했다. 그들이 만났던 한국에서 온 한 크리스천은 지금껏 생각했던 것처럼 가난하고, 흠모할 것이 없는 천한 사람이 아니라 꽤 멋지고 복된 삶을 살아간다는 것을 알게 해 주고 싶었기 때문이다.

어느 누가 인정해 주지 않아도 거대한 인도 공화국 대륙 안에서 작은 그리스도인으로 신앙을 지키며 살아가는 소수의 인도 기독교인을 존경한다. 이제 그들이 더 힘을 발휘해 그 수가 많아질 수 있기를, 더 부흥하고, 더 성장하기를 기도하며 응원한다.

제5장
김치가 살던 카레 세상

1. 짜이(Chai)와 인도 몬순 커피

델리에서 가끔 나는 커피 농장에서 갓 수확해 온 인도산 커피콩을 볶아 주는 가게에 들러 커피 향에 빠져들며 음미하는 것을 즐겼다. 그곳은 꽤 후미진 곳이었다. 인도 사람들조차도 잘 모르는 곳이었지만, 나는 커피 사러 가는 그 길을 좋아했다. 작고 소박했던 커피 볶는 가게가 내가 한국으로 돌아올 즈음에는 꽤 멋지고 고급스럽게 확장된 걸 보면, 그곳을 좋아하던 사람들이 꽤 많았던 모양이다. 나도 여러 사람에게 소개해 주며 들락거리던 내 커피의 고향이다.

영국이 인도를 통치할 때 남인도 콜카타(캘커타) 항구에서 인도 말라바르 커피 농장에서 수확한 커피콩을 배에 가득 싣고 출발해 영국 사우스햄턴 항구에 도착하기까지는 한 달이 걸렸다고 한다. 영국 항구에 도착한 커피콩은 최적 숙성 상태의 커피콩으로 그 맛과 향기가 최고였다고 한다. 그래서 그 커피 이름이 '몬순 말라바르'(Monsooned Malabar)다. 지금도 남인도 말라바르 지역에서 생산되는 커피는 지중해성 몬순 기후에 건조되어 신맛이 좀 강하고 커피의 고소한 맛이 더해서 유명하다. 난 이 '몬순 말라바르'와 '오가닉'(Organic-유기농) 커피를 즐겨 마셨다.

남인도 커피는 인도 짜이처럼 우유와 설탕을 섞어 펄펄 끓여서 마신다. 맛이 괜찮다. 가끔 일부러 남인도 커피를 마시기도 했다. 커피는 처음 아프리카 에티오피아에서 염소를 키우던 목동이 빨간 커피콩을 먹고 흥분 상태인 염소를 보고는 커피콩을 수도원으로 가져가서 수도사들에게 보여 줬다. 수도원장은 커피콩이 '신의 저주'라고 불에 태워 버렸는데 불에 타는 커피콩에서 너무나 향긋한 커피 향이 나서 그 후로 수도원에서 커피를 처음 마시기 시작했다는 이야기가 내려온다. 거의 1,200년의 역사를 갖고 있다.

인도의 커피 농장에서 나는 몬순 커피의 맛은 신맛이 약하고 단맛이 난다. 커피의 신맛을 그리 좋아하지 않는 내게는 그야말로 맞춤 커피였다. 그 어떤 커피를 가져와도 인도 몬순 말라바르를 이기지 못했다. 진한 커피 향과 바디감이 입가에 깊은 커피 맛을 느끼게 했다. 아라비아 해변에서 불어오는 몬순 바람을 맞아 건조해서 숙성시킨 인도 몬순 말라바르 커피의 맛은 잊으려야 잊을 수가 없다. 그냥 커피 필터에 내려 마셔도 그 맛 그대로 좋았다. 핸드 드립으로 내려 마실 때는 커피콩이 그라인더에서 잘게 갈려져 내려오면서 풍겨나는 진하고 깊은 향에 빠져들곤 했다. 인도 스타일로 냄비에 넣어서 끓여서 마신 적은 거의 없지만, 매일 집에서 내려 마셨던 깔끔한 커피 내음을 기억하고 있다. 인도에서 지낼 때는 아이스 커피를 거의 마시지 않았다. 줄곧 뜨거운 아메리카노 스타일로 마셨는데, 수증기를 따라 올라오던 커피 향을 음미하다 보면 어느새 머릿속까지 금세 맑아졌다.

인도로 가기 바로 전 영국에서 지낼 때 나는 이미 인도 커피와 짜이 곧 밀크티를 맛보았다. 영국에서는 정해진 티타임(Tea time)에 비스킷과 함께 밀크티나 커피를 마시곤 했었다. 나는 영국에서 밀크티의 매력에 빠졌다. 그 당시만 해도 홍차는 한국에서 어르신들이 다방에서 마시는 차 정도로만 알고 있다가 새로운 맛의 발견을 했다. 그렇게 밀크티와 커피 맛을 즐기기 시작했지만, 한참 후에야 나는 영국 문화 속 차 문화와 인도의 짜이가 연결되어 있다는 것을 알게 되었다. 뭔가 비슷하지만 각기 다른 그만의 독특함이 있는 영국과 인도의 짜이와 커피 맛이었다.

인도의 '짜이'는 카페인 가득한 인도의 홍차다. 인도의 모든 회사나 일하는 곳곳마다, 모든 가정에서도 '짜이 타임'이 있다. 이 시간에 짜이를 마셔야 계속해서 일을 이어갈 에너지가 생기기라도 하는 마냥 인도에서는 목숨만큼이나 중요한 시간이다. 사람들은 '짜이 타임'을 기다린다. 델리의 주인도 한국문화원에서도 모든 직원에게 오전에 한 번, 오후에 한 번 전 짜이를 돌리곤 했다. 가끔 어떤 사람들은 짜이를 마시지 않기도 해서 '라씨'나 '주스'로 대체하기도 했다.

한국어 수업을 할 때도 학생들은 쉬는 시간에 문화원 옆 모퉁이에 자리 잡고 있는 싹싹하고 친절하기까지 한 인도 남자 청년 짜이 왈라(짜이 파는 사람)에게 달려갔다. 리어커 위에 검은빛 쇠로 된 커다란 짜이 냄비는 작은 빨간색 휴대용 가스통에 연결되어 있다. 깊숙한 냄비 안에는 홍차에 우유와 설탕을 넣고, 각종 마살라와 생강을 듬뿍 넣은 짜이가 펄펄 끓고 있었다. 지나가는 행인의 후각을 자극해서 발길이 자석처럼 끌려오게 했다. 학생들도 짜이를 마셔야 다시 공부할 수 있는 총기를 회복하는 듯 보였다.

학생들은 날 위해 작은 종이컵의 따끈한 짜이 한잔을 내 책상 위에 올려두곤 했다. 짜이가 맛있기도 하지만, 너무 단 것은 내 취향이 아님을 알아서인지 학생들은 설탕을 줄여서 넣는 배려까지 했다. 때로는 여럿이 나눠 마시기 위해 플라스틱 비닐봉지에 뜨거운 짜이를 담아와 컵에 나눠 마시기도 했다. 그러한 모든 풍경은 그들 삶의 한 부분으로 익숙했다. 수업이 많은 날에는 하루에 다섯 잔도 마신 기억이 있다. 그럴 때는 거의 뜬 눈으로 밤을 새울 뻔하기도 했다. 짜이 속 홍차의 강력한 카페인의 위력에 당해내지 못하고 말았다.

나는 짜이 만드는 법을 유심히 보고 배워 집에서 직접 끓여 먹곤 했다. 특히, '아드락'(Ginger), 생강을 넣어서 만드는 '진저 짜이'(Ginger Chai)가 가장 맛있다. 우리는 이 매콤한 생강 맛을 좋아했다. 추운 겨울에는 집에서 매일 아침 짜이를 끓였다. 작은 냄비에 먼저 홍차를 넣은 다음, 우유와 생강을 듬뿍 넣어 끓이다가 마지막에 설탕을 조금 넣어 주었다. 보통 인도 사람들은 설탕을 아주 많이 넣고 끓여 마시기 때문에 인도식 그대로 설탕 짜이를 마시면 너무 심하게 달아서 마시기가 곤란했다. 밖에서 짜이를 주문해서 마실 경우에는 항상 "찌니 깜 끼지에"(설탕 조금만 넣어주세요)라고 주문을 해야 했다. 그래야 비로소 적당하게 달달하고 맛있는 인도 짜이를 맛볼 수 있기 때문이다.

인도에서는 꼬마 아이들도 짜이를 마신다. 샤이니도 내가 짜이를 마실 때마다 자기도 달라고 야단이었다. 나는 그럴 때마다 매번 홍차는 조금 넣고 우유를 듬뿍 넣어 고소하게 끓여 주곤 했다. 이 정도 되면 인도에서 짜이는 기호 식품을 넘어서는 거 같다. 우리나라에서 아무리 커피를 많이 마신다고 해도 인도에서 마시는 짜이를 넘어설 수 있을지 모르겠다.

인도 가정에 방문하면 아침 식사로 짜이 한 잔과 비스킷 하나를 주곤 해서 딸아이와 나는 언제 아침밥을 먹게 되나 목이 빠지게 기다리곤 했던 웃지 못할 추억이 있다. 인도 사람들에게는 짜이가 기호 식품을 넘어 각 사람의 인생 속에 깊이 뿌리 박힌 생명의 원천과도 같아 보였다.

그들에게는 삶 그 자체가 아닐까?

생강이 잔뜩 들어가 매콤한 향이 코끝을 간지럽히며, 김이 모락모락 피어나는 뜨거운 '생강 짜이'(인도 생강 홍차)가 그립다.

2. 인도 사람들의 정(情)과 배탈

　인도 사람들은 정(情)이 많다. 흔히 우리나라 사람들이 정이 많다고 하지만 그들 또한 만만치 않다. 그들의 따뜻함과 친절함을 경험하고 나면 인도 사람들의 따뜻하고, 진한 마음의 정을 많은지 알게 된다.

　인도 사람들은 우리를 만나면 그냥 보내지 않는다. 그냥 보내면 큰일이라도 날 것처럼 그대로 지나치는 법이 거의 없다. 인도에서는 손님을 신이라고 생각한다. 그래서 그런지 지극 정성으로 손님 대접하기를 즐겨하며 귀하게 여긴다. 그들은 우리를 위해 손수 작은 손잡이가 있는 냄비에 홍차를 넣고 끓여 거름망에 짜이 뻐띠(홍차 찌꺼기)를 걸러서 보통 컵의 크기에 비해 훨씬 작은 짜이 전용 컵에 따라 정성껏 대접해 주었다. 종종 외국인인 우리를 위해 짜이 대신 일부러 인도 커피를 따로 필터에 내리지 않고 짜이를 끓이는 것처럼 가스레인지 위에 놓인 작은 냄비에 커피와 물, 우유와 설탕을 넣어 끓어오를 때까지 저었다가 커피 맛이 우러나면 예쁜 커피잔에 향긋하게 담아주기도 했다.

　인도에서의 커피 만드는 방법은 터키 스타일처럼 냄비에 커피를 펄펄 끓이고 나서 작은 거름망에 걸러서 내려 준다. 매일 하루 중 차를 마시는 티타임에는 항상 커피나 짜이를 달달하고 고소한 맛이 나는 호밀로 만든 인도 쿠키나 마른 견과류, 마른 과일이나 인도 디저트 미타이(Mithai, 인도 스위트)와 함께 마신다. 앞 장에서 언급했다시피 인도에는 짜이를 좋아하지 않는 사람들도 있긴 하지만, 대부분의 인도 사람에게 있어 이 우윳빛 갈색을 띤 짜이는 마시지 않으면 일과를 시작할 수도 없고, 공부도, 일도,

작업도 이어갈 수가 없는 삶의 필수 영양 공급원으로 없어서는 안 될 중요한 그 무엇이다.

샤이니는 우리가 짜이나 커피를 대접받을 때마다 인도 쿠키가 맛있는지 먹고 또 먹었다. 그러면 정 많은 안 주인은 잘 먹는 아이가 예쁘다며 자꾸 더 주면서 먹으라고 하니 딸아이는 마냥 행복해했다. 그래서 처음에는 우리도 늘 대접해 주는 인도 짜이와 커피를 맛있게 마시고는 했는데, 집으로 돌아오면 이상하게 배가 아프고 탈이 났다. 그다음부터는 대접해 주는 짜이와 커피를 마시는 게 겁이 났다. 마시고 나면 분명히 배탈이 날 게 뻔했기 때문이다. 하지만, 우리는 인도 친구들이 대접해 주는 쌉싸름하면서도 달달하고 따뜻한 사랑이 담긴 그들의 음료를 주는 대로 맛있게 받아 마셨다. 그러다 보니 어느새 신기하게도 우리의 몸도 적응이 되었는지 예민하게 반응하지 않았다. 마침내 마음껏 짜이와 커피를 즐길 수 있게 되었다.

우리는 인도의 물과 음식에 점점 적응해 갈 무렵, 여러 새로운 시도를 해보곤 했다. 어느 날, 외출했다가 돌아오는 길에 길거리에서 파는 간식거리가 눈에 들어왔다. 인도의 길거리에는 노점상 간식거리가 가득하다. 그 모양도 색깔도 풍기는 냄새도 독특한 먹거리가 가는 곳마다 넘쳐났다. 사람들은 길을 가다가 멈추고 길가에 옹기종기 모여 서서 길거리 맛집에서 허기를 채우거나 수다를 떨곤 했다. 이미 지인들로부터 길가에서 파는 음식을 조심하라는 조언을 익히 들어서 알고 있었고, 그때까지만 해도 먹음직해 보이는 달콤한 유혹을 과감히 뿌리쳤다. 먹으려는 시도도 아예 하지 않고 있었다. 무언가 잘못 먹었을 때 겪어야만 하는 복통은 한국에서 느끼던 것과는 비교가 안 될 만큼 커서 그 통증의 정도를 견디어내기가

너무 힘들었기 때문이다

그런데 그날따라 기온이 떨어진 추운 겨울이라 김이 모락모락 피어오르고 있는 길모퉁이 만두 찜통에서 새어 나오는 구수한 만두 냄새가 우리의 후각과 미각을 자극했다. 한국의 만두 맛이 그리워서 한 번쯤 먹어 보고 싶다는 생각을 꾹꾹 누르고 있었던 차에 한번 가까이 다가가서 보기로 했다.

인도에도 한국 만두보다는 작지만 거의 모양이 비슷한, 인도에서는 '모모'라고 부르는 인도 동북부 티베트 쪽에서 건너온 음식이 있었다. 물론, 인도에서는 쇠고기나 돼지고기로 된 속을 넣은 만두는 없고, 야채와 닭고기, 염소 고기를 넣은 모모가 있었다. 가스 불에 달궈져 올라온 김이 모락모락 피어나는 대바구니 찜통 속 모모는 하얀 겉 표피가 부풀어 올라 먹음직스럽게 잘 익어 있었다. 도저히 먹지 않고는 그대로 지나갈 수 없었다.

"우리 한 접시만 먹어 볼까?"

나의 제안에 남편도 고개를 끄덕이며 함박 웃음을 지었다.

"그럼, 딱 한 접시만 먹자."

우리는 그렇게 인도의 야채 만두(Veg momo, 베지 모모)를 처음으로 맛보았다. 그것도 길거리에 서서. 그냥 순수하게 양배추와 콩이 들어간 야채 만두, 베지 모모였다. 생각보다 맛있었다. 한 접시만 더 먹어 보기로 했다. 샤이니도 호호 불며 맛있게 잘 먹고 있었다. 다른 찜통 바구니 속에 나란히 누워 있는 닭고기를 넣은 치킨 모모가 너무 먹음직스럽게 보였고, 어느 순간 우리 셋은 단숨에 다 먹어 치웠다. 만두 두 접시를 먹었는데 80루피, 우리나라 돈으로 1,500원 정도였다. 가격도 싸고 맛도 있어서 인도 모모 장수에게 정중하게 고맙다는 인사를 남기고는 집으로 돌아왔다.

문제는 그날 밤중에 일어났다. 남편과 나의 뱃속이 뒤틀리고 아프기 시작했다. 큰일이 났다. 한국에서 가져간 소화제를 먹어도 소용이 없었다. 짜이나 커피를 마시고 나서 배탈이 났던 것과는 비할 바가 아니었다. 통증이 얼마나 심한지 배를 움켜쥐고는 옆집 쁘리띠마 안띠에게 가서 도움을 청했다. 안띠는 인도에서 배탈이 날 때 먹는 약이라며 우리에게 작은 약병을 건넸다. 가루로 된 약봉지도 주었다. 안띠가 준 두 가지의 약을 먹고 나서 조금 나아지기는 했지만, 그 후 며칠 동안 거의 아무것도 먹지 못했다.

하지만, 어떻게 된 건지 신기하게도 딸아이, 샤이니는 아무렇지 않고 멀쩡했다. 전혀 아파하지 않았다. 사실 나는 아이가 우리보다 더 많이 먹은 거 같아 걱정이 많았는데도 딸아이는 아프다는 말 한마디도 안 하고 잘 놀고, 잘 먹고 있었다. 가슴을 쓸어내리며 혼잣말로 감사를 드렸다. 어찌 감사하지 않을 수 있겠는가?

그렇게 우리의 몸은 인도에 점점 적응되어 갔다. 시간이 지나면서 우리 위장은 길거리에서 파는 짜이와 사모사(Samosa, 세모난 모양의 인도 튀김 간식), 인도 만두 모모(Momos)를 아무리 먹어도 탈이 나지 않을 만큼 강하게 되었다. 학생들과 문화원 뒤쪽의 먹자골목에 가서 길거리에 서서 먹었던 촐레와 뿌리, 버뚜레는 그 맛이 일품이었다. 작은 티베트 식당에 가서 먹었던 허니엔 스위트 포테이토(빨간색 감자 튀김)와 프라이드 누들(볶음 계란 국수), 뚝빠(티베트식 수제비), 모모와 그 맛있던 음식을 마음껏 먹을 수 있었다. 생각만 해도 입에 침이 고이는 것을 어찌해야 할지 모르겠다.

인도 사람들 집에 방문하면 가정식 인도 음식을 준비해 주곤 했는데, 따뜻할 때 먹는 그 인도 음식의 맛은 말로 표현할 수가 없다. 손을 호호 불어가며 갓 구워낸 로띠를 기(인도 버터)에 발라서 먹거나, 섭지(인도 야채 요리)나 커리에 찍어서 먹으면 입에서 살살 녹아내렸다. 바로 즉석에서 만들어 내어 뜨끈뜨끈하게 먹던 그 인도 맛이 그립다.

누구보다도 정 많은 인도 사람을 보면, 옛날 어린 시절 우리 할머니가 떠오르곤 했다. 따듯한 정이 마음을 포근하게 감싸주던 어린 시절의 추억을 인도 사람들을 통해 느꼈다. 가끔 그들이 우리 집에 방문할 때도 정성스레 준비한 선물과 음식들을 챙겨 오고는 했다. 특히, 비핀의 엄마 꺼비따의 손끝에서 나온 인도 가정식 음식의 맛은 결코 잊지 못한다. 우리의 인도 친구들과 학생들은 가는 곳마다 맛있는 인도 음식을 만들어 주고, 인도 실크 사리와 꾸르따(인도 전통 의상이자 일상복), 두빠따(인도 스카프)를 선물로 주곤 했다.

생각할수록 고맙다. 힘들고 어려운 일이 있을 때마다 함께 나서서 도와주고 마음 써 준 고마운 인도 친구들과 이웃들에게 감사하다. 그들을 마음 판에 새기고 기억하며 종종 꺼내어 본다. 사랑의 편지처럼.

3. 자존심이 걸린 영어 발음

'991063 … '으로 시작되는 나의 인도 전화번호는 매번 나를 당황스럽고 곤란하게 만들었다. 바로 중간에 끼어있는 '3' 때문이다.

"What is your contact number?"

전화번호가 뭐냐며 내게 전화번호를 물어올 때마다 참 곤란했다.

이 질문 때문에 퍽 자존심이 상할 때가 많이 있었다.

인도의 관공서나 주요 기관에서는 거의 공용어인 영어와 힌디어를 사용했다. 특히, 외국인들에게는 당연히 영어를 주로 사용한다. 한국 사람이 한국식 영어 콩글리시를 쓴다면, 인도 사람들은 힌디어식 영어 힝글리시를 사용한다. 전 세계에서 힝글리시를 사용하는 인구가 가장 많다고 한다.

워낙 인도 인구가 많아서 그런 게 아닐까?

지금 돌아보면, 우리가 영국에서 거주할 때 사용하던 가스나 전화 회사에 고장이나 민원 전화를 걸면 그 당시로는 내가 느낄 때 영국 사람이 아닌 이상한 영어를 구사하는 사람이 전화를 받고는 했다. 인도에 가서 알고 보니, 영국 회사 대부분의 콜센타가 인도에 있었다. 영국에서 내가 걸었던 전화를 바로 인도에 있는 콜센타에서 인도 사람이 받고 응대했던 것이라는 걸 알게 된 것이다. 영어를 잘하는 인도 사람들이 영국의 업무를 자국에서 전화로 감당하고 있었다. 부러운 부분이 아닐 수 없다. 인건비가 싸다는 이유로 영국에서 콜센타를 전부 인도에 두고 있었기 때문이다.

처음 인도에 갔을 때는 영어를 사용해서 말을 하지만 알아듣기 어려운 인도식 영어에 적응이 잘 안되었다. 물론, 나의 한국식 영어도 별반 다르지 않았지만, 처음 힌디어를 전혀 몰랐을 때는 인도 사람들과의 의사소통에 매우 힘들었다. 시간이 지나며 차차 익숙해졌지만.

딸아이는 인도에서 도미노피자를 좋아해서 가끔 전화로 피자를 주문하곤 했는데, 매번 전화로 주문할 때마다 나의 전화번호 때문에 애를 먹었다. 인도 도미노피자의 시스템은 먼저 전화번호를 불러주어야 했다. 전화번호로 주문하는 집의 주소를 자동으로 근처에 있는 매장으로 연결해 주문되는 방식이라 매번 내 전화번호를 꼭 불러 줘야만 했다. 왜 도미노에서 내 전화번호를 자동으로 기억하게 하지 못했는지 지금도 그런 아날로그 시스템이 마음에 들지 않는다.

피자 주문을 마치고 나면 내게 질문이 날아온다.

"전화번호가 뭐예요?"

"더블 나인 원 지로 식스 쓰리 … (991063...)"

"Pardon?"(뭐라고요?)

"쓰리 … "

"Pardon?"(뭐라고요?)

다시 나는 다른 발음으로 시도해 본다.

"뜨리 … "

"Pardon?"(뭐라고요?)

도대체 '뜨리'와 '쓰리'의 그 중간 발음은 왜 그토록 어려운지 모르겠다.

우여곡절 끝에 도미노피자 직원이 나의 숫자 '3'을 알아들으면 주문은 성공적으로 끝나고 마침내 치즈 마가레따 피자를 기다릴 수 있게 되었다. 정말 인도의 도미노피자에 대해서도 말하고 싶은 에피소드가 너무 많다. 현금으로 계산해야 했던 도미노피자는 배달원 때문에 번번이 애를 먹곤 했다. 미리 잔돈이 없다고 부탁을 했음에도 불구하고 잔돈을 가져오지 않았다. 피자는 식고 있는데, 잔돈 때문에 실랑이를 벌여야 할 때가 얼마나 많았는지 생각만 해도 속이 상한다. 종종 너무나 정직한 배달원에게는 고마워서 팁을 건네기도 했지만 말이다. 나는 전화로 피자를 주문할 때마다 불평을 하면서도 자존심이 무척 상하곤 했다.

'도대체 내 영어 발음이 어때서 못 알아듣는 거지? 자기들 발음도 별로면서 … '

인도 학생들에게 한국어를 가르칠 때도 비슷한 경험을 여러 번 했다. 한국어 어휘를 이해하지 못하는 인도 학생들에게 영어로 한국어 단어를 말해 주면, 가끔 한 번에 내 영어 발음을 알아듣지 못하고 멀뚱히 날 쳐다보거나, 키득키득 웃는 학생들도 있었다. 학생들 앞이라 부끄러움을 다 표현할 수도 없고, 얼굴이 화끈거리고 등에서는 식은땀이 흘러내리면서, 손에 땀을 쥐던 때가 여러 번 있었다. 친한 학생들과는 서로 영어 발음을 놓고 서로의 발음이 맞다고 우길 때도 있었다.

그뿐만 아니라 인도에서도 미국인들과 교제할 기회가 많이 있었는데, 역시 나의 영어 실력 때문에 자존심이 상할 때가 여러 번 있었다. 인도 사람들도 영어를 잘하면 괜히 우쭐하거나, 영어 못하는 사람을 대놓고 무시하는 경향이 있다. 그런 인도 사람들은 외국인들에게는 영어로 대화를 시도하곤 한다. 어차피 인도 사람들은 원어민이 아니기에 문법 신경 안 쓰고 막 쓰는 영어를 사용하다가, 정작 미국인들과 대화할 때는 문법까지 생각해서 대화를 이어가야 하기에 여간 어려운 게 아니었.

한번은 크리스마스 파티를 하며 미국인과 모여 게임을 하던 중이었다. 쪽지에 써진 영어 단어를 보고 몸짓으로 단어를 설명하고 무엇인지 알아맞히는 게임이었다. 내 차례가 돌아왔고 나에게 하얀 쪽지 하나가 주어졌다. 떨리는 마음으로 쪽지를 펼쳐보니 단어가 하나 쓰여 있었는데, 갑자기 머릿속이 하얘지면서 아무것도 생각나지 않는 게 아닌가! 사람들의 눈은 모두 나를 향해 있었고, 나의 몸짓 설명을 기다리고 있었다. 하지만, 나는 아무것도 할 수가 없었다. 내 몸은 얼음처럼 얼어붙어 버렸고, 입도 떨어지지 않았다. 그저 혼자 속으로 나 때문에 분위기를 망칠까 봐 걱정만 될 뿐이었다. 얼마나 자존심이 상하던지 말로 표현할 수가 없다. '나는 결국 이렇게 무너지는구나. 나는 이거밖에 안 되나 보다'라는 생각이 가슴을 옭아맸다.

영어가 뭔지 내 자존심을 그토록 상하게 하다니 지금 생각해 보면 아무것도 아닌데 너무 부끄러워 기억 속에서 지워버리고 싶은 순간이었다.
그래도 영어로 인도 학생들에게 한국어 강의를 하며 가르치고, 원어민들과의 대화에서 무탈하게 소통할 수 있으면 준수한 거 아닐까? 능통은 아닐지라도 나름 영어를 잘한다고 자신에게 어깨를 토닥거려 본다. 의사소통을 할 수 있다면 무엇이 문제겠는가? 언어는 서로 소통하기 위해 존재하며, 그 의미가 있으니.

4. 갑작스러운 인도의 화폐 개혁과 단골 과일 장수(소탐대실, 小貪大失)

돈이 휴지 조각이 되다니! 실제 그런 일이 눈앞에서 벌어졌다. 돈을 강물에 날려 버리는 사람들도 보였다. 델리에서 살다 보니 별일을 다 겪었다. 내 생애에 겪고 싶지 않았던 충격적인 일이 인도에서 벌어졌다. 할 수만 있다면 피하고 싶었던 일이었다. 하지만, 현대를 살아가는 우리에게 없어서는 안 될 돈에 대해서 한 번쯤 생각해 보게 하는 계기가 되기도 했다. 흥미로운 사건이었다.

인도에서 화폐 개혁이 있었다. 그것도 아무 예고도 없이, 도둑이 오는 것처럼 불쑥 일어났다. 사실 그전까지는 돈이 휴지 조각이 된다는 생각은 한 번도 해 본 적이 없었다. 그만큼 돈은 우리에게 충분한 가치가 있었다. 귀중한 몸값을 지닌 돈은 가장 깊숙하거나 중요한 어느 곳, 최소한 지갑 속에는 자리 잡고 있어야 했다. 그만큼 대접을 받을만한 자격이 충분히 주어졌으니 말이다.

그런데 인도에서 바로 오늘까지 사용하던 상용 화폐가 하루아침에 무용지물이 되어 버리는 일을 직접 겪었다. 2016년 11월 8일 밤 8시쯤 인도 제자 디빡에게서 메시지를 받았다. 내일부터는 현재 사용하고 있는 돈을 사용하지 못하게 될 거라는 거였다. 믿기 어려웠다. 말도 안 되는 일이라 생각했다. 웃어넘기고 싶은 메시지였다. 그리고 나서 두 시간 후, 밤 10시에 긴급 속보가 전파를 타고 온 인도를 덮었다.

밤 12시 자정부터, 그러니까 11월 9일부터 인도의 화폐 500루피와 1,000루피를 사용할 수 없다(사용 금지)는 내용이었고, 곧 새로운 화폐가 발행될 거라는 특보였다. 단 병원이나 약국에서는 이틀간 구권을 받아 준다고 했다.

'어떻게 이런 일이 있을 수 있지?'

갑작스러운 특보에 머리가 하얘졌다. 우리 같은 외국인들은 어떻게 대처해야 할지 난감하기 그지없었다.

12월 30일까지 은행에 가서 구권을 신권으로 바꿀 수 있는 시간이 주어졌다. 부패 척결이라는 명목하에 지하의 모든 검은돈을 뿌리째 뽑겠다는 정부의 갑작스러운 개혁에 온 국민은 혼란에 빠졌다. 사실 인도 사람들은 집에 현금이나 현물을 침대 밑이나 비밀 상자에 보관하는 일이 허다하다. 이렇게 보관하던 현금을 흰개미가 다 먹어 치워 버리는 일도 종종 있다고 한다.

아무리 부정부패를 척결한다고 해도 이 일로 인해 약 14억이 되는 그 많은 인도 인구가 발을 동동 굴렀다. 나도 마찬가지였다. 물건을 사고 팔 수도 없었고, 현금을 사용할 수 없어 굶어 죽는 사람들도 뉴스에서 보았다.

뒤늦게 기다리던 신권이 발행되었다. 엄청 좋은 재질인 실크로 만들어진 새로운 화폐라고 홍보했다. 하지만, 신권을 빠른 시간 내에 찍어 내지 못했고, 사람들 손에 들려지기까지는 너무나 힘들고 불편한 시간을 감수해야 했다. 거기에다 신권은 그 단위가 매우 컸다. 1,000루피가 없어지고, 2,000루피 신권이 발행되었다.

12월 30일 이후에는 바로 눈앞에서 돈이 종잇조각으로 휴지가 되어 강에 버려지고, 길가에 뿌려지는 광경을 바로 목도하는 일이 생겼다. 미처 신권으로 바꾸지 못했거나, 교환할 길이 없었을 것이다. 이 일을 다 기록

할 수가 없다. 현장에서 화폐 개혁을 겪으며 혼란 속에서 애를 태웠던 그 시간을 잊지 못한다.

ATM에서 신권을 찾기 위해 사람들이 새벽부터 줄을 섰다. 하지만, 제한된 금액의 신권은 금방 동이 나고 말았다. 사람들은 헛걸음을 계속 반복해야만 했다. 여기저기 ATM기를 찾아 숨가쁘게 다녔지만 헛수고였다. 정부에서 하루에 인출할 수 있는 금액을 1인당 1만 루피로 제한했고, 1주일에 2만 루피만 인출 할 수 있도록 출금을 막아 놓은 상태였다. 그런데도 발행된 새로운 신권은 턱없이 부족했고, 사람들은 신권을 찾아 기다리고 헤매며 긴긴 줄을 섰다.

사람들이 굶어 죽었다는 보도를 이해할 수 있었다. 거기에다 당시만 해도 인도에서는 은행 계좌를 개설하지 못한 채 살아가는 인구가 태반이었다. 그들은 어디에서도 신권을 구할 수가 없었다. 노동을 하고 인건비로 받아야만 했지만, 신권이 부족하니 모든 인건비도 미루는 사람이 많았다.

우리도 계좌이체나 수표를 거부하고, 현금만 받고 있었던 집주인(많은 사람이 세금을 피하기 위해 현금을 고집하는 경우가 흔하다)에게 월세를 제때 내지 못해 양해를 구해야만 했다. 얼마나 많은 사람이 그토록 혼란한 상태에서 상상도 못 할 어렵고 힘든 시간을 보냈는지 모른다.

우리도 무엇보다 야채와 과일을 사서 식생활을 해결해야만 했다. 동네 골목에서 리어카에 채소와 갖가지 과일을 싣고 와서 파는 사람들을 통해 우리의 식탁이 채워졌다. 이들과는 100퍼센트 현금 거래만 가능했다. 우리도 신권을 확보해야만 했다. 우리는 인도 델리 지점 신한은행, 인도 현지 은행 ICCI뱅크 그리고 씨티은행을 이용하고 있었다.

이곳저곳을 다니며 생활에 필요한 새로운 신권 2,000루피를 확보한 어느 날, 나는 미루고 있었던 야채와 과일을 새로 발행된 인도 화폐를 주고 샀다. 2,000루피는 인도 사람들에게 어마어마한 가치가 있는 큰돈이었다. 2,000루피를 보면 사람들의 눈이 휘둥그레지며 놀랐다. 보통 사람들이나 가난한 하층민들에게는 특히 더 그러했다. 우리는 2,000루피 화폐를 가지고 장을 볼 수밖에 없었다. 그것도 겨우 어렵게 구한 신권이었기 때문이다.

골목에서 장을 보고 집에 들어와 재료를 정리하고 있는데, 현관 벨이 울렸다. 좀 전에 과일을 샀던 과일 장수가 현관 앞에 서 있었다. 나는 그의 단골이었다. 나는 주로 그에게서 과일을 사서 먹었다. 아침마다 우리 집 골목에서 나를 기다리던 과일 장수다. 그가 왜 우리집에 올라왔을까? 궁금했다.

"마담, 당신이 내게 가짜 위조지폐를 주고 과일을 샀어요."

너무 놀라서 입이 벌어졌다. 몸이 떨렸다. 그의 손에는 가짜 위조지폐 2,000루피가 쥐어져 있었다. 그 돈을 내가 주었다는 것이다.

"그럴 리가 없어요. 나는 그 돈을 ATM에서 가져왔어요. 진짜 신권이에요."

그는 내게 위조지폐를 보여 주며 내가 준 것이라고 우겼다. 나는 하는 수없이 그를 데리고 아래층 주인 할아버지께 내려갔다. 할아버지는 그에게 주머니에 있는 것들을 다 꺼내 보라고 했다. 그는 벨트까지 풀어 헤치며 빈 주머니들을 다 증명해 보였다. 집주인 할아버지께서 엄하게 묻고 다그쳤지만, 그는 단호하게 위조지폐를 받았다고 주장했다. 나는 달리 방법을 찾지 못하고 다시 집으로 올라와 다른 신권 2,000루피를 꺼내 주고는 그를 보냈다. 손이 부들부들 떨렸다. 눈앞에서 고스란히 당할 수밖에 없는 현실 앞에 무력함을 느꼈다.

그가 내게 건네준 위조지폐를 살펴보니 인도 어린이 은행(Children Bank of India)이라고 찍혀 있었다. 세월이 많이 흘렀지만, 나는 지금도 그 위조지폐를 내 지갑에 보관하고 있다. 나를 위조지폐를 준 사기꾼으로 몰아세우고 또 다른 2,000루피를 하나 더 챙겨간 나의 단골 과일 장수. 그는 그렇게 그날 이후 우리 동네 골목에 다시 나타나지 않았다. 아마도 다른 아저씨들이 그를 그냥 봐주지 않았으리라 생각한다. 오고 싶어도 그는 다시 우리 골목에 올 수가 없게 되었다. 소탐대실(小貪大失). 그를 두고 하는 말일 것이다. 과일을 좋아했던 우리 가족은 그에게서 그 이상의 많은 과일을 계속 사 먹었을 것이고, 그는 더 많은 이윤을 남길 수 있었을 것이다. 하지만, 한 번의 실수로 그는 떠나야만 했다. 그 후에 새로운 과일 장수가 우리 동네 골목에 오기 시작했고, 우리는 그와 다시 단골을 맺었다.

그렇게 새로운 인도 화폐가 발행되면서 신권을 확보하기 위해 안간힘을 써야만 했다. 대부분의 상거래와 일상이 현금으로 거래되었기 때문에 현금 없이 생활한다는 것은 거의 불가능한 일이었다. 대형 마트나 쇼핑몰에서는 카드를 사용하는 경우가 많지만, 일상생활에서는 거의 현금 거래가 보편적이었다. 대다수의 부자도 현금다발을 들고 다니며 쇼핑하는 모습도 흔하게 볼 수 있다. 물론, 위조지폐도 많아서 모든 매장에서는 점원들이 일일이 지폐를 한 장씩 확인한다.

한번은 쇼핑몰 정기 할인 기간에 맞춰 딸아이 원피스를 산 적이 있다. 마음에 드는 옷을 하나 고른 후 계산대에 섰는데, 바로 앞에서 계산하던 손님이 세일 기간에 맞춰 옷을 산더미처럼 쌓아 놓고 계산하고 있었다. 이런 일은 흔히 볼 수 있는 풍경이다. 문제는 계산원이 산더미 같은 옷을 하나하나 천천히 접어서 가방에 다 담은 후에, 한 뭉치의 현금을 받아 들고는 한 장씩 낱장마다 위조지폐 여부를 확인하고 있었다. 그것도 아주 꼼꼼하게 말이다. 얼마나 속이 답답하던지 하나밖에 없는 내 물건을 먼저 계산해 달라고 조르고 싶어 입이 근질근질했다.

아무튼 인도는 갑작스레 이뤄진 화폐 개혁 후에 사람들이 온라인 뱅크나 페이티엠(Paytm) 같은 전자 상거래를 활용하는 추세도 높아지고, 은행 계좌를 이용하는 사람이나 신용카드를 사용하는 고객도 많이 늘어났다. 어려운 시간을 지나왔지만, 조금은 더 편리해진 상거래를 할 수 있게 되었다. 물론, 부패가 척결되었는지, 검은돈이 사라졌는지는 알 수 없는 일이다.

과연 돈, 화폐는 우리 인간에게 어떤 의미일까?
인간을 어떻게 끌고 가며, 또 어떻게 끌려가고 있을까?
돈은 삶의 우상이 되기도 하고, 사람을 살리는 일을 위해 쓰이는 선한 도구이기도 하다. 하지만, 이런 돈이 휴지 조각 같은 운명에 처할 수 있다는 사실은 내 삶에 큰 충격을 주었다. 돈이란 어느 날은 내 손에 있다가도, 어느 날은 홀연히 내 손에서 떠나갈 수 있다는 것을 알았다.

내 마음대로 주장하거나 붙잡을 수 없는 돈에 대해 조금은 더 연연해하지 않고, 유연한 마음을 갖게 된다면 얼마나 좋을까?

5. 무질서 속의 질서, 인도의 길거리

'빵빵 빵빵, 뚜뚜 뚜뚜, 앵앵 앵앵'

인도의 거리에서 경쾌하기도 하고, 요란스러운 흡사 오케스트라 연주와도 같은 소리가 울려 퍼진다. 볼리우드(Bollywood, 지금은 뭄바이의 변경된 봄베이 'Bombay'와 미국 영화산업인 할리우드 'Hollywood'의 합성어로 인도 힌디어 영화를 말함)라 불리는 거대한 인도 영화 시장 때문인지 할리우드 영화에 인도가 배경인 장면들이 자주 등장하곤 하는데, 영락없이 이 자동차 경적과 오토바이, 오토릭샤들의 시끄러운 소음이 바로 인도임을 알린다. 인도를 대표하고 상징하는 소리가 되어 버렸다.

인도에서는 밖으로 나가면 도로 위에 무질서 속에 정연한 질서가 숨겨져 있다. 실타래가 제멋대로 얽혀 있는 것처럼 무질서한 상태로 보이지만 그 속에 엄연한 질서가 존재한다. 신비롭기까지 하다. 어쩌면 그것이 인도의 매력일지도 모르겠다. 어떻게 설명할 수 없는 그 어떤 끌림과 평화가 깃들어 있어 보인다.

한국에 잠시 나왔다가 인도로 다시 돌아가면 귓속으로 들려오는 빵빵거리는 온갖 교통수단이 질러대는 소리에 오히려 마음이 차분해지기도 하고, 때로는 신경이 곤두서기도 한다. 뭔가 익숙한 소리에 안정감을 느끼기도 하고, 쉴 새 없이 뿜어내는 소음에 짜증이 올라오기도 한다. 후덥지근함을 넘어선 뜨거운 공기와 마치 노래를 하는 듯 고음으로 목청을 높이는 길거리의 발랄하면서도 현란한 소리는 지금 서 있는 이곳이 인도임을 확실히 알려 준다.

처음에는 왜 그렇게 도로가 시끄러운지 이해할 수 없었다. 그토록 심하게 경적을 울려대면 어떻게 운전에 집중할 수 있을지 의아하기까지 했다. 갑자기 정신이 혼미해질 것만 같았다. 중심을 잃고 방향 감각까지 놓치면 가던 길을 마저 갈 수나 있을지 걱정스러울 정도였다. 그러다가 그리 오랜 시간이 지나지 않아 그 이유를 조금씩 알아가기 시작했다. 인도의 도로가 시끄러울 수밖에 없는 이유를. 그리고 아무도 불평하지 않는다는 것도.

인도의 도로에는 차선이나 신호등, 횡단보도가 구분되어 있지 않은 곳이 많다. 대도시나 계획된 도시 안의 주도로 외에는 미비한 상황이다 보니 경적은 교통 법규와도 같았다. 경적은 여러 의미를 지니고 있었다. 매우 중요한 소통의 방법이었다.

'나, 여기 가요. 조심하세요. 기다리세요. 멈추세요. 천천히 가세요. 빨리 가세요.'

도로는 1차선 도로가 어느 순간에 2차선, 3차선이 되었다. 2차선 도로가 4차선이 되어 차들이 늘어서서 주행하는 것을 보고는 아무런 사고가 나지 않는 게 이상해 보였다. 아니 이렇게 시끄럽게 외쳐대는 경적이 아니면 수많은 교통사고가 발생하는 것은 불 보듯 뻔했다. 사실 인도의 도로에서는 살짝 부딪히거나 심지어 자동차의 사이드미러가 부러지는 일과 같은 접촉 사고가 있어도 개의치 않고 유유히 사라져 버린다.

나도 한번은 작은 인도 용달차 템포가 내가 운전하는 자동차 곁으로 가까이 붙어오다가 왼쪽 사이드미러와 부딪힌 일이 있었다. 그 운전자는 도로 한가운데 있는 내 자동차는 아랑곳하지 않고 쏜살같이 내뺐다. 바로 눈앞에서 달아나는 차량이 보였지만 어찌할 도리가 없었다. 그저 눈물을 머금고 거금을 들여 새로운 것으로 교체해야만 했다. 한번은 집 앞에 주차해 놓은 우리 자동차의 오른쪽 사이드미러를 누군가가 치고 달아나 길바닥에 내동댕이쳐진 일도 있었다.

인도의 도로 위에서 주행하는 차들 간의 간격이 기본 30센티 정도라면 얼마나 가까이 서로 붙어서 달리는지 상상이 갈 것이다. 생각만 해도 아찔하다. 그러다 보니 우리 차도 주행 중에 트럭이 사정없이 다가와 사이드미러를 밀어 떨어트리고는 그냥 쓱 가버린 적도 있다.

사정이 이렇다 보니, 인도에서는 자동차의 운전석 양옆에 달려있어야 할 사이드미러가 없는 차를 심심치 않게 볼 수 있다. 새 차를 뽑을 때도 사이드미러는 가격도 비싸고 옵션에서 선택사항이라 아예 사이드미러 없이 새 자동차가 출고되기도 한다. 어떤 차들은 사이드미러가 있음에도 불구하고 아예 접어놓은 상태로 운전하며 다니는 차량도 많다. 사이드미러 없이 하는 운전 기술에 감탄이 절로 나왔다. 정말로 신기했다. 그 복잡한 도로에서 사이드미러 없이도 아무 문제 없이 운전을 해내는 최고의 운전자가 아닐 수 없었다. 어쩌면 그래서 더욱 자동차 경적이 필수가 아니었을까?

인도에서 운전하면서 자동차의 사이드미러를 세 번이나 교체했다. 나는 그제서야 왜 그들이 그렇게 무모하리만큼 사이드미러가 없는 상태로 운전하는지 이해가 갔다. 가까이 밀착해 오는 차량과 부딪히지 않기 위한 방책이었다. 살벌하기도 하고, 스릴 넘치는 인도의 교통 상황이 아닐 수 없다.

처음에는 도로로 나가는 게 공포스러웠다. 극심한 위험이 도사리고 있는 무질서한 도로에서의 운전은 엄두도 못 냈다. 초기에는 하는 수 없이 운전기사의 도움을 받다가 어느 정도 인도의 도로 상황에 익숙해지고 나서는 직접 운전을 하기 시작했다. 오른쪽이 운전석인 인도의 자동차는 미리 우리가 영국에서 거주할 때 같은 방향으로 운전을 해보았던 경험이 있었던 터라 시도해 볼 만했다. 마침 우리는 영국 운전면허증도 가지고 있었다. 한국에서 국제운전면허증을 준비해 가서 운전하다가 인도에서 운전면허 시험을 보고, 도로 운전 연수도 받았다. 마침내 인도 운전면허증까지 취득했다. 우리에게는 엄청난 도전이었다. 커다란 용기가 필요한 일이 아닐 수 없었다. 인도에서 외국인들은 거의 직접 자동차를 운전하지 않았다. 할 수가 없었다. 도로 사정은 만만치 않았다. 그만큼 위험부담이 큰 도전이었기에 대부분의 한국 사람도 어지간하면 직접 운전하려고 하지 않았다.

사람들의 무단횡단은 일상이었으며, 도로 역주행도 일상처럼 마주하는 일이었다. 심지어 고속도로에서도 역주행하며 달려오는 차를 마주한 적이 있을 정도였으니 더 말할 필요가 없다. 역주행하는 자동차가 오히려 경적을 크게 누르며 길을 비키라고 당당히 달려오는 광경을 수없이 목격했다. 등줄기에 땀이 쭈욱 흘러내리고, 온몸의 신경이 바늘처럼 솟아올랐다. 얼마나 무섭고 당황스러운지 역주행하는 차를 오히려 알아서 피해 가야만 했다. 액션영화에 나올법한 장면들을 직접 경험하기도 하고, 보기도 했다.

딸아이와 나는 좁은 길 건너 동네 슈퍼에 갈 때도 온갖 자동차와 오토릭샤가 뒤섞여 있는 길을 미처 건널 틈을 얻지 못해서 우두커니 서 있을 때가 많았다. 길을 건너지 못하는 우리를 위해 가게 점원이 직접 길을 건너와 우리를 도와 길을 건너도록 해 주곤 했었다. 사람들의 도움을 받을 수밖에 없었다. 그곳에서 길을 건너는 일은 우리가 감당해야 할 엄청난 모험과도 같았다.

게다가 도로에서 소를 만나는 일도 종종 있다. 주인이 있는 소부터 주인이 없는 소들까지 자동차를 전혀 두려워하지 않고 거리를 배회하는 무리가 많았다. 신호등의 빨간불이 켜진 것처럼, 무조건 소를 만나면 어디서든 멈춰서야 했다. 소들이 안전하게 다 길을 지나갈 때까지 기다려줘야만 했고 잘못해서 자칫 자동차로 소를 치기라도 하면 경찰서에 가서 엄청난 벌금을 물어야만 한다. 소를 신성시하고 경외하는 인도 사람들에게는 소가 길을 안전하게 지나가도록 기다려 주는 일은 그리 힘든 일이 아니다. 그럼에도 어찌 된 일인지 가끔 큰 도로 위에서 큰 소의 사체를 보기도 했다. 늘 조심하고 또 조심해야만 했다. 인도에서 자동차 운전 경험이 있다면, 이 세상 그 어느 곳에 가서도 문제없이 자동차를 운전할 수 있지 않을까?

한번은 나도 무단횡단하던 인도 여성으로 인해 괴로운 사건으로 곤란에 처했던 경험이 있다. 말로 다할 수 없는 고통스러운 시간이었다. 하지만, 그 일을 통해 하나님의 마음을 조금이나마 더 알고, 용서를 배울 수 있었다.

반면에 감사한 일도 여럿 있었다. 인도에서 처음 운전을 시작했을 때는 내비게이션 없이 지도를 보며 길을 찾아다녀야만 했다. 복잡한 골목으로 들어서면 방향 감각을 잃어버리는 순간 다시 길을 찾아 나오는 일은 미로를 통과하는 것만큼 어려웠다. 당시에는 얼마나 길이 얽혀있는지 인도의 복잡한 지도를 내비게이션에 담아내는 것은 불가능할 거라는 얘기도 있었다.

한번은 지인들과 함께 저녁 식사를 마친 후 차가 없는 친구를 집에 데려다주기로 했었다. 아무래도 직접 데려다주는 것이 안전했기 때문이다. 안내를 따라 친구를 집에 무사히 내려 주고는 다시 우리 집으로 돌아오던 길이었다. 아무리 정신을 번쩍 차리고 기억을 더듬어 길을 찾아 나와도 계속 제자리만 뱅글뱅글 돌고 있는 것만 같았다. 길을 잃고 말았다. 캄캄하고 어두운 인도의 골목길을 계속 돌고 돌아도 큰 길이 있는 밖으로 빠져나올 수가 없었다. 그야말로 앞이 캄캄했다. 이제 친구 집도 어디인지 찾을 수 없게 되었다.

그때 마침, 동네를 순찰하던 인도 경찰이 보였다. 길을 잃었다고 도와달라고 요청했더니, 마치 우리를 기다리고 있었다는 듯이 친절하게 설명하다가 아무래도 외국인인 우리가 어설퍼 보였는지 직접 경찰차를 운전하며 자신을 따라오라고 했다. 경찰차가 직접 호위하여 마침내 내가 알고 있는 큰 메인도로까지 데려다주고는 인사를 남기고 떠났다. 평소에 위협적으로만 보이던 인도 경찰이 얼마나 따스하고 감사했는지. 고맙다는 인사를 몇 번이나 했는지 모른다. 그저 고개를 숙이며 두 손을 모아 합장하여 감사 인사를 드리고는 무사히 집으로 돌아올 수 있었다.

지금이야 인도의 인터넷망이 많이 좋아지고, 구글 지도도 많이 정리된 상태라 내비게이션의 도움을 받을 수 있게 되어 얼마나 감사한지. 물론, 아직도 이정표를 보거나, 머릿속에 있는 지도를 따라 길을 물으며 목적지를 찾아가는 것이 다반사다.

한국에서 신호등과 과속 카메라며 수많은 교통 법규에 따라 질서 정연한 도로를 운전하다가, 인도로 돌아갔을 때 느껴지는 그 무언가의 평안함과 안도감은 과연 무엇이었을까? 무질서 속 질서에 익숙해져서일까?
'무질서 속의 자연스러운 질서'
물 흘러가듯, 그 어지러운 교통 상황 속에서도 질서는 존재했다. 뭔가 자유로움을 느꼈다. 알 수 없는 편안한 자유로움. 가끔 그러한 여유로움이 그리울 때가 있다. 격식과 질서를 초월한 자유 그리고 그 속에 존재하는 질서를 생각해 본다.
뒤엉켜진 온 우주 속에 분명하게 존재하는 창조 질서를.

6. 인도와 책 그리고 북카페

처음 인도에 갈 때, 나는 인도에 북카페를 만들겠다는 포부를 갖고 있었다. 영국에서 지낼 때 모아둔 영어 원서로 된 고전 소설부터 영어 동화책까지 모두 컨테이너에 싣고 갔다. 우리나라에서 이사할 때도, 한국에서 영국으로, 영국에서 한국으로, 다시 한국에서 인도로 그리고 인도에서 또다시 한국으로 해외 이사를 하는 중에도. 배로 또는 비행기로 짐을 정리하고 옮기는 중노동을 할 때마다 산더미 같은 무거운 책을 포기하지 못했다.

처음 한국에서 영국으로 유학을 갈 때는 한국에서 남편의 책을 정리하며 큰 리어커에 세 번을 가득 실어서 헌책방에 가져다주고는 커피값을 받았다. 인도에서 한국으로 나올 때도 짐을 정리하며 주인도 한국문화원 도서관과 벧엘한인교회에 책을 기증했다. 우리에게 꼭 필요하다고 여겨지는 책만 상자에 담아 맡겨 놓고 왔다. 그래도 포기할 수 없는 책이 여전히 많다.

우리는 왜 그렇게 책에 대한 욕심이 많을까?

인도에서 잠시 한국에 방문할 때면 무게가 나가는데도 꼭 몇 권이라도 사서 가져가곤 했다. 비행기로 일 인당 가져갈 수 있는 화물의 무게가 최대 20킬로그램임에도 불구하고 그렇게 했다. 때로는 짐을 다 부치고 나서 인천공항 서점에서 몇 권의 책이라도 골라서 비행기에 몸을 싣고 떠났던 적도 여러 번 있었다. 그러다 보니 우리 집에 놀러 온 인도 친구들은 언제나 한국에서 가져간 큐빅이 박힌 삼성 양문형 큰 냉장고와 책이 가득 꽂혀있는 서재에 시선이 꽂혔다. 하나 같이 마치 우리 집이 도서관 같다고 했다.

나는 여전히 인도에서 북카페를 하고 싶은 열의를 지니고 있었다. 이런 꿈을 지인들과 나누었다.

"북카페를 열고 싶어요. 그래서 인도 사람들이 책을 많이 읽도록 할 거예요."

"글쎄요, 인도 사람들은 책을 잘 안 읽어요."

"그러니까 읽게 만들어야죠."

내게 이런 계획을 들으면 영락없이 선배 선생님께서는 회의적으로 말씀하셨다. 그때만 해도 나는 자신만만했다. 의욕이 앞서 있었다. 사실 인도 사람들이 책을 읽지 않는 것은 아니지만 대부분의 인도 사람은 책을 읽지 않는 것처럼 보였다. 하지만, 한 사람이라도 같이 책을 읽고 커피를 마시는 사람이 있다면, 그 어느 것도 문제가 되지 않으리라 생각했다. 그리고 인도에 살면서 그 이유를 조금씩 이해하게 되었다.

인도에는 무려 삼천 개 이상의 언어가 존재한다. 좀처럼 믿기지 않는다. 그러나 그들이 실제로 일상생활에서 사용하는 언어들과 매일 같이 나오는 일간지의 언어들만 보아도 믿기 힘든 사실이 실제인 것을 곧 확인하게 된다. 보통 내가 만나는 인도 사람들은 언어를 두세 개는 기본으로 구사했다. 영어와 힌디어 그리고 고향 언어에 친구네 언어뿐만 아니라 친할머니네 언어와 외할머니 언어, 아버지 고향 언어와 엄마 고향 언어 따로 하며 셀 수 없는 언어 홍수 속에 살아가고 있다. 그러다 보니 한 가지 언어를 깊이 하는 게 아무래도 어려운 거 같아 보였다. 말을 할 수 있는 것과 책을 읽고 쓰는 것은 차이가 있다는 것을 알게 되었다.

힌디어를 사용하지만, 힌디어 책을 잘 읽지 못하며, 영어를 말하지만, 영어책을 읽기는 쉽지 않은 것을 종종 보았다. 이렇듯 다양한 언어에 노출되다 보니 아무래도 한 가지 언어로 깊이 있는 책을 읽기가 힘든 이유가 되었으리라 생각한다. 이러한 배경을 지닌 인도 친구들이 우리 집 서재에 꽂혀 있는 책들을 보면 마치 도서관에 온 듯한 느낌이 드는 것은 당연했을 것이다. 사실 내가 인도 사람들의 집을 방문해 보아도 우리 집 서재에 꽂힌 책 분량만큼 책을 가지고 있는 집이 거의 없었다.

그러다 보니 오히려 다양한 언어 환경이 아니다 보니 한국어를 모국어로 잘 구사하는 우리가 책을 읽기에는 유리한 점을 가졌을지도 모른다. 아무리 책을 안 읽는다 해도 누구나 쉽게 책 읽기에 도전할 수 있지 않겠는가? 유난히 책을 이고 지고 살아가는 한국인들은 지적 욕구도 강하고, 책을 가지고 있으면 왠지 마음이 편안하고 안정을 얻게 하는 신경안정제의 역할을 하는 건 아닌지 모르겠다. 문득 궁금해진다.

우리나라의 아이들처럼 가정에 많은 책을 소유하고 있는 민족이 세상 어디에 있을까?

아무튼 나는 인도에서 북카페를 끝내 시작하지 못하고 귀국했다. 결국, 한국에 와서야 시골 한적한 곳에 북카페를 열게 되었다. 인도에서 하지 못했던 숙제를 여기서나마 할 수 있게 된다면 그것도 괜찮다고 생각했다. 인도 사람들에게 책을 더 많이 읽게 할 수 있는 일을 하지 못하고 돌아와서 마음의 빚을 갚고 무거운 짐을 벗을 수 있게 되길 바라는 마음으로.

7. 밤중에 맞이하는 신랑 신부, 인도의 결혼식

　인도의 결혼식은 밤에 열린다. 성경 속에서 보았던 혼인 잔치와 닮아 있다. 나는 인도에서 마침내 그 결혼식의 장면을 이해하게 되었다.

　인도에서 첫 겨울을 보내던 어느 날, 한밤중에 들리는 커다란 음악 소리에 깜짝 놀라 잠이 깼다. 알고 보니 이웃에서 결혼식이 열렸다. 밤새도록 음악 소리와 북적이는 사람들로 아침까지 잠을 이룰 수가 없었다.

　처음에는 '이웃에게 참 예의가 없다'라는 생각에 언짢기도 했다. 다른 사람들에게 이렇듯 피해를 주는 결혼식을 과연 축하해 줘야 할지 망설여지기까지 할 정도였다. 한밤중에 울려 퍼지는 결혼식의 쿵쾅거리는 리듬 소리가 얼마나 소란한지 도저히 잠을 이룰 수가 없었다. 동네 사람들의 흥겨운 결혼식 잔치 소리는 뜬눈으로 밤을 지새우게 만들곤 했다. 하지만, 아무도 민원을 넣거나 불평하는 사람이 없었다. 우리도 서서히 타 문화권에 살면서 서로의 문화를 존중해 주는 법을 배워가기 시작했다.

　요즘은 호텔이나 홀을 빌려서 결혼식을 하는 경우도 많아졌지만, 보통 신부의 집에서 결혼식을 올린다. 우리나라와 결혼식이 너무 달라서 쉽게 한 마디로 설명하기가 어려운 인도의 결혼 문화지만 간략하게 살펴보고자 한다.

　춤과 음악이 빠질 수 없는 인도 발리우드 영화를 경험해 보면서, 인도 영화 〈퀸〉(*Queen*)을 한 번쯤 보면 어떨까?

　바나나 껍질을 벗겨 촉촉하고 부드러운 바나나 맛을 느껴보듯 인도의 결혼에 대해 사실적으로 이해하는 데 도움이 되리라.

　여주인공 라니는 부모님께서 정해주신 예비 신랑과 약혼식을 하고 결혼식을 기다린다. 집안 대 집안이 만나 가족을 이루는 인도 특유의 성대한 결혼식을 한창 준비하던 중에 신랑이 될 약혼자가 라니에게 결혼식을 도저히 할 수 없다고 선포해 버린다. 엄청난 수치와 괴로움을 당한 여주인공, 파혼을 당한 라니가 인도 사회에서 겪게 되는 차마 감당해 내기 어렵고 힘겨운 과정을 극복해 내면서 당당한 한 여성으로 성장해 가는 이야기이다.

아직 인도는 80퍼센트 이상이 부모님께서 정해준 사람과 가정을 이루는 가문과 가문이 결혼하는 풍습을 지키고 있다. 그래서 결혼 전에 신랑 신부가 겨우 두세 번 정도만 만나고 결혼하는 경우가 허다하다. 지금이야 인도의 젊은이들이 소셜미디어를 통해 자유롭게 대화할 수 있게 되었다고 하지만, 격식과 예식을 따르는 일생에서 가장 큰 일이기에 예비 신랑 신부 마음대로 주장하기에는 무리가 따를 것이다. 시대가 변하니 문화도 함께 변하기도 하겠지만 말이다.

그래서 '우리의 경우는 먼저 사람을 만나서 사랑을 하고 결혼에 골인한다면, 인도 사람들은 결혼과 함께 사랑이 시작된다'고 말하기도 한다. 그럴싸한 이야기다. 어찌 보면 그 말도 일리가 있다. 인도 사람들에게는 결혼이 사랑의 시작일 수 있다. 서로가 마음에 든다면 말이다. 행여 서로에게서 사랑을 느끼지 못한다면 불행한 결혼이 되기에 요즘 인도에도 이혼율이 높아지고 있다.

어쩌면 영화 〈퀸〉(Queen)의 남자 주인공이 불행한 결혼을 예견하고 결혼식이 열리기 전에 파혼을 선포하기까지 어마어마하게 큰 용기가 필요하지 않겠는가?

인도에서는 종종 이런 일이 실제로 일어난다.

나의 소중한 친구 쉬루띠(가명)도 정혼한 약혼자가 있었지만, 무슨 일인지 신랑 측에서 결혼식을 계속 미루게 되었다. 나중에 알고 보니 신랑 측에서 사업 자금을 위한 다우리(Dowry, 결혼 지참금)를 요구했으나, 대리석 사업을 하는 쉬루띠의 부모는 응하지 않았다. 결국, 라자스탄의 유지였던 그들은 신랑 측의 파기로 그 결혼을 없던 일로 마무리하고 말았다. 고통스러워하던 친구를 곁에서 함께 지켜보며 얼마나 마음이 아팠는지. 지금도 돌아보면 가슴이 무너져 내린다. 델리대학교에서 영문학을 공부하고, 대학원에서 인사관리학을 공부한 친구는 마음도 다정하며 반듯한 재원으로 누가 봐도 최고의 신붓감이었다.

그녀가 감당해 내기 어려운 칠흑 같은 고통의 시간을 어떻게 이겨냈을지, 그녀를 그저 안아주고 싶었다. 내 두 눈에도 눈물이 차올랐다.

영화 속 이야기를 바로 가까이에서 보았다. 여자로서 겪고 싶지 않은 경험, 피할 수만 있다면 피하고 싶고, 마주하고 싶지 않은 일을 직면하는 그 순간이 얼마나 냉혹하고도 힘겨운 길고 긴 어두운 터널과 같았을지 그 심정을 어떻게 다 알 수 있을까? 차마 아무에게도 말할 수 없는 고독과 시름 가운데 있을 때 그녀와 함께해 줄 수 있어 감사했다. 당당하게 일어나 다시 일상으로 돌아와 미소 짓던 멋진 그녀의 얼굴은 세상에서 가장 아름답고 당당한 용기 있는 여성의 모습이었다. 그녀를 응원한다.

인도 사람들에게는 결혼식이 부와 명성을 맘껏 자랑하고 뽐내는 기회이다. 인도 사람들이 결혼식을 위해서 보유한 자산을 다 사용할 정도로 투자해서 호화롭게 결혼식을 한다. 돈이 없으면 결혼식은 거의 불가능하다. 큰돈이 필요하기 때문이다. 인도에서는 오랜 전통으로 여자들이 결혼 지참금(다우리, Dowry)을 준비해야만 했다. 이런 제도 때문에 일찌감치 여아를 낳는 것을 꺼리거나 심지어 영아 살해가 일어나기도 하며 사회적으로 큰 문제로 대두되었다. 그래서 현재 다우리는 인도 정부에서 공식적으로는 불법이라고 법제화시켜 명시했다. 하지만, 실제로는 결혼을 준비하면서 여전히 신부 측에서는 자동차며 보석, 오토바이 등을 신랑 측을 위해 준비하는 경우가 다반사다.

2018년도에 인도의 세계적인 재벌 그룹 릴라이언스(Reliance) 회장 무케시 암바니의 아들과 딸의 결혼식이 열렸는데, 과연 초호화 하객들(토니 블레어, 힐러리 여사, 이재용 부회장 등)과 결혼식 축가를 부르기 위해 온 비욘세를 위해 비행기 착륙장을 특별히 따로 준비하면서까지 대대적으로 세계적인 결혼식으로 거행했었다. 결혼식 장소였던 우다이푸르(Udaipur)의 지역 주민 5,000여 명을 위해 결혼식 만찬을 베풀었다고 한다. 그야말로 인도 결혼식의 진수를 보여 줬다고 할 수 있다.

올 7월에도 그의 막내 아들 아난트 암바니가 초호화 결혼식을 올릴 예정이다. 얼마 전에는 미리 결혼식 전 축하 파티를 열어 마크 저커버그와 리한나, 빌 게이츠를 비롯하여 볼리우드의 스타 샤루크 칸과 아미따 바천을 초대했다. 그야말로 어마어마하게 성대한 결혼식을 올리며 거액의 돈을 쓰고 있음을 보여 준다.

인도에서는 대부분 미리 약혼식을 한다. 이때 반지를 교환하고 예비 신랑 신부가 정식으로 만난다. 혹여라도 서로가 마음에 안 들기라도 하면 큰일이다. 사실 약혼을 하기 전에 혼인할 의사가 없으면 사유를 들어 서로의 자존심을 상하지 않도록 정중하게 거절하곤 한다. 가문과 가문의 만남이니 더없는 예의와 법도를 지키는 것은 서로가 지켜야 할 배려이기 때문이다.

인도에서 결혼식 청첩장을 받으면 깜짝 놀라고 만다. 무슨 선물이나 앨범인 줄 알고 잔뜩 부푼 기대를 품고 펼쳐보면 단순한 청첩장이라는 데에 다소 실망하여 아쉬움이 남는다. 나도 그런 경험이 있다. 마치 큰 책을 선물 받는 느낌이었다. 청첩장은 두껍고 화려하며 호화롭다. 나중에 그것을 버리려고 하면, 상당히 아깝고 미안한 마음이 들 정도이니 얼마나 그들이 결혼식에 전심을 쏟아붓는지 알 수 있는 대목이다.

인도에서도 우리와 같이 축의금으로 축하의 마음을 전한다. 정성을 모아 선물을 하기도 한다. 인도의 힌두 사상에서 흘러나오는 예와 축복의 의미로 축의금은 꼭 홀수 금액으로 주는 관습이 있다. 그러니 아예 시중에서 판매하는 색색의 아름다운 자수로 수놓은 축의금 봉투에는 아예 1루피가 붙어 있다. 따로 홀수로 금액을 맞출 수고로움을 덜기 위해서다.

인도의 결혼식은 하루로 끝나지 않는다. 신랑 신부는 노란색 옷을 입고 노란 강황 가루인 할디(Haldi)를 얼굴과 몸에 바르는 의식으로부터 결혼식을 시작한다. 결혼식의 순서 하나하나가 모든 과정 가운데 그 의미가 내포되어 있다. 길고 거창하며 복잡한 결혼의 예식 순서가 이어진다. 신랑의 어머니는 아들의 머리에 힌디어로 다히(dahi)라 하고 인도식 영어로 커드(curd, 인도 요거트)라고 하는 하얀 요거트를 발라 주는 것으로부터 시작하는데, 인도 요거트인 커드가 머리를 좋게 하며, 맑은 기운이 생기며, 번성케 하기 위한 것이라 한다.

또한, 강황 가루인 할디를 신랑 신부의 몸에 듬뿍 바른다. 할디 속에 들어 있는 몸에 좋은 성분이 결혼식을 거행하는 당일에 신랑 신부의 피부를 최대한 부드럽고 윤기가 나도록 미리 준비하는 의식이다. 그와 함께 신랑 신부의 손과 발에 헤나(메헨디, Mehendi)로 그림을 그려 수를 놓는다. 염료와 같은 헤나로 손과 발에 화려하면서도 섬세한 인도식 문양을 그려 놓는 메헨디의 색상이 진하면 진할수록 좋은 기운이 생긴다고 여긴다.

결혼식에서 빼놓을 수 없는 상기따(Sangita, 인도 음악이라는 뜻이지만 결혼식 전에 미리 열리는 파티의 일종)는 신랑 신부가 각자의 친구들을 불러서 춤추고 노래하며 맛있는 음식을 나누는 파티이다. 이 파티를 위해 친구들은 기꺼이 미리 결혼식을 위해 휴가를 내고 상기따 파티에 참석해서 마음껏 축복하며 축하해 준다. 영국에 거주할 때도 파키스탄 친구 즈바이더 집에서 열린 상기따 파티에 친구들과 함께 초대받은 적이 있다. 인도에서는 주로 결혼식에만 참석하곤 했다. 나의 친구 스웨따가 결혼식을 했더라면 분명히 상기따에 참석했을 것이다. 나의 형제와 같았던 자무는 아쉽게도 내가 한국에 있을 때 결혼식을 올리는 바람에 참석하지 못했다. 아쉬운 대로 영상으로나마 흥겨운 자무의 상기따 파티에 참여하여 축하 분위기를 누릴 수 있었다.

힌두 결혼예식에는 신랑 신부에게 화려하고 두툼한 꽃목걸이를 걸어주고, 오래오래 함께 잘 살라는 의미로 신랑 신부가 불 주위를 일곱 바퀴 도는 예식을 한다. 그리고 신랑과 신부의 이마 미간 사이에 빨간색 신두(Sindoor, 가루로 된 빨간색으로 손가락으로 찍어 이마에 바르는 예식)를 발라 준다. 이제부터 신부는 결혼한 여인이 되었다는 상징을 보여 주는 의식이다. 따라서 인도에서 여자들의 미간 중앙에 바르는 빨간색 점은 결혼한 여성임을 나타내는 표시가 된다. 사실 인도에서는 남녀를 불문하고 힌두 예식이 열릴 때마다 이 의식을 빠뜨리지 않는다.

길고 긴 결혼식을 마치면 마지막으로 비다이(Bidai) 의식을 행한다. 이제 신부가 본가 집을 떠나 남편을 따라 떠나가는 시간이다. 이 시간은 신부가 그의 가족들과 이별의 눈물을 흘리는 슬픈 헤어짐의 시간이다. 지금이야 시대가 많이 변해서 서로 쉽게 왕래할 수 있지만, 워낙 넓은 대륙에 살다 보니 결혼식을 하고 나서 신부가 부모를 떠나면 자주 만나기가 어려웠기 때문이다.

기쁘고 행복한 결혼식이지만 받아들여야만 하는 이별의 아픔은 어찌 하겠는가?

지금도 대부분 인도의 힌두 결혼식에는 이와 같은 길고 긴 결혼 예식 순서를 따르고 있다. 이런 복잡한 결혼식의 과정을 다 마치기까지 신랑 신부는 마치 중노동을 하는 것과 같아 녹초가 되어 버리고 만다. 그러다 보니 결혼식 후에 바로 신혼여행을 떠나지 않는다. 수일 동안 진행된 결혼식을 마무리하고 지친 몸을 쉬어 주고 나서야 신혼여행을 떠난다. 인도에도 인기 있고 아름다운 신혼여행지가 많다. 특히, 라자스탄의 우다이푸르(Udaipur), 인도양의 안다만 니코바르 섬(Andaman & Nicobar Islands)과 히말라야의 무수리(Mussoorie)와 마날리(Manali)는 널리 알려진 유명한 곳이다. 영화 〈퀸〉(Queen)에서처럼 미리 해외여행을 예약해서 떠나는 경우도 많다. 영화 속 여자 주인공 라니가 신혼여행으로 예약해 둔 티켓을 취소하지 않고 홀로 신혼여행지로 계획했던 유럽으로 여행을 떠났던 것처럼.

우리 동네에서도 종종 결혼식이 열렸다. 결혼식 시즌이 되면(특히, 겨울 1월과 2월 사이), 대로변과 골목길에서 하얀 백마가 이끄는 마차와 호화스러운 악단을 자주 목격했다. 그야말로 백마 탄 왕자님이 된 인도의 새신랑을 위해 준비된 것이었다.

세계에서 가장 화려한 결혼식을 꼽으라면 단연코 인도의 결혼식일 게다. 그 어느 나라도 따라가기 어려울 만큼 거창하기만 하다. 나도 지인들의 결혼식에는 항상 실크 비단이나 순면 원단 위에 수많은 반짝이가 박힌 화려한 색상의 사리나 인도 전통의상을 입고 참석했다. 결혼예식이 있는 당일에는 보통 밤 9시에 가서 온 도시를 집어삼킬 만큼 크게 불러대는 음악에 맞춰 춤을 추거나 준비된 음식을 먹으면서 신랑 신부를 기다렸다.

신랑 신부는 보통 자정이 넘어서야 화려한 전통 예복을 입고 기념사진 촬영을 위해 마련된 무대에 등장한다. 신랑 신부와의 기념 촬영을 위해 줄 서서 기다리기를 반복하다가 기념 촬영을 마치기가 무섭게 부리나

케 집으로 돌아오곤 했던 기억이 선하다. 그렇게 서둘러도 거의 밤 1시나 2시가 되어야 귀가할 수 있었다. 늦은 밤까지 이어지는 긴 인도의 결혼식은 멋지고 낭만적이지만 한편으로는 지루하기 짝이 없기도 했다. 특히, 겨울에는 밤중에 느껴지는 싸늘한 기운이 얇은 사리를 걸치고 있는 몸을 더 힘들게 했던 것 같다.

인도에 있는 기독교인들은 서양식으로 결혼식을 하기도 한다. 인도는 워낙 넓고 방대한 땅이다 보니 사실 결혼식 문화도 지역에 따라 차이가 있다. 그야말로 어느 하나만으로 인도의 결혼예식을 모두 설명할 수는 없다.

굳이 저렇게 큰 비용을 들여서까지 화려한 결혼식을 할 필요가 있을까 하는 생각이 들기도 했지만, 한밤중에 이루어지는 인도의 결혼식을 보면서 성경 속에서 보았던 혼인 잔치를 눈으로 직접 보며 실제로 경험하는 것만 같았다. 기름을 채우고 신랑을 기다리던 열 처녀와 가나 혼인 잔치의 사건이 바로 눈앞에서 그대로 재현되어 펼쳐지는 듯했다. 어쩌면 우리의 결혼식이 너무 가볍고 짧은 형식에 의해 쉽게 마쳐버리는 것은 아닌지 생각해 보게 되는 부분이었다.

우리도 조금은 더 진지하고 성스러운 결혼식이 필요하지 않을까?

하루에 여러 팀의 결혼식이 연이어 진행되는 상황은 늘 마음 한구석을 불편하게 만든다. 우리의 결혼식이 너무 가벼이 취급되지 않았으면 하는 작은 바람이 있다. 인도만큼 거하고 요란하게 하는 것도 부담스럽지만 말이다.

8. 인도의 불꽃 축제, 디왈리(Diwali)

딩동딩동 핸드폰에서 메시지가 계속 울렸다.

"Shubh Dipawali(서브 디빠왈리)".

인도의 가장 큰 명절인 디왈리 축하 메시지를 받았다. 나도 축하의 답장을 보냈다. 인도에서는 축제가 빠지면 삶이 아니고, 삶에 축제가 빠질 수 없다. 그중에서도 디왈리 축제는 인도 사람 모두에게 가족들을 만나는 기쁜 명절이자 행복한 날 그 자체다. '빛의 축제 날'이다.

'Shubh Dipawali'는 '해피 디왈리'(Happy Diwali)라는 뜻이다. 정확히 말하면 'Prosperous Diwali', 즉 '번창하는 디왈리'라고 한다.

인도의 '디왈리'(Diwali, 빛의 축제)는 처음 영국에서 알게 되었다. 당시 근처에 살던 인도 친구가 고향 인도의 축제에 대해 들려줘서 알게 되었고, 영국에서 인도 친구 허니와 함께 디왈리 축제를 기념했다. 그때까지 전혀 알지 못했던 인도 사람들의 삶을 영국에서 조금씩 배워 갔다. 인도 친구 허니가 들려줬던 디왈리 축제의 유래에 대해 기억을 더듬어 보자. 아마도 내가 영국에서 들었던 게 디왈리 축제를 이해하기에 쉽지 않을까 생각한다.

힌두교 3대 신 중의 하나인 비슈누(Vishnu)의 화신이자 인도의 옛 왕국 아유댜(Ayodhya)의 왕자인 라마(Rama)가 랑카(Lanka, 지금의 스리랑카)에 붙잡혀 간 아내 여신 락슈미(Lakshmi)의 화신 시따(Sita)를 구했지만, 바다를 건널 수 없었다. 그때 원숭이 신인 하누만(Hanuman)이 수많은 원숭이 군대를 동원해서 바다 위에 길을 만들어 왕자 라마가 그의 아내 시따와 함께 무사 귀환한 것을 축하하며 곳곳에 빛을 밝혔다.

후에 인도 본토에 가서 디왈리에 대한 여러 유래가 있다는 것도 알게 되었지만, 워낙 깊고 방대한 이야기라 다 이해하기가 어려웠다. 나는 이 이야기가 가장 적절하다고 본다. 그나마 내가 이해할 수 있는 신화 속 이야기였다. 그래서인지 디왈리 명절이 시작되기 전부터 인도 본토 전체를 화려한 불빛으로 가득 채운다. 그야말로 불꽃 축제다. 집집마다 온갖 아름다운 불빛으로 집 전체를 물들이며 빛을 밝힌다. 크리스마스트리보다 더 화려하고 강렬한 불빛의 축제를 보여 주고 있다.

큰 명절이자 축제인 '디왈리'는 보통 10월이나 11월에 열린다. 인도의 모든 명절은 힌두교 달력을 따르는데 디왈리도 달의 움직임에 따라 달이 가장 크고 둥근 보름날이 디왈리 축제 날이다. 디왈리는 겨울을 시작하는 명절이기도 하다. 반면에 또 다른 인도의 큰 명절인 홀리(Holi, 바로 이어 홀리에 대해 더 자세히 이야기하려 한다)는 겨울이 지나고 여름의 시작을 알린다.

디왈리는 우리나라의 추석과 비슷하다. 인도 기후에 따라, 추수가 끝나고 함께 감사하며 가족들과 시간을 보내는 명절이기 때문이다. 길고 길었던 무더운 여름날 동안 에어컨과 뺑카(천정 선풍기)를 틀고 얇은 옷으로 몸을 감싸고 있다가 갑자기 추운 기운을 느껴서 긴팔옷과 두터운 옷을 꺼내 입어야 하는 계절의 신호를 알려 준다. 해마다 느끼는 거지만 정말 신기했던 경험이다. 정말 정확하게 디왈리와 함께 기온이 뚝 떨어지곤 했다. 이럴 땐 고대 사람들이 사용했던 태양력이 얼마나 정확했었는지 감탄하지 않을 수 없었다.

인도의 명절은 정말 화려하다 못해 찬란하다. 늘 그렇듯 볼거리가 가득한 축제의 현장을 만든다. 아름답고 화려함의 극치를 보여 주는 인도 빛의 축제 디왈리가 다가오면 모든 여인이 새 옷을 준비한다. 남녀노소 구분할 거 없이 모두 새로운 옷을 장만하고 서로 선물을 주고받는다. 왕족이나 입었을 법한 화려한 색상과 디자인을 자랑하는 인도 전통 의상인 사리를 입고는 손과 팔, 목, 얼굴 그리고 다리에까지 화려한 보석과 헤나로 장식해 아름다운 미를 완성한다. 친척들과 이웃들은 맛있는 명절 음식을 준비해 함께 나누며 세상에서 가장 시끌벅적하고 흥에 겨운 축제를 즐긴다.

우리도 디왈리 축제 때 초대를 받아 가곤 했는데, '사리'(Saree)를 입기도 하고, 인도 사람들과 선물을 나누며 인사를 했다. 집집마다 준비한 인도의 디왈리 전통 음식과 달달한 온갖 종류의 금가루로 장식되기도 한 자그마한 모양의 미타이(Mithai, 인도 스위트)가 줄줄이 담긴 상자를 받아 하나씩 꺼내 먹는 재미도 쏠쏠했다. 무엇보다 인도 가정집에서 코코넛으로 만드는 라두(Laddoo)는 손이 많이 가는 디왈리 음식이지만, 동그랗게 생긴 달고 고소했던 그 맛을 잊을 수가 없다.

우리는 디왈리 때 좋아하던 게 많았다. 특히, '디아'(Diya, 등잔불)와 '랑골리'(Rangoli, 색가루 장식)였다. 디아는 토기로 만든 작은 등잔에 겨자기름을 붓고 직접 손으로 비벼서 만든 목화솜을 심지로 놓고 등잔에 불을 켜서 집 안과 밖 곳곳에 두며 빛을 밝힌다. 힌두 의식에 따른 디왈리 형식 중 하나였다. 이것은 빛을 따라 더 큰 행운이 오라는 의식이다. 작은 등잔불에서 밝히는 노란 빛은 고요하면서도 평화로웠다. 나는 이 '디아'에 담긴 불빛이 은은하고 참 좋았다. 마치 세상의 빛이 되라고 말씀하시는 주님의 고요한 음성을 듣는 듯했기 때문이다.

'랑골리'는 화려한 각종 색깔로 된 색 모래로 장식하는 것을 말한다. 온갖 천연색으로 만들어진 보드랍고 가벼운 색 모래로 집 마당과 현관 입구에 예쁜 다양한 꽃 모양에서부터 다채로운 인도 특유의 아름다운 디자인으로 그림을 그리듯이 장식한다. 처음에는 일부러 만들어 놓은 장식인 줄도 모르고 발로 밟았다가 망가뜨렸던 기억이 있어서 밟지 않으려고 항상 조심조심 발을 내딛곤 했다. 랑골리의 그 보들보들한 느낌이 너무 좋다. 마치 촉감을 살려 주는 색색의 설탕 밀가루처럼. 이렇듯 디왈리는 가장 큰 명절이다 보니 사람들은 선물을 사느라 분주하다. 심지어 그들은 어마어마하게 큰 선물을 주고받기도 하며, 직장에서는 디왈리 보너스와 선물을 필히 준비하곤 한다. 물론, 디왈리 휴가를 아주 길게 잡고, 멀리 고향으로 돌아가기도 한다. 사람들은 디왈리를 기다리며 그날을 기뻐한다. 고향으로 가서 가족들과 친구들을 만나 인사를 나누며 시간을 보낸다. 어느 나라보다도 가족애가 강한 인도 사람들에게 명절에 가족들을 만나지 않는 것은 아예 생각도 할 수 없는 일이다.

물론, 디왈리는 힌두교 명절이기도 하니 각자 집에서 뿌자(Pooja), 즉 우리나라에서 조상들에게 차례를 지내는 것처럼 가장 멋지고 값진 옷을 입고 몸가짐을 바르게 하고 힌두 예식을 치른다. 인도에서 빠질 수 없는 예식이다. 인도의 모든 축제는 종교와 관련되어 있다. 삶 속에 종교가 얼마나 깊이 들어 있는지 축제를 통해 더 잘 알 수 있다.

디왈리가 시작되기 한 달 전부터 색이 바랜 집 벽에 페인트를 칠하고, 집안 대청소를 하며 디왈리를 준비한다. 디왈리가 다가오는 시기에는 어떤 공사를 하거나 수리하는 것도 디왈리가 끝난 이후로 연기를 해야 할 정도로 바쁜 시기다. 모두가 디왈리를 위해 분주하고 바쁘게 움직인다. 전자제품 가게나 쇼핑몰에서는 디왈리 특별 할인 행사를 하며 가는 곳곳마다 사람이 넘쳐난다. 길거리에는 쇼핑하는 사람들로 가득하고, 이동하는 차량으로 도로가 막히기 일쑤이다. 이렇다 보니 어느 때보다도 군중이 많은 시기인 디왈리 축제 기간에는 사건 사고가 많이 일어나곤 해서 어느 때보다도 가는 곳마다 보안이 삼엄하다. 2005년에는 우리가 살던 동네 바로 옆의 델리 사우스 익스텐션(South Extention) 쇼핑 거리에서 테러가 발생해 200여 명의 사상자가 있었다. 그 사건 후에도 여러 차례 테러범으로 인한 공포에 휩싸이기도 했다. 오죽하면 디왈리 때는 사람이 많이 있는 곳에 가지 말라는 조언까지 할 정도다.

아무튼 이토록 요란하고 화려한 디왈리 축제는 빛의 축제다 보니, 온 건물 전체를 형형색색 전구로 옥상에서부터 바닥까지 늘어뜨려 건물 전체를 거대한 크리스마스트리처럼 장식한다. 디왈리가 시작되기 전부터 동네가 환한 불빛으로 가득하다. 우리가 살던 집 4층 높이의 건물도 옥상에서부터 우리 집 안방 창문 베란다를 거쳐 마당에 이르기까지 깜박이는 환한 불빛으로 가득했다. 무엇보다도 디왈리 때 빼놓을 수 없는 건 폭죽놀이다. 밤새도록 여기저기서 폭죽을 터뜨리니 디왈리 때는 일찌감치 조용히 숙면을 취하는 것을 포기해야만 했다. 우리 아랫집에 살던 미국인 로라네 가족은 디왈리가 되면 구르가온의 메리어트 호텔로 일찌감치 피신을 가곤 했다.

이 기간에 얼마나 많은 폭죽을 즐기던지 이 폭죽 연기 때문에 디왈리가 끝나면 앞을 볼 수 없을 만큼 심한 대기 오염으로 숨도 쉬기 어렵고, 학교가 휴교령을 내릴 정도로 극심한 미세 먼지로 고통을 겪곤 했다. 그래서 요즘은 정부에서 강하게 규제를 가하고 있긴 하지만, 이런 즐거움을 포기하지 못하는 사람이 여전히 많이 있다.

"이번 디왈리는 조용해요. 인도 정부에서 강력하게 제재를 가하고 있어서 디왈리가 재미없어요."

시끄러웠지만 행복했고, 사람 사는 냄새 나던 디왈리가 그래도 좋지 않았던가! 그날을 다시 볼 수 있을까? 디왈리 축제를 바라보며 인도 힌두교에 대한 이해가 더 깊어졌다. 그들의 모습은 우리 선조들의 모습과 크게 다르지 않았다. 그들을 존중하는 마음을 배운다. 이제는 미리 차단하거나 거부감으로 도망치지 않는다. 그리고 떳떳하게 말한다.

"저는 창조주 하나님을 믿어요. 언젠가 당신도 하나님을 알게 되길 바라요. 하지만, 당신의 삶을 존중해요."

종종 나는 그들에게서 많은 것을 배웠다.

9. 색색으로 물드는 인도의 홀리(Holi) 축제

　인도는 축제의 나라다. 일 년 동안 거의 삼분의 일이 축제 날이 될 정도로 축제의 종류도 다양하고 그만큼 많다. 인도 사람들은 때마다 이 많은 축제를 마음껏 즐긴다. 홀리는 축제를 통해 계급과 신분을 초월해 하나가 되는 축제다. 그러한 명절이 있어서 다행이고 좋아 보였다. 봄이 되면 색색으로 온 세상을 뒤덮었다. 축제의 뜨거운 열기와 천연색으로 물드는 인도의 홀리 축제는 정말 화려하고 아름다운 색의 축제다.

　홀리는 힌두 축제로 고대에서부터 시작된 인도에서 가장 오래된 명절이기도 하다. 이날만은 모두가 하나가 되는 화합의 축제다. 아이에서부터 어른까지 모두가 예쁜 갖가지 색으로 세상을 물들인다. 남녀노소가 모든 지위를 내려놓고 색으로 어우러져 화합을 이루는 색의 축제다. 가루로 된 좋은 천연색소의 재료는 오래전부터 내려오는 것으로 인체에도 해롭지 않다. 색의 축제인 홀리에는 온갖 천연색이 총출동해 세상에 나온다. 사람들은 그것을 누리고 또 누린다. 온몸을 던져 알록달록 화려한 색으로 감싼다.

　홀리는 인도의 힌두 달력에 따른 인도의 새해라고 할 수 있다. 아직 인도의 명절은 힌두 달력을 따르고 있다. 그래서 해마다 명절의 날짜가 바뀐다. 우리가 음력을 따라 명절을 보내는 것처럼. 단지 우리의 새해가 음력으로 1일을 지내는 반면, 인도의 새해 홀리는 한 해 중에서 가장 달이 둥글고 밝은 정월 대보름과 같은 보름날을 명절로 지키고 있다.

　인도에서 홀리는 추운 겨울이 지나고 봄이 시작되는 새해를 알린다. 홀리가 지나면 추위가 떠나고 따뜻한 봄이 되어 날씨가 더워지기 시작한다. 신기하게도 추워서 히터를 틀다가도 홀리가 지나기가 무섭게 에어컨을 켜야만 했다. 그렇게 홀리 명절은 겨울과 봄을 나누는 경계에 있었다. 그래서 홀리 명절을 맞이하면서, 여름옷을 꺼내고 더위를 대비했다. 디왈리 축제가 여름을 마무리하고 겨울을 시작하는 축제라면 홀리는 그 반대라 할 수 있다.

이날은 모두가 천연색소와 물풍선을 준비한다. 흰색 옷을 입고 모두 나와 서로의 옷과 몸에 색을 입히며 모두 아무 차별 없는 동등한 모습이 되어 함께 웃음 가득한 축제의 시간을 보낸다. 또한 모든 집에서 홀리 음식 구지야(Gujiya)를 만들어 먹는다. 구지야는 한국의 송편처럼 달 모양을 닮았다. 바로 홀리 명절은 음력으로 보름이기에 우리의 추석 명절처럼 보름달을 바라보며 달과 닮아 있는 구지야를 만들어서 축제를 즐긴다. 인도를 들여다 보면 우리와 닮아 있는 부분이 많이 있어서 더 정겹다. 물론, 서로 다른 점 때문에 서로에 대해 배워가며 이해 폭을 넓힐 수 있어서 좋기도 하다.
우리도 명절이 되면 샤이니와 함께 라자스탄에 있는 꺼비타 안띠 집에 놀러 가서 홀리 축제를 즐겼다. 아이는 온몸과 얼굴 손, 발까지 색을 덧칠하고, 옥상에 펼쳐 놓은 천연색소 위에서 뒹굴고 또 구르며 색깔 놀이 삼매경에 빠지곤 했다. 색 가루 위에서 마음껏 뒹굴며, 시간 가는 줄 모르고 색의 향연 속에서 마음껏 누릴 수 있었던 행복한 시간이었다.

홀리를 집에서 보낼 때는 집주인 라즈벤더의 아이들 굴지와 아시스 그리고 그들의 사촌들까지 합세하여 마당에 간이 수영장을 만들어 놓고는 물속에 들어가 축제를 즐겼다. 인도 북부 펀잡 출신인 집주인 라즈벤더는 명절 때가 되면 미리 딸아이를 축제에 초대했다. 그리고 늘 흰색 옷을 입혀서 보내라고 요청했다. 물론, 그날 이후에 버려질 옷을 입혀서 보내야 했다. 머리에서 발끝까지 아이의 온몸과 옷은 온갖 색색으로 물들여질 것이기 때문이었다.

마당에서 깔깔거리는 꼬맹이 아이들의 웃음소리가 그치지 않았다. 맘껏 아무 걱정이나 두려움 없이 원색의 천연색으로 물놀이를 하며 신나게 즐길 수 있으니 그보다 더 행복한 시간이 있을까? 아이들에게는 정말 신나는 홀리 색깔 놀이다. 가장 행복한 순간이 되었다. 잊지 못할 소중한 추억을 한 폭의 그림처럼 선물 받았다. 인도에서만 경험할 수 있는 특별하고도 경이로운 색의 추억을 만들 수 있어서 감사하다.

하지만, 어른인 내게는 그리 썩 유쾌하지 않았다. 발코니에 숨어서 아이들과 인도 사람들은 길을 지나가는 사람들을 향해 색 물풍선을 던졌다. 나는 물풍선을 맞지 않기 위해 매우 조심한다고 했지만, 영락없이 어디선가에서 날라 오는 물풍선 폭탄을 맞아 옷을 버리곤 했다. 물풍선은 머리로, 얼굴로, 몸으로, 어디로 날아올지 몰랐다. 그래서 아래층에 살던 로라네 가족들은 홀리 명절이 되면 역시나 호텔로 가서 휴가를 보내곤 했다.

많은 수의 외국인은 명절이 되기 전에 미리 먹거리를 비축해 놓고 밖으로는 아예 나가지 않았다. 밖으로 나가는 순간 색 물풍선 폭탄이 투하되는 경험을 최대한 피하기 위해서다. 가끔 현관 벨을 누르는 사람들도 있었다. 문을 여는 순간 천연색 가루와 물풍선을 맞이해야만 했다. 처음에는 이런 사실을 눈치채지 못하고 문을 열어 주기도 했지만, 그 후부터는 문을 열어 주지 않고, 꼭꼭 닫아두고 몸을 피할 수밖에 없었다.

주인도 한국문화원 세종학당 학생들도 홀리 명절이 되면 집에서 색색의 가루들을 가져오곤 했다. 얼굴과 머리, 옷에 색이 뿌려지는 것이 조금 불편하기도 했지만, 그들의 축제에 함께하기 위해 밖으로 나가 색의 향연에 함께하곤 했다. 그야말로 어마어마한 용기가 필요했다. 손에 쥐여 주는 색 가루를 뿌려보기도 하고, 내 머리와 몸을 그들에게 맡기고 색색의 가루를 뿌리도록 내어주었다. 덕분에 내 모습은 우스꽝스러워 보였지만, 선생님과 제자, 교사와 학생의 신분을 뛰어넘어 동등하게 색으로 하나가 되는 즐겁고 뿌듯한 경험을 했다.

그날은 웃고 또 웃어도 웃음이 멈추지 않았다. 물 폭탄이 아니라면 괜찮았다. 가끔 짓궂은 문화원 직원들이 물 폭탄을 준비해서 선생님들을 향해 홀리를 경험해 보게도 했지만, 그것만은 너무 싫었던 기억이 있다. 색소가 들어간 물 폭탄이 아닌 천연색 가루라면 그런대로 견딜만했다. 지금도 그때의 사진들을 들춰보면 입꼬리가 절로 올라간다. 우리에게도 더없이 즐거운 홀리 축제였다.

남녀노소, 신분과 계급을 초월하여 모두가 공평하게 하나가 되는 홀리 축제의 날, 앞으로도 이러한 축제가 인도에서 계속되길 바란다. 우리의 삶 속에서도 이런 보이지 않는 차별과 계급을 뛰어넘어 하나가 되고, 자유를 누릴 수 있는 날을 꿈꾼다. 그날이 오기를 고대한다.

제6장
동물들의 천국 인디아

1. 인도 코끼리와 원숭이

천국이라고 표현하는 게 맞을지 모르겠지만, 적어도 내가 볼 때 인도는 동물들의 천국 같았다. 소는 말할 것도 없고, 원숭이 수십 마리, 개, 고양이, 염소, 말, 낙타, 코끼리, 쥐 등 길에서 만난 동물만 해도 그 종류가 정말 다양했다. 그 외에 호랑이나 표범의 출현도 흔했다. 직접 맞닥뜨리지 않은 것만 해도 다행스러운 일이었다. 특히, 원숭이와 코끼리, 소는 인도의 신 중 하나에 속한다. 인도인들은 이러한 동물을 신성시하기 때문에 힌두 신들의 모습 속에서 이들의 모습을 쉽게 볼 수 있다. 하지만, 이상하게도 호랑이나 표범은 다른 동물들에 비해 그리 신성시하지 않는 것 같았다.

인도 사람들은 특히 앉아있는 사람의 몸에 코끼리 얼굴을 한 가네샤(Ganesh) 신을 좋아한다. 인도의 크고 작은 가게와 식당에 가면 어김없이 이 가네샤 신상을 한쪽 구석에 모시고 있다. 그리고 정한 시간이 되면, 가게마다 향을 피우고 뿌자(Pooja, 힌두 제사 의식)를 하는 것도 쉽게 볼 수 있다. 장사가 잘되고, 사업이 번창해 부자가 되게 해달라고 기도하는 의식으로 생각하면 된다. 인도 여자들의 이름 중에 '뿌자'(Pooja)라는 이름을 쉽게 볼 수 있는데, 이러한 힌두 의식, 곧 제사나 '예배'(Worship)의 의미를 지니고 있다.

하지만 현실에서는 코끼리가 힘겨운 노동을 한다. 라자스탄 자이푸르(Rajasthan Jaipur) 근처의 황무지 바위산 위에 지어진 천 년 이상의 역사를 지닌(A.D. 967) 아메르 포트(Amer Fort)에 가면 가파른 바위성을 걸어서 올라가기 힘들어하는 관광객들을 코끼리가 실어 나르고 있다. 나도 덕분에 코끼리를 타봤는데, 무서워서 몸을 움직일 수가 없었고, 큰 눈을 껌벅거리며 무더운 사막 기후에 무거운 사람을 두세 사람씩 태우고 오르내리는 코끼리가 안쓰러워 보이기까지 했다. 오래전에는 전투에서 코끼리 부대가 전쟁 도구로 사용되어 승리를 이끌기도 했으니, 천하무적 코끼리지만 고달프기 짝이 없다.

또 다른 인도의 신은 일반 서민들이 좋아하는 하누만(Hanuman)이다. 하누만은 인도에서 힌두 신 중에서 가장 하위의 낮은 신이다. 하누만 신은 머리와 얼굴이 원숭이며 긴 꼬리가 달렸으며, 사람의 몸통을 하고 다리가 길어 키가 크다. 인도인들은 하누만 신이 가장 기도를 잘 들어주는 신이라 여겨 이 원숭이 모양을 한 하누만 신에게 기도를 드리며 헌금을 한다. 중국 명나라의 유명한 소설 『서유기』에 등장하는 '손오공'이 인도에서 명나라로 넘어간 하누만 신을 보고 만들어졌다는 설도 있다. 이렇듯 원숭이 신이라 할 수 있는 하누만 신은 지금도 인도에서 힌두교도에게 사랑받는 신이다. 그래서인지 인도에 가면 지금도 길거리나 주택가에서 원숭이를 흔하게 볼 수 있다. 인도에서 쉽게 만날 수 있는 동물이다.

우리 동네에도 원숭이 가족이 살고 있었다. 아이들은 공원에서 놀다가 원숭이가 나타나면 비상이 걸리곤 했다. 사실 원숭이는 생각보다 공격적이고 위험한 동물이라 항상 조심해야 한다. 원숭이에게 물리면 즉시 병원에 가서 주사를 일곱 차례나 맞아야 할 정도다. 인도의 길거리에서 만나는 수많은 개에게 물리면 병원에 가서 최소한 주사를 두 번 맞아야 하는 것에 비해 원숭이에게 물리면 그보다 훨씬 치료에 신경을 써야 한다. 그만큼 원숭이에게 물리면 더 위험하기 때문이다.

세계적으로 유명한 7대 불가사의 중 하나인 타지마할(Taj Mahal)에 가면, 입장료를 내고 들어가는 게이트(입구)에는 원숭이들이 진을 치고 있다. 타지마할은 전 세계에서 수많은 관광객이 몰려오는 곳이다 보니 관리에 공을 들이고 있다. 그러다 보니 타지마할은 무엇보다 음식물 반입이 금지된 구역이다. 껌, 초콜릿, 바나나, 사탕 등 그 어떤 것도 허용되지 않는다. 혹시라도 몸에 지니고 있기라도 하면 타지마할 게이트 검색대에서 모두 빼앗기고 만다. 세계 곳곳에서 오는 수많은 해외 관광객은 이 사실을 모른 채 그냥 들어가려 하다가 가방을 열어 샅샅이 수색하는 타지마할 입구 검색대에서 간식거리를 다 꺼내 놓고 뺏기는 상황이 벌어지곤 한다. 이때를 기다리며 기회를 엿보고 있는 검객들이 있으니 바로 인도의 원숭이들이다.

머리가 영리한 원숭이들은 가방 속에 들어있는 갖가지 간식거리를 노리고 기회를 엿보고 있다가 관광객들의 가방이 열리고 먹을 것이 보이는 그 순간, 빠르게 낚아채서 도망가는 게 아주 익숙해져 있다. 속수무책으로 아껴 둔 간식들을 그대로 빼앗겨 버리고 만다. 그야말로 타지마할에 거주하는 원숭이들은 날마다 간식 도둑질로 포식한다. 그렇다고 당국에서 이를 제지하거나 그들을 쫓는 법이 없다. 그저 관광객 스스로 조심해야 하는 수밖에 없는 도리다. 심지어 얼마 전에는 타지마할 인근 아그라에서 태어난 지 얼마 안 된 아기를 원숭이들이 낚아채 간 사건으로 한바탕 소동이 일어난 적도 있다.

인도의 원숭이들은 절대 개별 행동을 하지 않는다. 가족과 함께 무리를 지어 움직이기 때문에 원숭이가 한 마리 나타나면 줄줄이 소시지처럼 연결되어 계속 등장한다.

우리가 히말라야산맥의 산꼭대기 도시 무수리(Mussoorie)에서 머물 때의 일이다. 종종 원숭이 무리가 우리 집 마당과 산에 출현해 밖에 나가지 못하고 꼼짝없이 집 안에서만 지내야 할 때가 있었다. 한번은 창문 너머로 원숭이 무리를 유심히 살펴본 적이 있다. 바로 눈앞에서 펼쳐지는 원숭이 가족의 모습을 관찰하는 일은 꽤 흥미로웠다. 그들의 손동작과 눈빛 그리고 소리 없이 움직이는 나무타기를 보는 것은 가슴이 쿵쾅거리며 숨이 가쁘도록 흥분시켰다. 이 신비한 가족들이 나무가 우거진 숲속에서 도대체 무엇을 하는지 숨을 죽이며 바라보다가 창문 너머로 카메라 셔터를 살짝 누르기도 했다.

언제나 원숭이 무리 중 한 마리는 절대로 움직이지 않고 중앙에 위치해서 망을 보고 있었다. 대신 나머지 원숭이들은 마음껏 돌아다니며 먹을 것을 찾아 실컷 먹으며 즐기고 있었다. 나뭇가지 위를 자유롭게 오르내리며 원숭이들의 주식인 나뭇잎과 열매를 배불리 다 따먹을 때까지 청지기인 원숭이는 매의 눈을 뜨고 절대로 자리를 떠나지 않고 중심에 서서 망을 봐주고 있었다.

이 얼마나 안전하고 보호된 가족의 공동체였던가?

그들의 생존 능력과 스스로 만든 보호 시스템이 퍽 마음에 들었다.

이렇듯 정글에서 자유롭게 나뭇잎을 먹으며 자유를 누리던 원숭이들이 어느 날부터인가 사람들이 사는 도시로 내려왔다. 인도의 숲속, 정글에 먹을 것이 부족해서일까? 도시에 몰려들어 출몰하는 원숭이들은 사람들에게 주의 사항을 하나 더 부여해 주었다. 행여라도 깜빡 잊고 창문을 열어 놓고 외출을 하기라도 하면 원숭이들이 바로 집 안으로 침입해 일이 생기기 일쑤였다. 심지어 냉장고를 열어서 먹을 것을 찾아 꺼내 먹고, 음식을 챙겨 가는 도둑질을 일삼았다. 그래서 도시에 살아도 원숭이가 들어오지 못하도록 문단속을 철저히 해야만 했다. 특히, 창문 단속과 발코니의 문을 꼭 닫아두어야만 했다. 인도 집의 특성상 문을 닫아두지 못하고 열린 채로 개방되어 있는 중정으로 들어오는 경우가 많아서 조심해야만 했다.

그런가 하면 인도의 주택 특성상 집집마다 물을 받아 쓰는 물탱크가 있어서 도시에 거주하는 원숭이들에게 불볕 같은 인도의 사막 기후를 견디디 힘든 원숭이들에게 큰 유혹이 될 수밖에 없다. 그래서 원숭이들이 물탱크의 뚜껑을 열어 물을 마시는 일이 빈번해 물탱크 뚜껑에 큰 자물쇠로 열지 못하도록 잠가 두곤 했다. 사람들은 집집마다 생존과 직결된 물탱크 관리에 철저했다. 정기적으로 탱크 안을 확인하며 청소하는 사람들을 불러 깨끗하게 소독을 해야만 했다.

그뿐 아니라 원숭이는 특히 비닐봉지를 노린다. 사람들이 들고 다니는 비닐봉지 안에 뭔가 먹거리가 들어 있다는 것을 알고 있기 때문이다. 굶주린 원숭이들은 길목에서 사람들이 지나가기를 기다리다가 비닐봉지를 들고 가는 행인을 공격하고는 낚아채서 빼앗아 갔다. 그러다 보니 사람들은 원숭이들이 많이 있는 지역을 다닐 때는 막대기나 우산을 들고 다녀야만 한다. 언제든 원숭이의 공격에 맞서 싸울 준비를 하기 위해서다. 위험천만한 상황이 늘 도사리고 있었다.

나 또한 길에서 원숭이와 여러 차례 마주한 순간이 있었다. 나를 가만히 바라보는 원숭이를 바로 앞에서 만나면 몸이 딱딱하게 굳어버렸다. 최대한 원숭이의 눈을 피하며(눈을 마주치는 순간 원숭이의 공격 대상이 될 수 있기 때문) 절대로 소리를 내지 않아야 했다. 원숭이가 그냥 조용히 지나가기를 기도하는 마음으로 숨을 죽여 기다려야 했다. 눈을 마주치거나 소리를 지르면 바로 원숭이로부터 공격을 당하기 일쑤였다. 주위에 원숭이와 싸웠다는 무용담을 심심찮게 들었다. 지금도 그 순간들을 떠올리면 끔찍해서 소름이 돋아 오싹해진다. 다행히도 우리는 인도에 머무는 동안 단한 번도 원숭이나 개들의 공격을 받아 본 적은 없었다. 얼마나 감사한지 모른다. 늘 어린아이인 딸, 샤이니와 동행하다 보니 조심하고 또 조심하며 안전을 위해 늘 기도할 뿐이었다.

처음 히말라야 무수리에 갔을 때, 인도 사람들로부터 원숭이를 만났을 때의 대처법을 배웠다. 최대한 원숭이들을 자극하지 않고 친하게 지내기 위해 애를 많이 써야만 했다. 어린 딸아이와 함께 길을 걸어가는데, 산속 좁은 길의 양옆으로 원숭이 열 마리가 줄줄이 앉아서 우리를 뚫어지게 쳐다보며 지켜보고 있다고 생각해 보라. 머리가 쭈뼛쭈뼛해지고, 다리가 후들후들 떨리지 않을 수가 없다. 혹시 아이가 작은 비명을 내기라도 할까 봐 숨죽이며 최대한 아무렇지 않은 듯, 의연하게 어깨를 펴고 천천히 걸어서 원숭이 무리의 심경을 불편하게 만들지 않아야 했다. 두 손에는 절대로 비닐봉지를 들고 다니지 않았다. 모든 물건은 가방에 넣어서 잠그고 보이지 않게 매고 다녀야만 했다.

누구든 인도에 가면 길에서 언제든 만날 수 있는 원숭이와 개들을 정말 조심해야 한다. 가장 주의해야 할 사항 중 하나일 것이다. 인도에는 지금도 여전히 정글이 많다. 정글에 가보면 그 유명한 『정글북』이 왜 인도에서 만들어졌는지 충분히 이해할 수 있다. 지금도 인도에는 다양한 야생동물이 서식하고 있다. 특히, 호랑이와 표범이 많다. 종종 뉴스에서 호랑이나 표범이 마을에 내려왔다는 소식을 볼 수 있을 정도로 먹을 것을 찾지 못한 야생동물들이 마을로 내려와 먹거리를 찾곤 한다. 겨울에는 동물들이나 사람들을 해치는 일이 더 많이 일어나곤 해서 또한 안타까운 일이 아닐 수 없다.

예전에는 밀렵꾼들이 불법으로 야생동물을 포획해서 수입을 올리곤 했는데, 요즘은 정부에서 거대한 야생동물 구역을 정해 놓고 철저하게 관리하며 노력하고 있는 모습을 보이니 그나마 다행이다. 하지만, 야생동물들을 위한 먹이를 해결하기에는 아직 역부족인 듯하다. 정부도 도시로 내려오는 원숭이들에 대한 이렇다 할 해법을 찾지 못하고 있는 것인지도 모르겠다.

실제로 인도에는 호랑이나 표범이 사는 큰 호랑이 공원(호랑이 사파리)이 정글 속에 있어서 관광객들을 부르고 있다. 야생 호랑이를 보기 위한 비용은 꽤 비싸다. 예약한 지프를 타고 호랑이가 주로 움직이는 이른 새벽부터 사파리 투어를 해도 허탕 치고 오기 일쑤다. 예전에 그토록 많았던 호랑이들이 이제 그만큼 많이 줄었다는 뜻이다. 그 많던 호랑이가 사냥꾼들의 손에 잡혀갔다고 하니, 어딘가에 숨어 지내는 호랑이를 만나기란 그리 쉬운 일이 아닐 게다.

우리도 샤이니와 함께 라자스탄에 있는 유명 호랑이 공원에 간 적이 있다. 잔뜩 기대에 부풀어 잠까지 설쳤다. 길고 긴 정글을 지프를 타고 꼬불꼬불 다 지나가도록 호랑이를 보지 못하고 아쉬운 발길을 돌릴 수밖에 없었다. 대신 야생 노루와 다른 야생동물과 공작새들만 보고 왔다. 종종 운 좋게 호랑이를 봤다는 사람들도 있으니, 그곳에 호랑이와 야생동물들이 거주하고 있는 것은 분명하다.

가끔 기사를 통해 정글에서 실제로 일어나는 일들을 보면 믿기지 않는 일도 많았다. 한번은 정글 깊은 곳에서 홀로 기도하던 힌두교 구루(Guru, 힌두교 수도승)가 호랑이나 표범의 공격을 받고 목숨을 잃은 사건이 있었다. 식사를 챙기러 간 제자가 발견했다고 한다. 또한 어떤 때는 먹거리를 찾아 마을로 내려온 호랑이가 안방 침대에 누워 잠을 자는 모습과 심지어 동네 가게에 나타난 호랑이 영상이 인도 유튜브에 올라온 것을 본 적도 있다. 그야말로 믿을 수 없는 일들이 사람 사는 세상에서 벌어지고 있었다.

그뿐만 아니라 아직도 인도의 모든 결혼식에서는 신랑이 날렵하게 생긴 하얀 백마가 이끄는 멋지게 잔뜩 치장한 마차를 탄다. 결혼식 시즌이 되면 자동차가 다니는 길거리에서 신랑이 타는 마차를 끌고 가는 마부들을 흔하게 볼 수 있다. 그야말로 실제로 백마 탄 왕자님이 되어 결혼식을 하는 인도 남자들은 꽤 운이 좋아 보인다. 또 어떤 운수 좋은 날은 인도의 큰 도로 한복판에서 낙타를 보기도 하고, 때로는 코끼리도 볼 수 있다. 인도에서는 따로 동물원에 갈 필요가 없다고 말하곤 했다. 집 밖으로 나가면 재미난 풍경들과 볼거리가 늘 기다리고 있었기 때문이다.

2. 나는 인도의 신, 소

　인도는 동물들의 생명을 존중하는 나라이다. 그야말로 동물들에게는 고마운 나라가 아닐 수 없다. 사람들 속에서 함께 살아가는 인도의 동물들을 보면 동물들이 오히려 존재 가치를 인정받고 살아가는 것처럼 보인다. '소'는 특별히 더 그러하다. 인도에서 소 이야기를 빼고 이야기하는 게 가능할까 싶다. 결코 피할 수 없는 핵심적인 부분이다.

　인도는 소를 숭배한다. 어머니처럼 존경하고 섬긴다는 표현이 더 적당할지도 모른다. 그만큼 인도에서 '소'는 귀하고 소중한 존재이자 신이다. 인도에는 크게 두 종류의 소가 있다. 덩치가 크고 진회색 빛 털을 가진 물소라고 부르는 버팔로(Buffalo)와 우리나라에 많이 있는 황갈색 털을 가진 황소(Cow)다. 이 중에서 특히 암소(Cow)를 숭배한다. 사실 인도에서 물소인 버팔로(Buffalo)는 정식 소로 인정해 주지 않은 것처럼 보였다. 그래서인지 요즘은 인도를 다니다 보면 '스모크 하우스 델리'(Smoke House Delhi)나 '칠스'(Chills) 레스토랑에서 스테이크를 맛볼 수 있는데, 그게 바로 버팔로 스테이크다. 처음 인도에 갔을 때만 해도 인도에서는 스테이크를 팔지 않아, 먹을 생각조차도 할 수 없었다. 그때만 해도 스테이크를 파는 레스토랑을 찾기가 어려웠기 때문이다. 소를 신으로 모시는 인도에서 스테이크를 먹는 것은 상상도 못 했던 일이다. 실제로 인도에서는 소 도축을 금지하고, 쇠고기를 먹지 않았다. 사실상 힌두교를 중심으로 식용이 금지되어 있다. 물론, 더러 종교가 다른 사람이 먹기도 하겠지만 말이다.

　인도 인구의 80퍼센트가 채식주의자(베지테리언, Vegetarian)이고, 10~20퍼센트 만이 고기를 먹는 사람(넌베지테리언, Non-Vegetarian)이라 해도 채식주의자가 아닌 인구가 2억이 넘는다. 어마어마한 숫자다. 인도에서 고기를 먹는 인구가 우리나라 인구의 4배 정도가 되는 셈이다.

처음 인도에 프랜차이즈 레스토랑인 맥도날드(McDonals's)와 KFC가 들어올 때만 해도 인도당국에서 큰 비상이 걸렸다고 한다. 고기를 먹지 않는 채식주의 국가에 고기가 들어있는 햄버거와 닭고기 튀김을 파는 레스토랑이 들어온다는 것은 있을 수 없는 일이었고, 결코 받아들이기도, 인정할 수도 없는 일이었기 때문이다. 결국, 인도에 있는 맥도날드는 쇠고기가 들어가지 않은 인도식 햄버거를 만들기로 했다. 채식 패티와 달걀, 치즈가 들어있는 햄버거와 고기로는 닭고기가 들어간 치킨버거만을 만들어 판매하기로 했다는 것이다.

처음 인도에서 맥도날드에 갔을 때 인도만의 다양한 야채 버거를 보고 신기했던 기억이 난다. 닭고기와 달걀은 먹을 수 있었던 것이 다행이었다. 사람들은 인도에 들어온 KFC가 망할 것이라고 했지만, 튀긴 닭고기가 잘 팔리는 걸 보면 인도 인구 중에 10~20퍼센트밖에 되지 않는 고기를 먹는 넌베지테리언이 얼마나 많은지 알 수 있었다. 그리고 몇 년 전에는 버거킹까지 진출해 자리를 잡았다. 물론, 쇠고기를 넣은 버거는 절대로 찾아볼 수 없다. 그래서 우리도 인도에서 살 때는 쇠고기 먹는 것을 포기하고 살았다. 구하기도 쉽지 않았고, 인도 사람들이 싫어하는 쇠고기를 굳이 먹고 싶지 않은 이유에서다. 감사하게도 인도에서 사는 동안 쇠고기를 먹고 싶다는 생각이 별로 들지 않았다.

이제 인도 사람들이 왜 암소를 숭배하는지에 대해 이야기해 보려 한다. 그들은 암소가 그의 온몸을 다해 인간을 위해 좋은 것들을 준다고 한다. 인도의 식생활에서 빠질 수 없는 우유와 빠니르(Paneer, 인도식 치즈), 거의 모든 인도 요리에 들어가는 기(Ghee, 인도식 버터), 심지어 소똥으로 만든 연료를 사용해서 인도의 주식인 로띠를 구우며 요리를 한다. 신기하게도 소똥에서 가스 불이 나오는 것을 직접 본 적이 있다. 또한, 집을 짓는 데 건축 자재로도 요긴하게 쓰인다. 물론, 건강한 암소들은 농사짓는 데 없어서는 안 될 중요한 존재다.

지난 코로나 팬데믹으로 인도에서 한참 어려움이 있던 당시에도 인도에서 사람들이 코로나 바이러스에 걸리지 않도록 면역력 보강을 위해 소의 오줌을 마신다는 기사가 나왔을 정도이다. 인도 사람들이 소를 인간에게 이로운 것을 준다는 생각 그 이상을 넘어, 왜 신성시 하는지 알 수 있는 대목이지 않겠는가? 그래서 힌두교도들은 절대로 쇠고기를 먹지 않는다. 물론, 죽이지도 않는다. 오히려 신으로 모신다.

지금도 인도의 도로를 달리다 보면, 길 한가운데로 소들이 지나가는 것을 흔히 볼 수 있는데, 혹여라도 운전하다가 잘못해서 자동차로 소를 치거나 죽게 하면 그에 따르는 큰 책임과 벌을 받게 된다. 경찰서로 갈 수밖에 없다. 자동차를 운전할 때는 소를 피하고, 인내심을 갖고 다 지나갈 때까지 기다려주는 연습과 함께 무조건 조심해서 운전해야 한다. 그러니 소의 입장에서는 인도가 천국일 수밖에 없다. 신기한 것은 소가 지나가면 자동차들이 멈춰 서서 소들이 안전하게 지나갈 때까지 기다린다. 아무도 불평하는 사람이 없다.

반면에 인도에서는 2억 가까이 되는 이슬람교도 중에는 물소인 버팔로로 생업을 갖는 경우가 많다. 그들은 버팔로를 도축해 세계 각국으로 쇠고기를 수출한다. 인도가 세계에서 쇠고기 수출 1위 국가라는 것이 말이 안 되는 이야기 같지만, 사실인 이유가 여기에 있다. 이들은 소가죽으로 여러 가방과 구두 등을 제작하고, 소뼈로는 예쁜 가구나 소품 등, 본차이나 그릇을 만들어 판매하고 있다. 우리가 좋아하는 영국 본차이나 커피잔이나 그릇들은 소의 뼈를 갈아 넣어 가볍고 튼튼하며 예쁘게 만든 것이다. 하지만, 요즘은 인도에서 극우 힌두정당이 집권하면서 물소인 버팔로조차도 도축을 금지하는 법을 제정해서 인도에 있는 무슬림들에게 경제적인 타격을 주고 있다고 한다.

거의 모든 살아있는 생명체에 신의 이름을 부여하며, 신성하게 여기고 숭배하면서, 살생하지 않는 인도 사람들을 보며 두 가지 생각이 들었다.

첫째는 인도 사람들은 죽음 이후의 사후세계를 누구보다도 두려워한다는 것이다. 윤회를 믿는 힌두교 사람들은 다음 생에 어떤 동물로 다시 태어날지 알지 못해 전전긍긍하며 최대한 좋은 모습의 더 나은 다음 생애를 꿈꾼다. 내가 만났던 인도의 브라만 청년 자무(Jamu)가 했던 말이 생각난다. 그는 내게 인도에는 너무 많은 신이 있는데, 사실은 인간이 자신들을 위해 만들어 놓은 것에 불과한 것이라고, 그렇게 생각한다고 했다. 하지만, 그는 분명히 이 세상을 만든 창조주가 있다는 것은 확실하게 믿는다고 했다. 그러고 보면, 인도 사람들이 모두 윤회를 믿는다고 말하는 것은 어쩌면 성급한 생각일지도 모른다.

이번 코로나 팬데믹을 보면서 갖게 된 또 다른 생각은, 우리 인간이 너무 많은 살생을 한다는 것이다. 지난 코로나 팬데믹은 인간이 우리에게 허락된 먹거리를 넘어선 끝없는 식욕과 탐욕이 부른 재앙일지도 모른다. 어쩌면 우리는 우리보다 훨씬 검소하게 채소와 콩, 우유, 치즈로만 식탁을 차리고 소식하는 인도 사람들을 본받아야 하지 않을까?

3. 나도 인도의 신, 쥐

인도의 인구는 계속해서 증가하고 있다. 거의 14억을 넘어서고 있다. 일각에서는 15억이라고도 한다. 인도가 산아제한을 했던 중국을 벌써 앞질렀다고 할 정도이다. 그렇게 인도 인구는 꾸준히 늘고 있다. 그러다 보니 인도는 세계에서 젊은 인구가 가장 많은 청년 국가다. 그 점이 제일 부럽다. 출산율이 현저히 낮은 우리나라 입장에서는 부럽지 않을 수가 없다.

사실 인구가 늘면 동물도 함께 그 수가 증가하기 마련이다. 특히, 인도는 더욱 그렇다. 동물들의 생명을 존중하며 도살까지 금지하고 있기에 그럴 수밖에 없을 것이다.

그 모든 동물 중에서 쥐는 더 말할 필요가 없다. 살생하지 않는 인도에서 쥐를 죽이는 일은 없다. 인도의 쥐들을 보면 정말 아이들 동화책 속에 나오는 이야기 같다. 인도 사람들은 쥐를 무서워하지도 피하지도 않는다. 대부분 대수롭지 않게 생각하고 인간들과 함께 가까이에서 공존하며 생활하는 것처럼 보였다.

인도의 쥐에 대해 이야기를 하자면 정말 많은 이야기가 있다. 인도에서는 쥐도 하나의 신이다. 특히, 남인도 사람들은 쥐를 신으로 섬기고 숭배한다. 인도에서도 주로 가난한 사람들이 숭배하는 신이다. 실제로 세계에서 유일하게 쥐를 섬기는 사원이 인도에 있다. 인도의 여신 중의 하나인 팔이 열 개 달린 '두르가'(Durga)와 관련되어 '쥐'가 죽은 신의 화신으로 태어났다는 신화가 전해져 내려온다. 15만 마리의 쥐를 기르고, 먹이를 주며 숭배하는 쥐 사원은 '까르니 마따 사원'(Karni Mata Temple)이다. 그곳은 족히 쥐들의 천국이라 명해야겠다.

인도에서는 쥐 또한 살생하지 않기 때문에 인도의 인구만큼이나 많은 쥐가 있을 것으로 보인다. 어쩌면 그보다 더 많을 게 분명하다. 힌디어로 쥐는 '쭈하'(Chooha)라고 한다. 우리나라는 아무리 많이 먹어도 계속 배가 고플 때, '뱃속에 거지가 들어 있다'라는 표현을 하는데, 인도에서는 힌디어로 '뱃속에서 쥐가 뛰고 있다'라고 표현한다. 처음 그 표현을 들었을 때, 너무 흥미로웠다. 그 정도로 쥐는 인도 사람들의 생활과 밀착되어 있다는 생각이 들었다.

처음 인도에 갔을 때는 곳곳마다 쥐가 보여서 늘 긴장하며, 몸이 쭈뼛쭈뼛해지는 경험을 많이 했다. 관공서나 우체국, 은행이나 카페, 식당, 학교, 공원, 심지어 주인도 한국문화원에도 있었다. 종종 주차해 놓은 차에 쥐가 들어가서 자동차의 주요 배선을 갉아먹는 바람에 차가 고장이 나기도 했다(영국에 살던 때에도 정원과 뜰이 있어서 쥐는 일상과 가까이에 있었다. 영국 생활을 마치고 한국으로 돌아와서 혹시라도 영국 생쥐가 이민 가방 속에 따라왔을까 봐 가방을 열어보기가 두려웠던 게 생각난다).

인도에서 우리가 처음 살았던 집에 창고가 있었다. 바람이 들어와 환기가 통하도록 쇠창살로 된 문이었다. 문제는 그곳으로 계속해서 쥐가 들어온다는 것이다. 쥐 잡는 덫을 사서 식빵을 안에 두면 매일 매일 쥐가 잡혔다. 그럴 때마다 건물을 관리해 주던 경비, 비제이가 도와주겠다며 쥐덫에 갇힌 쥐를 가지고 갔다. 나중에 그에게 쥐를 어떻게 했는지 묻자, 그는 안심하라는 듯 대답했다.

"저기 큰길에 가서 버렸어요. 걱정하지 마세요. 여기까지 못 와요."

알고 보니 그는 집에서 멀리 떨어진 곳으로 가서 쥐를 살려 보낸 것이었다. 그렇게 매일 쥐를 살려 주고 다시 잡고, 살려 주고를 반복했던 셈이다. 급기야 우리는 창고를 봉쇄하는 방법을 택해야만 했다. 환기고 뭐고 생각할 여력이 없었다.

　인도에서는 동화책 이야기가 현실에서 일어나곤 했다. 내가 인도 학교에 한국어 수업을 하러 갈 때도 쥐와 씨름을 해야만 했다. 인도 학교에는 생쥐들도 함께 다닌다. 어쩌면 집에 가지 않고 그냥 교실에서 살고 있는 학교 쥐일 게다. 수업 시간마다 교실에 쥐들이 휙휙 지나다녔다. 내가 교실에서 책상 밑으로 돌아다니는 쥐를 보고 소스라치게 놀라 비명을 지르면, 학생들은 아무렇지도 않게 날 빤히 쳐다보며 재미있는 구경거리를 보는 듯했다. 나도 시간이 지나면서 어느 정도 적응이 되어 갔지만, 수업에 지장이 생겨 담당 선생님께 교실을 바꿔 달라고 부탁을 드렸다.

　"오케이, 노 프라블럼!"(N0 Problem, 문제없어요!).

　인도에서는 이 "노 프라블럼"(문제없다)이 항상 문제였다.

　바로 교실을 바꿔 줄 것처럼 대답하던 선생님께서는 다음 날에도 교실을 바꿔 주지 않았다. 여전히 같은 교실에서 수업하며 생쥐 학생들까지 함께 공부해야만 했다. 그렇게 여러 차례 "노 프라블럼"(No Problem)이 반복되는 상황이 계속되다 보니, 도저히 수업을 이어갈 수 없는 지경에 이르러 다시 한번 요청했다.

　"죄송하지만, 제가 정말 쥐 때문에 수업을 할 수가 없어요. 제발 도와주세요."

　그제야 마음 푸근한 담당 선생님께서는 내게 솔직하게 말했다.

　"사실 다른 교실에도 다 있어요. 마찬가지예요. 하지만, 방법을 찾아볼게요. 걱정하지 말아요."

　1층 교실에서 교실을 바꿔가며 수업을 이어가던 나는 마침내 2층 교장실 바로 옆으로 옮긴 후에야 쥐가 없는 교실에서 안심하고 수업을 할 수 있었다.

집 앞 공원에서 산책할 때도 불쑥 나타나는 쥐 때문에 깜짝 놀라 발길을 돌려야 했고, 식당에서 밥을 먹다가 쥐가 테이블 밑으로 돌아다니는 바람에 식사하다 말고 서둘러 나왔던 적도 있다. 카페에서도 커피를 마시다가 생쥐가 들락거려서 얼마나 놀랐던지 나도 모르게 비명을 질러 사람들이 동시에 나를 쳐다봤던 난처했던 기억들, 가게에 갔다가 쥐가 있다고 얘기해주었더니 아무것도 아니라고 도리어 "꼬이 바뜨 네히 해!"(아무것도 아니야!)라며 내게 신경 쓰지 말라고 해서 오히려 내가 당황스러웠던 적도 있다.

그뿐이겠는가? 라자스탄에 있는 유네스코에 등재된 1,000년의 역사를 자랑하는 유명한 관광지 아메르 포트(Amer Fort)에서도 화장실에 들어가다가 쥐를 보고 기겁하여 놀라 비명을 질렀더니, 사람들이 나를 이상하게 쳐다봤다. 서둘러 화장실을 관리하는 사람에게 쥐가 있다고 얘길 했더니 그게 뭐가 문제냐는 듯이 대수롭지 않게 여기며 나를 빤히 쳐다보며 대답했다.

"No, Problem!"(문제없어요!)

그래서 나는 심각하게 응수했다.

"No, it's problem!"(아니, 그건 문제라고요!)

그러나 그는 날 향해 웃기만 했다.

한번은 한국에서 보내온 소포를 우체국에서 찾아온 적이 있었다. 들뜨고 설레는 마음으로 우체국 택배 상자 뚜껑을 열었다가 화들짝 놀라서 얼른 덮어 버리고 말았다. 상자 안에는 비닐로 겹겹이 쌓인 라면과 김, 멸치, 커피믹스와 딸아이가 좋아하는 한국 과자와 아이가 입을 옷이 들어 있었다. 그런데 찢어진 비닐 사이로 라면 봉투가 뜯어져 있었고, 멸치를 넣어 둔 봉지가 갈기갈기 찢겨 있었다. 상자를 살펴보니 바닥에 구멍이 나 있었다. 한국에서 오는 모든 소포 상자에는 구멍이 있다. 인도 세관을 통과하면서 세관원들이 상자에 구멍을 내서 소포 검열을 하기 때문이다. 검열을 끝낸 후에는 다시 구멍에 테이프를 붙여서 고객에게 보내 주곤 했는데, 문제는 그 구멍으로 누군가가 침투해서 포식하곤 한다는 것이다. 어느 한국 지인은 소포 상자를 열었더니 상자 속에서 쥐가 튀어나왔다는 얘기를 들은 적이 있다. 행여라도 우리 소포에도 음식을 포식한 쥐가 들어있지 않을까 해서 얼른 상자 뚜껑을 닫았다. 현관 밖으로 상자를 내놓고 살펴보았더니 아무것도 없었다. 다행히도 이미 포식자는 우체국에서 탈출하고 우리 집에까지 따라오지는 않았던 거다.

한번은 실제로 델리 중심부에 있는 국제 우체국에 간 적이 있다. 한국에서 친구가 비행기로 보낸 소포가 한 달이 넘어도 도착하지 않았기 때문이다. 보통 2~3주면 도착을 하고도 남는데 이상했다. 무슨 일인지 연락을 했더니, 국제 우체국으로 직접 와서 찾아가라고 했다. 인도의 건물들이 그렇듯이 국제 우체국은 오래된 낡은 곳이었다. 소포가 대기하고 있는 3층 창고로 우리를 안내했다. 소포가 놓여있던 선반 아래 여기저기서 쥐가 달리기 하는 게 보였다. 물론, 그곳에서도 쥐 때문에 놀라는 사람은 나와 샤이니뿐, 아무도 개의치 않는 것이 분명했다.

그곳은 국제 우편을 검열하는 곳이었다. 직원들이 모든 소포를 다 꺼내어 하나하나 세세히 검열하고 있었다. 수상한 소포들을 그곳에 다 모아두고 있었다. 정말 놀랄 만큼 많은 밀수품이 들어오고 있는 것 같았다. 인형을 뜯으니 그 속에서 아이폰과 전자기기가 나오는 것을 내 눈으로 똑똑히 보았다. 분명히 내가 받을 소포에도 뭔가 문제가 있었던 모양이다. 알고 보니 상자 속 김이 문제였다. 그 작은 구운 김 때문에 검열에 걸려서 국제 우체국에 붙잡혀 있었다고 생각하니 한숨이 나왔다. 김은 한국의 전통적인 음식이고, 아이가 좋아하는 음식이라고 했더니 세관 직원들은 뭔가 논의를 했다. 가끔 세관에서 한국에서 오는 커피믹스를 살짝 꺼내서 먹기도 한다는 이야기도 들은 적이 있다. 아직 그들이 한국의 김 맛을 모르는 게 분명해 보였다. 마침내 소포를 가져가도 좋다고 해서, 이리저리 쏙쏙 지나다니는 쥐들을 뒤로 한 채 무사히 한국에서 온 택배 상자를 집으로 가져왔으니, 그것만으로 감사할 따름이었다.

그렇지만 인도에 대해 너무 걱정하거나 혐오감을 가질 필요는 없다. 요즘 새로 짓는 집들은 튼튼하고 현대적이며 쾌적하기만 하다. 문단속만 잘하면 집 안으로 쥐가 들어올 염려가 없으니, 인도의 쥐를 너무 무서워하지 않기를 바란다. 그만큼 생명을 존중하고 자연스러웠던 모습이 인상적이었을 뿐이다.

그런 면에서 나는 인도 사람들을 존경한다. 한번은 내가 인도 친구 집에 갔을 때, 집 안에 생쥐가 요리조리 돌아다니고 있었던 적이 있다. 떨면서 안절부절못하는 나를 향해 "꾸츠 네히!"(아무것도 아니야!)라고 말하면서, 두려워 떨고 있던 나를 달래주던 기억이 난다. 결국, 내가 마음의 안정을 찾지 못하자 생쥐를 밖으로 내쫓아 주던 친구가 고마웠다. 희망 사항이지만, 나도 인도 사람들처럼 담대해지고 싶었다. 그들은 얼마나 용감하던지.

4. 로띠 먹는 인도의 개

　우리가 살던 동네에는 원숭이뿐만 아니라 낙타가 나타날 때도 있고, 집 앞 골목에 마부가 큰 말을 데려와서 50루피(800원 정도)를 받고 딸아이를 말에 태워주기도 했다. 때로는 자동차를 타고 가다가 도로에서 코끼리를 만나기도 한다. 이렇게 인도에서는 한국에서 상상하기 어려운 일들이 벌어지곤 한다. 알면 알수록 신기하고 재미있는 나라다.

　인도의 개에 대해서도 빼놓을 수가 없다. 정확한 통계인지 모르지만, 인도에는 개가 3천5백만 마리 정도 있다고 한다. 어마어마한 숫자다. 인도에서 가장 많이 볼 수 있는 동물이 개가 아닐까 싶다. 개들은 대개 목줄을 매지 않고 주인도 없이 각자 자기 영역 안에서 도생한다. 그래서 처음 인도에 갈 때, 필수 예방접종 목록에 광견병 주사가 들어있을 정도다.

　실제로 인도에서는 주로 길에서 사는 개들에게 물리는 사례가 많이 있다. 혹시라도 개에게 물리게 되면 즉시 병원에 가서 주사를 맞아야 하는데, 한 번뿐만이 아니라 심할 경우는 네 차례에 걸친 주사를 맞아야만 안심할 정도다.

　요즘은 인도에서도 반려견을 기르는 집이 많다. 공원에서 개와 산책 나온 사람들을 종종 만나기도 했다. 하지만, 길에서 만나는 개들은 주인이 없다. 이들은 각자의 동네에 자리를 잡고 동네를 집으로 삼아 살아간다. 그러다 보니 가끔 동네에서 개들끼리 영역 싸움을 하느라 밤에 시끄럽게 짖어대서 잠을 설쳐야 하는 날들도 있다. 개들은 절대 호락호락하지 않다. 자기의 영역을 지키기 위해서 끝까지 싸운다. 이들은 대부분은 길거리에서 잠을 잔다. 사방 곳곳에서 사람들을 전혀 개의치 않고, 아주 편안하게 깊은 잠에 빠져있는 개들을 볼 수 있는데, 이들의 모습은 평온해 보이기까지 했다.

우리 동네에도 여러 마리의 개가 함께 살아가고 있었다. 그중에 특별히 두 마리의 개를 딸아이가 챙기며 사랑했다. '슬레시'와 '루나'이다. 딸아이는 오고 가는 길에 늘 이 두 마리의 개를 살피며 이름을 붙여 주고는 다정하게 부르곤 했다. 집 앞에서, 때로는 차 위에서, 골목 양지바른 곳이나 그늘에서 자거나 쉬던 이 아이들과 한국으로 오는 날까지 친구처럼 지냈다. 그래서인지 슬레시와 루나는 딸아이에게 한 번도 공격적으로 대하지 않았으며, 곧잘 따르곤 했다.

인도 사람들이 지닌 윤회 사상 때문이라고 해야 할지도 모르겠다. 죽어서 다음 생에 어떤 동물로 다시 태어날지 모르고, 또한 내세에 더 나은 신분이나 존재로 태어나길 바라는 마음에서인지 인도 사람들은 길거리에 있는 개들을 잘 보살핀다. 사람들은 겨울이 되면 개에게 따뜻한 옷도 입혀 주고, 인도 사람들의 주식인 로띠(호밀빵)를 줘서 개들이 굶주리지 않게 한다. 인도의 길거리 개들은 대체로 체격이 마른 편이다. 무더운 인도의 여름에는 뜨거운 햇볕을 가려주는 그늘을 찾아다니다가 기온이 뚝 떨어지는 겨울이 되면 따뜻한 양지바른 곳을 찾아 곤한 잠을 청한다.

집에서 반려견을 키우던 한 비건(Vegan, 엄격한 채식주의자)인 인도 사람과 대화를 나눈 적이 있었다. 비건(Vegan Pure Vegetarian)인 그 사람은 채소와 곡물만 먹고, 심지어 땅속에서 나는 양파, 마늘, 감자도 먹지 않는다. 특히, 요리할 때 마늘을 전혀 사용하지 않는다. 땅속에서 나는 뿌리채소는 부정하다고 생각하기 때문이다. 인도에 가서 채식주의자도 여러 등급으로 나뉜다는 것을 처음으로 알게 되었다. 나의 친한 친구였던 스웨따는 식당에 가도 고기가 들어가는 음식을 만드는 그릇과 식자재가 있는 곳이면 전혀 음식을 먹지 않았다. 그야말로 아주 엄격한 채식주의자였다.

아무튼 그 사람은 아주 자랑스럽게 말했다.

"나는 퓨어 백 퍼센트 베지테리언(엄격한 비건 채식주의자)이에요. 마늘도 절대 먹지 않아요. 우리 집에 개도 한 마리 있는데, 우리 개도 나처럼 퓨어 베지테리언이에요."

"아 … 개도요?"

"그럼요, 개도 베지테리언이죠"

"그런데, 개가 행복할까요?"

내가 물었더니 확신에 찬 목소리로 대답했다.

"물론이죠. 우리 개는 아주 행복해요."

인도의 개는 대부분이 본의 아니게 채식주의자가 된다(심지어 개에게 주는 사료에도 베지테리언 전용이 있을 정도로). 개에게 채소만 먹인다는 것이 새로운 발상이다 싶으면서도 어찌 보면 건강식을 하고 있다는 생각까지 들었다. 인도의 베지테리언 개도 행복하지 않을까?

로띠는 호밀 가루로 만드는 빵으로 인도의 주식이다 보니, 자연스레 개들도 따라서 로띠를 주식으로 먹고산다. 처음에 개가 빵을 먹는 게 어색하고 신기해 보였다. 뭔가 어울리지 않은 조합이었다. 하지만, 고소하고 맛있는 호밀빵에 매료되곤 했던 나처럼 인도 개들도 그 맛을 잘 알고 좋아하리라는 생각에 미치니 놀라기보다는 수긍이 갔다.

개들도 거주하는 그 나라의 문화와 식습관을 따라야 하지 않겠는가?

개들에게도 다양성이 인정된다는 사실 하나를 더 배웠다.

자신이 원하든 원하지 않든 채식을 하며, 어떤 곳이든 자유롭게 다니며 구속받지 않고 살아가는 개들에게 인도가 어떤 곳일지 알 수는 없다. 그저 각자 살아가는 방식대로 존재하는 모습 그대로 살아가는 그 자체를 존중해 주도록 하자!

5. 춤추는 인도 코브라

피리를 불면 바구니 또는 항아리 속에서 고개를 내밀고 나와 춤을 추는 인도 코브라(Naja naja), 그것은 인도의 상징과도 같은 동물이다.

터번과 인도 전통의상인 꾸르따 수트를 입고 기다란 지팡이를 가진 수염 긴 남자가 바구니 속에 들어있는 코브라를 불러내 춤을 추게 하고, 관광객들은 주머니에서 동전을 꺼내 앉아있는 그 노인 앞에 놓인 작은 그릇에 던진다. 인도의 유적지와 관광지를 다니다 보면 심심치 않게 볼 수 있는 광경이다. 사실 이가 빠진 인도 코브라를 데리고 공연하는 것이니 그리 위험하지는 않지만, 난 매번 무서워서 차마 가까이 가서 보기 어려웠다. 실제로 춤을 추던 코브라에게 주인이 물려 죽은 일도 있었다고 하니 마음을 놓을 수 없는 노릇이다.

인도에서는 소와 코끼리, 원숭이를 비롯해 다양한 동물을 신성시하며 숭배하는 것처럼 뱀도 마찬가지이다. 마나사 마따(Manasa Mata)는 인도의 뱀 신이다. 뱀을 두려워하며 섬긴다. 인도 코브라도 많은 신 중의 하나에 속한다. 신에게 춤을 추라고 시키는 게 이해가 안 되지만, 아무튼 이런 춤추는 인도 코브라는 인도를 상징하는 대표적인 모습이 되었다. 인도의 영화나 드라마, 오래된 신화와 책 속에 인도 코브라는 어느 곳 하나 빠짐없이 꼭 출연하곤 한다.

그렇게 인도 사람들의 삶 속에 가까이 들어와 있어서인지 뱀과 얽힌 일화나 뉴스가 많다. 한번은 학교 교실에서 뱀이 나와 수업 중인 학생의 발을 물었던 일이 있었다. 학생의 발목이 뱀에게 물렸는데, 문제는 학교에서 바로 응급조치를 취하지 않고 아이를 그냥 하교시켜 버린 것이다. 집으로 돌아가서야 학생의 아버지가 아이를 데리고 병원에 갔지만 이미 독이 온몸에 퍼져서 아이가 죽게 된 안타까운 뉴스를 보았다. 학교 교실의 문이 보통 열려 있고, 바닥이 콘크리트가 아닌 흙으로 되어 있는 인도 학교 교실의 환경에서는 충분히 일어날 수 있는 일이다. 인도 정부에서도 코브라들이 사람들의 생명을 앗아가는 일이 많다 보니 코브라를 포획해 오는 사람들에게 포상금을 주기도 한다. 부디 효과가 있기를 바랄 뿐이다.

몇 년 전에는 인도에서 코브라를 이용한 살인사건이 일어나서 크게 보도된 적이 있다. 인도는 아직 부모님이 정해 주는 상대와 가문과 가문이 결혼하는 풍습인 중매결혼(Arrange Marriage)이 그대로 이어지고 있다. 어떠한 이유에서인지 요즘은 인도에서도 이혼율이 상당히 높아지는 현상이 뚜렷이 보여지고 있다. 이러한 측면은 긍정적이든 부정적이든 인도 사회의 변화를 보여 주고 있다. 결혼하고 나서 혹여라도 어떤 이유로든 이혼하게 된다면, 남자는 여자가 결혼할 때 가져온 지참금이나 귀중한 것을 그대로 돌려 주거나, 재산을 나눠 줘야 하는 풍습 때문에 사건이 터졌다.

남인도 케랄라주에서 한 인도 남성이 아내와 이혼을 하고 싶은데, 재산이 아까워서 아내를 살해하기로 마음을 먹은 것이다. 3월에도 아내의 방에 뱀을 넣어 물리게 해서 요양을 하고 있었는데, 그 후 2개월이 지난 5월에 다시 코브라를 아내의 방에 넣어 물려 죽게 한 것이다. 그냥 묻힐 뻔한 사건은 죽은 여성의 친정 부모가 낌새가 이상해서 사건을 조사해 바로 남편이 범인임을 밝혀낸 것이다.

이런 남편을 어떻게 이해하고 설명할 수 있겠는가?

이렇듯 사악한 일에 코브라를 사용하다니, 그래도 인도의 뱀 여신 마나사(Manasa)는 가만히 있을까?

성경에서도 천지창조 후에 뱀이 하와를 꼬드겨서 선악과를 먹게 하고, 결국 인류가 에덴동산에서 쫓겨난 원인이 된 걸 보면 뱀은 결코 사랑할 수 없는 존재이다. 하지만, 사람들이 뱀이나 코브라, 구렁이, 용과 같은 파충류를 숭배하는 것을 보면 참 기묘하다. 힌두교에서도 그 뱀이 또 하나의 신이 되는 걸 보면 더욱 그러하다. 인도의 창조 설화에 따르면 뱀이 인도 땅을 감싸고 있었다고 한다. 신으로 대접받는 인도의 코브라는 인도가 천국일 것이다. 인류의 역사 가운데에는 여러 설화와 신화가 함께 있다. 믿기지 않는 설화나 신화가 불안하고 곤궁한 인간들의 삶을 지탱하며 안심하게 하고, 풍요롭게 하는 데 커다란 기여를 해 온 것은 분명하다고 볼 수 있다.

인도에서 동물을 신으로 섬기는 것을 보며, 각자 개인의 신념이 얼마나 바윗덩어리처럼 크고 단단한지 그 신념을 깨는 작업은 그 어떤 것보다 어렵고 불가능해 보이기까지 하다. 문화와 세계관에 따라 우리가 서로 얼마나 다른 세상에서 살아가고 있는지, 그 차이를 객관적으로 바라볼 필요가 있음을 절실하게 느꼈다. 누군가의 평가를 통한 높고 낮음의 문화가 아니라 그저 사람들이 살아가는 방식이 다를 뿐인 것을 조금만 더 인식할 수 있다면 얼마나 좋을까? 내가 움켜쥐고 있는 것, 틀에 가두어 놓고 있는 것을 조금은 털어내고, 끄집어내어 서로 객관적으로 바라볼 수 있길 바라는 마음이다. 그저 인간은 누구나 자기의 신념을 가장 옳다고 믿고 그것을 붙여 잡고 사는 것만 같다. 가끔은 내가 아닌 다른 사람이 옳을 수도 있다는 것을 인정하고 싶다.

다양하고 생생한 인도의 동물들을 바로 가까이에서 삶을 공유하며 함께할 수 있게 된 것은 내게 행운이었다. 이 모든 아름답고 소중한 동물을 창조하신 우리 창조주 하나님께 감사드린다.

제7장

꿈꾸는 인디아, 꿈꾸는 젊은이들

1. 마음속으로 들어온 사람들

"선생님, 만나고 싶어요. 축하해 주세요. 이제 진짜 변호사가 되었어요."

법학을 공부하던 브린다가 드디어 변호사가 되었다며 연락을 해왔다. 얼마나 반갑고 기쁜 소식인지 서둘러 약속을 정하고 만나러 나갔다. 몬테소리도 같이 불러서 만나기로 했다.

"선생님께 보여 드리고 싶었어요."

브린다가 검은색 변호사 유니폼에 하얀색 셔츠를 입고 변호사 타이를 단정하게 매고 왔다. 인도에서는 변호사들이 모든 법정에 나갈 때마다 이 유니폼을 입어야 한다. 변호사의 상징과도 같은 검은색 자켓과 흰색 셔츠는 누구나 변호사가 되면 신분과 권위를 드러내며, 그 임무를 다하기 위해 이 특별하고 수려한 유니폼이 되어 착복식을 한다.

여리고 여린 여대생이었던 브린다가 바로 내 눈앞에 늠름한 변호사 유니폼을 입고 나타났다. 내게 꼭 보여 주고 싶었다고 흥분하며 기쁨을 나누는 브린다에게 대답할 적당한 어휘를 찾지 못했다. 그 어떤 말로도 부족할 뿐이었다. 내가 그녀에게 전하고 싶은 축하의 마음을 어떻게 뭐라 표현해야 할지 몰랐다. 벅차고 감격스러운 순간이었다. 브린다는 법대를 무사히 졸업하고 법학대학원에 들어가서 이제 25살이 되었다. 이제 정식으로 국제변호사가 된 것이다. 곧 머지않아 그의 꿈대로 판사가 될 것이다.

나는 그동안 그녀가 얼마나 힘들게 공부했는지 알고 있었다. 브린다에게 지극히 값지고 보람된 축복의 열매였다. 브린다의 집은 여느 인도 집처럼 할머니와 이모들, 부모님, 동생 두 명과 아야(집안일을 돕는 가사도우미)까지 함께 살아가는 그야말로 대가족이다. 법학 시험과 변호사 시험을 준비하면서 저녁에 일찍 자고는 아무도 깨어 있지 않은 조용한 새벽 3시에 일어나서 줄곧 공부했다. 거의 잠을 깊이 자지 못하고 학교를 멀리까지 오가며 공부하면서 고생한 모든 과정을 나는 잘 알고 있었다. 혹여라도 아프거나 몸이 약해지지 않을지 걱정되어 틈나는 대로 안부를 물으며 기도해 줬는데, 마침내 이토록 기쁜 소식을 가져오다니 세상 그 어떤 일보다도 감사했다. 그날 브린다와 또 다른 제자 몬테소리도 함께하며 평소에 좋아하던 한국 음식을 먹으면서 조촐한 감사 축하 파티를 했다.

우리의 첫 만남은 2015년 봄날로 거슬러 올라간다. 주인도 한국문화원 세종학당에 한국어를 배우러 왔던 초급반 학생 브린다와 나는 한국어 선생님과 제자로 만났다. 교실에서 왼쪽 앞자리에 조용히 앉아서 커다란 눈망울을 동그랗게 뜨고 집중해서 공부하는 단발머리 여학생 브린다를 본 순간 흠칫 놀라서 얼굴을 다시 한번 봤다. 할리우드 여배우의 깊고 아름다운 눈을 닮아 마치 큰 인형의 눈을 보는 것만 같았다. 눈 속에서 깊은 호수가 보였다. 얼굴은 아주 조그마했다. 작은 얼굴에 이목구비가 큼직하니 시원시원했다. 대부분의 다른 인도 여학생은 긴 머리를 유지하는데, 그녀는 달랐다. 목 위로 단정하고 반듯하게 단발머리를 하고 있었다. 나는 그 모습이 예뻐서 감탄했다. 수업 시간마다 함께 한국어를 공부하며 성장해 가는 모습을 보는 것만으로도 내게 기쁨을 주던 학생이다.

당시 법대에 다니느라 바쁜 가운데도 월, 수, 금요일 오전에 있는 수업 시간에 빠지지 않고 나와서 누구보다도 열심히 공부했다. 매번 학기 중간과 기말에 보는 한국어 시험에서 어휘 문법, 읽기, 말하기, 쓰기에 모두 100점을 받아, 성적 우수 학생들에게 주는 장학금을 받으며 공부했다. 실크 스카프처럼 보드라운 마음과 따스한 성품을 가진 예의 바른 인도 여학생이 내 마음속으로 들어왔다.

브린다는 15살에 처음 한국 드라마 〈미남이시네요〉를 보고 난 후 19살에 정식으로 한국어를 배우기 시작했다. 이젠 나하고 한국어로 대화하고 마음을 나눌 만큼 한국어를 능숙하게 잘 구사한다. 나는 줄곧 "우리 예쁜 브린다"라고 부르며 함께 추억을 만들었다. 그는 인도에서 내가 보고 싶어 하던 한국 드라마 〈응답하라 1988〉을 팬 드라이브에 담아서 내게 건네주었다. 얼마나 고마웠던지. 당시만 해도 인도의 젊은 청년들은 한국 드라마나 예능을 나보다도 더 잘 찾아서 보고 있었다. 종종 브린다의 어머니께서 만들어 주신 음식을 가져와 함께 나눠 먹곤 했다. 내게는 가족과 같았던 브린다이다.

브린다와 몬테소리, 렉시아, 쁘리앙카는 문화원에서 내 제자였지만, 내게는 늘 다정한 친구와 같았다. 우리는 수업 시간에는 함께 한국어를 공부하고, 수업이 끝나면 오후에 있는 클럽 활동 시간에 할 수 있는 모든 것을 같이 했다. 내가 가르쳐주던 부채춤을 배워서 세종학당 수료식 때 당의가 있는 한복에 족두리를 쓰고, 두 손에 부채를 들어 제법 멋진 부채춤 공연을 했다. 새끼손가락의 껍질이 벗겨질 때까지 사물놀이 워크숍에서 장구도 열심히 연습했다.

매주 수요일엔 내가 지도하던 코러스 반에서 다양한 한국 노래를 배웠다. 뭐든 기회가 되는 대로 다 같이 했다. 그렇게 배우고 연습해서 문화원 세종학당에서 행사가 있을 때마다 무대 위에서 부채춤과 사물놀이, 코러스 합창 발표와 공연을 수없는 연습을 통해 그야말로 근사하게 해냈다. 뭐든 즐겁게 깔깔거리며, 웃음이 멈추지 않을 정도로 즐겁게 함께 했다.

그녀들은 오전 수업이 끝나면 집에 가지 않고, 한국문화원 지하 대청마루로 내려갔다. 그곳에는 노래방 기계가 비치되어 있었는데, 스피커에서 흥겹게 흘러나오는 노래방 음악에 맞춰 마이크를 잡고는 목청을 높여 한국 노래를 부르며 꽉 찬 시간을 보냈다. 한국 노래도 꽤 잘했다. 그저 함께 한국어를 공부하고, 연습하면서, 얘기 나누고 웃고 떠드는 그 싱그러운 시간을 사랑했다. 가끔은 시내에 나가 영화를 보기도 했고, 내가 잘 알지 못하고, 먹어 보지 못한 여러 다양한 인도 식당에 데려가서 맛깔스러운 정통 인도 음식을 맛보게 해 주었다.

인도의 동북부 마니푸르(Manipur, 기후나 외모, 음식이 우리나라와 비슷한 곳이다)가 고향인 몬테소리는 고향에 다녀올 때면 무거운 흑미를 들고 오기도 하고, 마니푸르 전통 인형과 옷, 가방 등 선물을 들고 왔다. 비행기를 타고 가야만 하는 먼 거리를 다녀오면서도, 뭐든지 내게 주고 싶어 아끼지 않은 사랑을 쏟아 준 수줍었던 몬테소리는 얼굴도 마음도 꽃처럼 고왔다. 처음에는 소극적인 성격이었지만, 점점 용기를 내어 많은 도전을 시도하며 성장해 가는 모습을 지켜보는 내내 감사하고 뿌듯했다. 지금 몬테소리는 전공을 살려 학교 영어 선생님이 되었다. 종종 학교 어린 제자들의 사진을 내게 보내 주곤 한다. 아버지를 따라 의사가 되라시던 부모님은 걱정을 많이 하셨지만, 본인이 선택한 영문학을 전공하고 한국어까지 공부해서 너무 행복하다고 한다.

우리는 서로의 삶 가운데 들어갔다. 서로 도우며 의지하고, 용기를 주면서, 때로는 힘들고 어려운 마음속 고민을 털어놓았다. 그리고 서로를 위해 기도했다. 브린다는 영국 선교사가 세운 인도의 명문 학교 'Jesus & Mary School'(델리에 있는 입학하기 어려운 여자 명문 학교로 종교와 상관없이 부모들이 보내고 싶어 하는 학교)를 다녔다. 그래서 식사할 때마다 나를 따라 항상 같이 기도하곤 했다. 몬테소리도 함께했다. 내가 인도를 그리워하는 것은 이러한 마음 따뜻한 사람들 때문일 것이다.

그 외에도 너무나 많은 다정한 인도 친구가 있지만, 다 열거할 수가 없으니 아쉽다. 마음속 특별한 인도 친구들을 다 적을 수만 있다면 좋으련만 그저 일부만 언급할 수밖에 없어 마음에 걸린다.

리섭과 짠드를 빠뜨릴 수가 없다. 한국인을 대상으로 하는 인도 여행사의 가이드로 일하던 두 사람은 나의 제자였지만, 동생처럼, 때론 샤이니의 삼촌처럼 살뜰히 챙겨 주었던 고마운 이들이다. 뭐든 하나라도 챙겨서 선물이라고 가져오고, 한 보따리씩 들고 와 두고 가던 그 따뜻한 마음에 눈시울이 붉어지곤 했다.

비핀과 자무도 마찬가지다. 그들의 깊은 사랑과 돌봄을 어떻게 잊을 수가 있겠는가? 내게 어려운 일이 닥치거나 인도에서 힘든 상황이 생길 때마다 자기 일처럼 달려와 도와주었던 나의 소중한 가족과도 같았다. 내 주변에 유난히 많았던 법학도 인도 여학생들과의 우정은 빠뜨릴 수가 없다. 나는 인도에 이렇듯 재능있고, 똑똑한 여자가 많다는 사실에 놀라지 않을 수 없었다. 그녀들은 법학을 공부하면서 취미로 한국어를 공부하러 온 여학생이었다.

얼마 전에 델리에 있는 시와니에게서 연락이 왔다. 그녀도 마침내 변호사가 되어 변호사 유니폼을 입은 사진을 보내왔다. 마침내 판사인 아버지의 뒤를 따라 변호사의 길을 가게 된 것이다. 마땅히 축하해 줘야 할 더없이 기쁜 일이 아닐 수 없다. 종종 나와 함께 시간을 보냈던 시와니도 나의 다정한 고마운 친구였다. 친정엄마가 인도에 방문했을 때 시와니는 우리와 함께 델리 중심에 있는 칸 마켓의 레스토랑에서 함께 서양식 요리를 먹고, 크리스마스 장식 가게에 가서 서로 성탄 카드를 사서 교환하며 성탄 축하를 했다. 내게 수공예 인도 천연모직 숄을 크리스마스 선물로 챙겨왔던 그녀를 어떻게 잊을 수 있겠는가? 사랑스럽고 경쾌한 시와니의 웃음소리가 귓가에 들리는 듯하다. 함박웃음 짓는 얼굴이 예뻤던 그녀의 얼굴이 보고 싶다. 함께 한국어를 공부했던 엔지니어, 그녀의 여동생 쉬루띠는 얼마나 사랑스러웠던가? 내가 인도로 돌아오기 전에 날 만나러 먼 길까지 달려와 줬던 두 자매를 어떻게 잊을 수 있겠는가?

팔라비도 친구 같은 학생이었다. 혼자서 한국 요리를 도전하여 내게 사진을 찍어 보여 주면서 신나 하던 모습이 눈에 선하다. 손재주도 좋아서 작은 소품들을 직접 만들어 선물해 주곤 했다. 그녀는 인도에서 법학을 공부하고 변호사가 되었는데, 다시 미국 샌프란시스코로 유학을 떠났다. 지금은 그곳에서 미국인과 결혼하여 달콤한 신혼을 보내고 있는 그녀가 그립다. 지금도 소식을 주고받으면서 추억을 나누는 이들이 있어 고마울 따름이다.

내가 만난 인도 여학생 중에 똑똑하고 아름다우면서도 겸손의 덕목을 고루 갖추고 있는 잔비도 빼놓을 수가 없다. 그녀의 가족도 대대로 변호사 가족이며, 잔비는 영국 유학을 다녀온 후에 지금은 꽤 중요한 국제 관계 일을 하고 있다. 그리고 지금 한국 회사 법률 컨설턴트로 일하고 있는 랄리따도 변호사다.

내가 살아가는 날 동안 보석처럼 빛나는 이런 친구들을 만날 수 있어 감사하다. 타국 인도에서 서로의 인생에 찾아와 힘이 되고, 용기가 되어 주는 존재로 설 수 있어 더욱 기쁘다. 비록 시공간의 제약이 있을지라도 끝까지 함께하고 싶은 마음속 친구들이다. 가끔 그리움이 밀려온다. 때론 두 눈에 눈물이 차오르는 것을 느낀다. 내 가슴 깊은 곳에는 더 써야 할 내 마음속 인도 친구들이 가득하다.

2. 총천연색 인도의 사리(Saree)와 꾸르따(Kurta) 선물

인도의 화려한 원색의 전통 옷들은 마음을 경쾌하게 해준다. 강렬한 색과 반짝이는 금빛 자수로 입힌 수려한 인도의 전통의상은 사리(Saree)와 꾸르따(Kurta) 그리고 레헹가(Lehenga)가 대표적이다.

사리(Saree)는 너비 120센티미터, 길이 5~7미터의 긴 직사각형의 원단을 허리에 감아 맨 다음 어깨에 걸쳐 밑으로 내려 입는 인도의 전통의상이다. 꾸르따(Kurta)는 무릎까지 내려오는 원피스 형태의 상의와 함께 반드시 하의를 입는다. 남자들은 보통 통이 넓은 파자마나 살와르(Salwar, 위에는 통이 넓은데 발목 부분이 좁혀지는 통 바지)를 입는 반면, 여성들은 살와르나 레깅스와 같은 주로 원색의 하의를 같이 입는다.

남성들이 입는 의상은 꾸르따(Kurta)라 하고, 여성들이 입을 때는 꾸르띠(Kurti)라고 하는데, 힌디어가 명사에 여성과 남성을 달리하는 성이 있다 보니 의상도 여성과 남성에 따라 이름이 다르게 불린다. 요즘은 보통 꾸르따라고 불린다. 펀잡 지방에서 주로 입었다고 해서 '펀자비'(Punjabi)라고도 하지만, 인도 전역은 물론 파키스탄과 방글라데시와 스리랑카에 이르기까지 널리 여러 나라에서 입고 있는 편안하고 아름다운 전통의상이다.

눈을 즐겁게 하고 마음도 밝게 하는 힘이 있다. 그래서 인도 사람들이 그토록 밝고 환한 천연색 옷을 즐겨 입는지도 모르겠다. 우리나라의 한복도 인도 전통의상 못지않게 천연의 고운 색과 고유의 아름다움을 지니고 있다. 다만 우리가 평소에 한복을 자주 입지 않는 반면, 인도에서는 지금도 여전히 많은 여성이 일상복으로 전통의상을 입고 있다. 인도의 길거리

구석구석 온갖 색의 향연이 펼쳐진다.

특히, 금빛과 은색의 자수를 수놓아 반짝이는 실크 비단에서부터 순면과 폴리에스터에 이르기까지 다양한 원단으로 만들어진 사리와 꾸르따를 입고, 머리와 어깨를 두르는 두빠따(Dupatta, 인도의 긴 스카프)와 함께 발아래 발목까지 몸을 감싼다. 하늘거리며 몸을 움직일 때마다 살갗을 간지럽힐 것만 같은 보드라운 원단은 보는 이들의 눈을 호사롭게 만들어 주기에 충분하다.

사리를 입는 방법과 모양은 인도가 워낙 넓다 보니 지역에 따라 조금씩 다르고, 전통의상도 각기 다르다. 인도의 여러 전통의상 중에서 사리가 가장 대표적이기도 하며 그 아름다움이 압도적이긴 하지만, 라자스탄의 전통의상인 레헹가(Lehenga) 또한 결코 빼놓을 수 없다. 그 화려함을 따라올 의상이 없을 만큼 단연 돋보이는 옷이다. 인도 여성들은 결혼식이나 졸업식, 특별 파티가 있을 때마다 비싼 돈을 들여 레헹가를 장만해서 입고는 누구보다도 더 아름답고 수려한 모습으로 특별한 날을 누린다. 인도에서 유명 볼리우드 스타들이 화려함과 고급스러움을 드러내기 위한 패션으로 선호하는 옷이기도 하다. 레헹가는 발목까지 내려오는 A형의 풍성한 스커트와 촐리(Choli)로 불리는 짧은 블라우스를 입어 허리를 드러내는 의상으로 스카프 두빠따(Dupatta)를 둘러 허리를 감싸며 감춘다. 다른 전통의상도 자수로 무늬를 수놓곤 하지만, 레헹가는 특히 비즈와 화려한 자수를 비롯해 반짝이는 보석으로 그 화려함을 완성시킨다. 영화 〈알라딘〉에서 공주 자스민이 입었던 드레스가 바로 인도의 전통의상 레헹가다.

우아하고 사랑스러운 이 의상을 여성들이 어찌 사랑하지 않을 수 있을까?

특히, 인도 학교 졸업식에서는 학생들이 고급스러운 정통 사리나 레헹가를 졸업 의상으로 선택하는데 그들은 전문 가게에서 오래전 공주나 왕비가 입었을 법한 반짝이는 사리나 레헹가를 꽤 비싼 돈을 주고 장만해서 차려입는다. 얼마나 예쁘고 아름다운지 지나가다가 넋을 놓고 바라보았던 적이 많다.

지금도 인도에서 학교나 관공서에 가면 인도 여성들이 사리를 입고 근무하는 모습을 쉽게 볼 수 있다. 학교 선생님도 대부분 수업 시간에 사리를 입고 학생들을 가르친다. 공사장에서 일하는 노동자들도 사리를 입고 고된 일을 하며, 그들은 날마다 다른 사리를 꺼내 입는다. 사리의 가격도 천차만별이다. 싸고 질이 떨어지는 저렴한 사리부터 최고급 실크 원단과 보석으로 만들어진 수백 수천만 원 상당의 사리도 있다.

인도에서 특히 바라나시 실크가 품질이 가장 좋기로 유명하다. 바라나시의 고급 실크는 이미 오래전부터 유럽으로 많은 유명 패션 브랜드에 수출되고 있다. 인도의 텍스 타일(직물 원단)은 지금도 세계적으로 그 명성이 높다. 일반인들이 사용하는 것과는 품질에서 많은 차이가 난다.

바라나시에는 특히 오랜 가문 대대로 가업으로 물려받아 지금도 수많은 최고급 실크 원단을 제조하는 곳이 많다. 곳곳에서 온갖 다양한 실크 원단을 볼 수 있는데, 스르르 손에서 미끄러져 내리는 부드러운 실크 원단을 직접 피부로 느끼면서, 눈으로 다양한 패턴과 디자인을 구경하는 일은 나의 오감을 즐겁게 해 주기에 충분하다. 시선을 뗄 수가 없게 한다.

한번은 바라나시가 고향인 짠드가 명절을 보내고 오면서 실크로 된 사리를 선물로 가져온 적이 있다. 고향인 바라나시에서 직접 가져온 감색 실크 원단 끝자락을 금색 실로 테두리를 두르고, 섬세한 보라색 꽃 모양 자수를 정갈하게 둘러 장식한 고급 사리였다. 그 외에도 쁘리앙카를 비롯해 몇몇 인도 학생이 전통의상인 사리를 선물해 주었다. 색상이며 디자인이 아름다운 사리를 입는 것은 큰 기쁨이고 즐거움을 주었다. 사리(Saree)는 실크로 된 것과 순면(Cotton)으로 된 것도 있는데 최근에는 관리하기 편한 다양한 원단으로 만들어지고 있다. 사실 나는 사리 입는 방법을 잘 몰라서 입을 때마다 인도 학생들의 도움을 받아야만 했다. 재미있는 것은 인도 학생이 모두 사리 입는 법을 아는 것은 아니었다. 우리가 한복을 입는 방법이나 옷고름 매는 법을 잘 모르는 것과 마찬가지 아닐까? 집에서 줄곧 엄마가 사리를 입는 학생들은 자연스럽게 사리 입는 방법을 잘 알고 있었지만, 별 관심이 없어 잘 모르는 경우도 많았다. 나도 지금은 사리 입는 방법을 배워 익혀서 혼자서도 사리를 입을 수 있을 정도가 되었다.

인도의 오랜 전통의상은 사리(Saree)지만, 펀잡 지방 사람들이 주로 입는 꾸르따(Kurta)는 일상생활에서 입기가 더 편하고 활동하기에 좋아서 인도의 젊은 사람들이 많이 입는 편이다. 나도 큰 행사가 있을 때는 사리를 입었는데, 평소에는 꾸르따에 청바지나 레깅스를 자주 입고는 했다. 인도 친구들이 내게 인도의 전통의상인 꾸르따가 잘 어울린다고 얘기하면 마음이 흡족했다. 나도 그 옷이 몸에 맞고 편하니 좋았다.

인도의 날씨, 특히 수도 델리는 일 년에 여름이 거의 10개월이나 된다. 여름옷을 일 년 내내 입다 보면, 색도 변하고 낡아지게 마련이다. 일 년 이상 입기가 어려울 정도이다. 기온이 50도까지 올라가는 인도 델리에서 여름을 지내려면 한국에서 입던 여름옷으로는 찜통더위를 감당하기가 어렵다. 오히려 인도 날씨에는 순면으로 된 꾸르따가 땀을 잘 흡수하고 통풍도 잘 되어 인도 옷을 입는 편이 훨씬 낫다. 또한 꾸르따는 엉덩이를 가려 주니 더없이 좋은 패션이기도 했다. 나는 자주 꾸르따를 구입해서 입었다. 그러다 보니 꾸르따(Kurta)를 선물 받으면 정말 기분이 좋았다. 꾸르따를 받은 다음 날에는 선물 받은 옷을 꼭 입고는 했다. 지금도 사리와 꾸르따, 레헹가를 잘 보관하고 있다. 선물과 함께 마음까지도 고이 간직하고 있다. 그중에서도 내게 꾸르따를 선물해 준 소라비와 째뜨나에게 고맙다. 인도 사람들이 똑똑한 것은 말할 것도 없지만, 특히 소라비와 째뜨나는 놀라울 정도로 뛰어난 친구들이었다. 모든 면에서 탁월했다.

소라비는 세종학당재단에서 개최한 전 세계 한국어 말하기 대회에서 대상을 받는 쾌거를 이루었다. 그래서 그해 한글날에는 청와대 만찬에 초대받아 대한민국 대통령과 자리를 같이하는 영광을 누리기도 했다. 또한 아시아나 항공에서 주최한 전 인도 한국어 말하기 대회에서도 고급 부분 대상을 받는 등 무슨 대회만 나가면 대상을 받아와서 경탄을 금치 못했다. 거기에다 한국 유학을 준비하며 그야말로 SKY(서울대학교, 고려대학교, 연세대학교)에 다 장학생으로 합격해서 어디로 갈지 고민하다가 최종적으로 서울대학교 대학원으로 결정했다. 지금은 서울대학교 대학원에서 박사 과정을 공부하고 있는데, 머지않아 인도로 돌아가서 그의 꿈대로 대학교 교수가 될 것이다. 얼마나 자랑스러운 제자인가?

소라비와 나는 주인도 한국문화원 사물놀이 워크숍에서 처음 만났다. 그리고 그 후로 같은 반에서 한국어를 공부하며 친해졌다.

"모두 선생님 덕분이에요."

본인이 공부를 열심히 잘했으면서도 매번 이렇게 인사를 전하는 소라비를 어떻게 사랑하지 않을 수 있을까? 그는 2009년에 한국 영화 <어린 신부>를 보고 처음으로 한국어에 흥미를 갖게 되었고, 그 후로도 한국 드라마를 열심히 보다가 2013년부터는 한국 예능 프로그램을 즐겨 봤다고 한다. 그래서 그런지 그의 한국어 억양과 발음은 한국 사람처럼 자연스러워서 깜짝깜짝 놀라곤 했다. 보통 외국인들이 한국어를 아무리 잘해도 억양까지도 자연스럽게 구사하는 것은 어지간히 힘든 일이 아닌데, 소라비의 한국어 억양은 한국인 못지 않는 한국어다운 분위기를 그대로 드러냈다.

한번은 한국 드라마 <도깨비>를 먼저 보고는 재미있다면서 직접 다운로드해서 드라마 파일을 팬 드라이브에 담아다 주기도 했다. 소라비는 나보다도 한국 드라마에 대해 잘 알고 있어서 오히려 내게 추천해 주는 제자였다. 누가 누구를 가르치겠는가? 이젠 내가 제자 소라비에게 한 수 배운다. 아니 그에게서 배울 것이 더 많이 있다. 델리대학교에서 역사학을 전공하고, 지금은 한국에서 열심히 공부하면서 서울대 국제대학원 학생회 회장까지 맡고 있으며, 통역으로 아르바이트도 열심히 하고 있다. 한국에 와서도 열일하는 진정한 똑순이가 아니겠는가? 그런 소라비가 한국어능력시험(TOPIK)에서 5급을 받고는 작은 흰색 자수가 수놓아진 빨간색 꾸르따를 내게 선물해 준 것이다.

또 다른 제자 째뜨나가 있다. 그녀는 인도에서 공무원 시험을 준비하다가 우울증에 빠졌을 때 마침 한국어를 알게 되었다. 한국어 공부를 시작하며 새로운 꿈과 희망으로 빛을 보게 된, 그야말로 새로운 길을 찾게 된 야무진 친구다. 우울증은 사라졌고, 한국어 공부에 얼마나 열심을 내었는지,

무서울 정도로 학구열을 불태웠다. 치열하게 자신과의 싸움을 이겨내며 하루가 다르게 성장해 나갔다. 째뜨나 역시 전인도 한국어 말하기 대회에서 초급 부분 1등을 했다. 얼마나 열심히 준비했는지 그 누구도 째뜨나를 따라갈 사람이 없을 정도로 대단한 친구였다.

어느 날엔 째뜨나가 예쁜 사진을 넣은 카드와 함께 금빛 문양이 수놓아진 초록빛이 감도는 꾸르따를 내게 선물로 가져왔다. 꾸르따를 좋아하는 날 위해 준비했다고 한다. 나는 청바지 위에 선물 받은 꾸르따를 입고 가서 한국어 수업을 했다. 늘 이런 사랑을 받아도 되는지 고민하며, 자신을 돌아보았다. 그들의 따뜻한 사랑의 마음에 고마울 따름이다. 후에 째뜨나는 강남대학교에 장학생으로 한국에 와서 공부하고, 석사 학위를 받았다. 지금은 다시 인도에 있는 한국 기업에 취직해서 근무하고 있으니 이 얼마나 기쁘고 감사한 일인지 가슴이 벅차오른다.

자기의 길을 꿋꿋하게 용기를 내어 찾아가는 그들의 삶을 응원한다. 나는 그들로부터 받은 선물 덕분에 싱그럽고 보드라우며, 다채로운 인도의 멋을 누릴 수 있지 않았던가.

3. 인도에서 울던 밤, 인도의 그녀들

두르가에게 아무리 전화를 해도 전화를 받지 않았다. 무슨 일인지 걱정이 되어 불안했다. 겨우 통화가 되었다. 힌디어로 두르가가 걱정스레 말했다.

"맴~~ 메라 폰 카랍호게야.."

"꺄 호게야?"

"깔 바리시 버훗 자다 후이. 거르 메 뿌라 빠니 해."

"메라 거르 티크 너히 해. 이슬리해."

"메리 베티까 폰쎄 볼레히홍."

듣고 보니 집에 비가 많이 새서 옷이며 전화기가 다 물에 젖어 입을 옷도 젖고 전화기도 고장나 버렸다고 했다. 그래서 겨우 그녀의 딸 전화기로 내게 전화를 해왔다. 그날 밤, 눈물이 쏟아져 내렸다. 가슴이 아파 잠을 이루지 못했다.

두르가는 이혼하고 혼자 아이를 기르며 청소하는 일로 생계를 이어가고 있는 젊은 인도 여인이다. 원래 두르가의 동생 라키가 우리 집 청소 일(인도에는 시멘트나 대리석으로 된 바닥을 청소하는 일을 해주는 직업)을 도와주고 있었는데 몸이 약한 라키가 자기 대신 언니를 보내서 날 돕고 있었다. 훗날 델리의 벧엘한인교회 청소하는 일을 소개해서 교회 청소를 깔끔하게 잘했다. 라키와 두르가 이 두 자매는 나를 잘 따르고 샤이니를 좋아하고 예뻐해서 우리와 가까이 지냈다.

라키는 참 미인이었다. 깔끔하고 꼼꼼했다. 인도 요리도 잘해서 가끔 우리를 위해 맛있는 '빨락 빠니르'나 '로띠', '커리' 등 인도 요리를 만들어 달라고 부탁하곤 했다.

어느날, 라키가 나를 부르더니 안타까운 사정을 이야기했다.

"맴~ 무채 알마리 짜히해."

"압께 빠스 알마리 너히해?"

"하, 메레 빠스 나히해."

"하메사 메레 꺼프레 쭈아 카떼해."

옷장이 없어서 보자기에 옷을 싸서 두는데, 줄곧 쥐가 뜯어 먹어서 너무 힘들다고 서랍장이 필요하다고 했다. 그날 밤도 가슴이 아파서 목에서 울음소리가 통곡으로 변해 터져 올라왔다. 난 너무 많은 것을 가지고 있는데, 이 친구들은 가진 게 너무 없었다. 그럴 때마다 세상이 너무 불공평하다는 생각이 들었다.

우리 딸아이 샤이니와 라키의 딸은 나이는 동갑이었지만 체구가 차이가 났다. 다행이라고 해야 할까? 라키의 딸은 샤이니보다 훨씬 몸집이 작아서 딸아이가 입던 옷이며 신발을 라키에게 주곤 했었다. 오히려 감사했다. 한번은 라키가 몸이 아파서 일을 더이상 못하게 되었을 때, 남편이 와서 돈을 받아 갔다. 후에 알고 보니 남편이 그길로 돈을 들고 나가 돈을 다 써버렸다고 했다. 가정을 돌보지 않는 질이 좋지 않은 남편이었다. 결국, 그녀도 남편과 이혼하고 남매를 혼자 키우며 생계를 이어가고 있는 바람에 나는 어서 다른 한국분들에게 일자리를 소개해 주곤 했다.

지금도 라키에게서 가끔 연락이 온다. 인도에서 이혼한 여성들의 삶이 얼마나 고달픈지 보지 않아도 알 수 있기에 그녀를 생각할 때마다 더욱 마음이 아프다. 오랜 역사와 전통, 찬란한 문화를 꽃피웠던 인도, 결코 무시하거나 하대할 수 없는 거대한 문화와 유산이 가득한 인도에서 가끔 눈물을 흘렸다.

어느 날은 공원에 산책하러 나갔다가 옹기종기 앉아있는 인도 아낙들을 만났다. 그들 중에 일거리를 찾고 있던 핑키가 있었다. 핑키는 인도 집에서 청소하는 일을 찾고 있었다. 앞서 언급했던 것처럼 인도의 문화 중 하나로 집집마다 다니며 청소하는 직업이 있는데 바로 '아야'(Aya)라고 한다. 주택 자체가 우리나라와는 다른 구조이며 무엇보다 먼지가 많은 나라다 보니 집집마다 다니면서 집 안을 청소해 주는 직업이 따로 있다. 일하는 것에 따라 파트타임 아르바이트처럼 집에 찾아가 일을 해 준다. 워낙 먼지가 많은 곳이다 보니 이렇게 청소하는 사람이 없다면 쌓이는 먼지를 해결할 방법이 없을 것만 같았다.

예를 들면, 자루 뽀차(바닥 쓸고 닦기)는 500루피, 화장실 청소 400루피, 먼지 털기 700루피, 버튼(설거지) 1,000루피, 카나(요리) 1,500루피, 도비(빨래) 등을 더한 것이 바로 한 달 치 임금이 된다. 물론, 물가에 따라 달라진다. 이 집 저 집 다니며 여러 집 일을 해 주는 사람도 있고, 풀타임으로 한 집에서 하루 종일 일하며 출퇴근하는 사람, 아예 집에 쿼터(일하는 사람 숙소)가 있어서 집에 같이 거주하면서 일을 하는 사람도 있다. 아이가 있는 집에는 나니(유모)도 있어서 전적으로 아이만 돌보는 사람도 있다. 쇼핑몰에 가면 인도 여성들이 아이와 함께 나니(유모)를 데리고 다니는 모습을 많이 볼 수 있다. 그리고 보면 인도 마담들은 참 편하게 사는 듯하다.

그러다 보니 인도에서 판매되고 있는 모든 냉장고에는 열쇠가 있다. 사실 이런 이유로 인도에서는 냉장고를 많이 사용하지 않기도 한다. 주인이 냉장고 열쇠를 갖고 관리한다. 처음 인도에 가서 신기했던 부분이다. 냉장고에 보관된 음식이나 식자재를 훔쳐 가지 못하도록 하는 안전장치인 셈이다. 괜히 마음이 불편해지는 점이다. 서로를 믿지 못하는 것이기도 하고, 미리 예방하는 차원에서 한다고 해도 석연치 않다. 냉장고 문을 잠그지 않은 채 그냥 두거나, 창문과 발코니 문 또한 잠그지 않고 열어 두면 원숭이가 와서 냉장고 문을 열어 먹을 것을 꺼내 먹는 일이 실제로 종종 일어난다.

세탁기도 마찬가지다. 세탁기를 사용하는 집이 많지 않다. 빨래를 해 주는 사람이 집에 와서 세탁을 해 주니 따로 세탁기가 필요할 이유가 없다. 집안일을 돕는 사람도 세탁기를 이용하면 훨씬 효율적으로 일을 할 수 있을 텐데 말이다. 다행히 지금은 점점 많은 가정에서 세탁기를 사용하는 추세라고 한다.

앞서 말한 핑키 이야기로 돌아가 보자. 나는 핑키에게 시간 있을 때 우리 집에 와서 청소해 달라고 부탁했다. 핑키는 며칠 동안 우리 집에 잠시 들러 일을 하기 시작했다. 그런데 얼마 지나지 않은 어느 날, 그녀는 얼굴이 새하얗게 창백해진 채로 집에 들어섰다. 도저히 어떤 일도 할 수 없을 만큼 기운이 없어 곧 쓰러질 것만 같은 핑키에게 병원비를 손에 쥐어 주며 어서 병원에 가보라고 했다. 다음날 그녀는 조금은 나아진 얼굴로 와서는 '빈혈'이라고 했다. 의사 말이 잘 안 먹어서 그렇단다. 나는 그녀에게 조언을 조심스레 건넸다. 달걀을 꼭 챙겨 먹어야 한다고. 영양 섭취가 안 되면 건강을 회복할 수 없기에.

"언데이 카나 저루리해."

"맴~ 메레 빠스 뻬세 너히해."

"께세 언데이 카 썩디홍."

달걀을 먹으라는 내 말에 돈이 없는데 어떻게 달걀을 먹을 수 있느냐며 핑키가 내게 반문했다. 사실 채식주의자들은 달걀을 먹지 않기도 하지만, 어떤 이들은 달걀을 먹고 싶어도 비싸서 먹지 못하는 경우가 태반이었다. 나는 달걀을 사 먹으라고 돈을 손에 쥐어 주고는 잘 먹고 푹 쉬고 나서 건강해지면 일하라고 돌려보냈다. 집을 나서는 핑키의 뒷모습을 잊을 수가 없다. 그 후로 가끔 공원에서 핑키를 보곤 했다. 여전히 건강이 좋아 보이지 않은 그녀는 남편이 돈을 벌어오라고 했다며 일자리를 찾고 있었다.

인도 이야기를 시작하면서 내 머릿속에 떠오르는 이 친구들이 계속 맴돌았다. 내 가슴에 울림을 준 귀한 친구들이자 인생을 돌아보며, 삶을 귀하게 여길 수 있도록 가르쳐 준 나의 진정한 스승이기 때문이다. 집에서 같이 짜이를 끓여 마시고, 인도 음식을 먹으며, 소소한 이야기를 나누던 또 하나의 가족이었다. 무엇보다도 내가 힌디어 연습을 본격적으로 할 수 있도록 나의 원어민 힌디어 선생님이 되어 주었던 소중한 사람들이다. 그들을 통해 나의 힌디어 실력이 많이 늘었다. 내겐 그야말로 훌륭한 스승이 된 셈이다.

사실 라키는 공부를 더 하고 싶었다고 한다. 가난해서 5학년까지만 학교를 다니고, 엄마가 시집을 보내서 결국 공부를 계속 이어갈 수 없었다고 한다. 보통 가난한 집의 딸들은 어린 나이에 일찍 시집을 가곤 했다. 라키도 그러했다. 그래서 힌디어로 쓰는 것은 잘 못했지만, 눈이 초롱초롱했다. 똑똑하고 영리했다. 인도 생활을 배워가는 데 필요한 많은 부분을 내게 알려 주었다. 내 생활 속에서 함께하며, 인도를 좀 더 깊이 알게 해 준 나의 은인이 아닐 수 없다. 또한 나를 더 겸허하게 만들어 준 인생 선생님이다.

그 외에도 써니마와 뿌자를 어찌 잊을 수 있겠는가?

내 삶의 가장 가까이에서 나와 함께해 준 나의 자매이며 샤이니의 영원한 '디디'(언니)들이다. 그들이 그립다. 우리가 사용하던 물건이나 옷가지들을 나눠 주면 좋아서 기뻐하며 집으로 가져가기도 했지만, 집에 둘

곳이 없다며 차마 가져가지 못할 때도 여러 번 있었다.

하나님은 과연 공평하신 분일까?

가끔 의문이 들 때가 있었다. 인도 거리를 지나다 문득문득 그런 질문이 차고 올라올 때가 있었다.

그 어떤 사람도 스스로 인생을 선택해서 이 땅에 오지 않은 게 아닌가?

어느 순간부터 선민이라는 말, 선택받았다는 말은 내게 왠지 불편하게 다가왔다. 그 누구도 어느 한 사람이라도 하나님의 사랑 앞에서 소외될 수 없기 때문이다. 누군가 불행해 보이거나 힘들어 보이는 게 안타까운 듯 딸아이는 내게 자주 물었다.

"엄마, 하나님은 왜 그렇게 만드셨어?"

그때마다 나는 늘 이렇게 대답했다.

"글쎄, 가끔 우리의 지혜로는 이해하기 어려운 게 많은 거 같아. 하지만, 하나님은 가장 선하시고 우리에게 좋은 것을 주시는 분이야."

가끔 이해되지 않는 수수께끼 같은 인생을 살아가다가 하나님의 마음을 조금이나마 더 알고 싶을 때가 있다. 깊은 그 사랑의 마음을. 이제 너무 많이 가지려 애쓰지 말고, 있는 것으로 족한 줄 알고 감사하며 살기로 하자.

사랑의 빚을 많이 졌으니, 그 누군가에게 그 빚을 되갚아 줘야 하지 않겠는가?

4. 꿈을 찾은 인도 제자들

한국어를 배우기 위해 인도 학생들이 주인도 한국문화원으로 몰려들었다. 새 학기 등록을 위해 이틀밖에 주어지지 않은 접수 기간에 마감 시간을 놓치지 않으려 서두른 것이다. 문화원 로비에는 등록 신청을 하는 인파로 가득 채워졌다. 어떻게 알고 어디서 그렇게 많이 모여들었는지 신기할 정도였다. 가을바람에 떨어지는 알록달록 낙엽들이 누가 일부러 쓸어 담지 않아도 흩날리는 바람 따라 저절로 모여드는 것처럼 말이다.

처음 인도에서 한국문화원을 개원하고 세종학당을 열었을 당시만 해도 한국어를 배우려는 학생이 그리 많지 않았다. 교육팀에서 교사 회의를 하며, 인도 사람들에게 한국어를 알려서 배울 수 있도록 하기 위한 홍보 방안을 놓고 고민했었던 게 그리 오래된 일이 아니었다. 그리고 얼마 지나지 않아 한류와 BTS의 인기와 더불어 학생들이 갑작스럽게 많이 몰려와 다 수용할 수 없는 형편이 되고 말았다.

급기야 서류 전형뿐만 아니라 인터뷰까지 시행하며 신입생들을 선출하는 상황이 도래했다. 그 큰 변화에 입을 다물지 못했다. 그렇게 한국어를 배우려고 찾아오는 인도 학생 한명 한명이 너무 귀하고 사랑스럽게 여겨졌다. 간절히 한국어를 배우기 위해 새 학기 등록을 원했지만 합격하지 못해 탈락하는 학생들을 보면 마음이 쓰라렸다. 절박하게 배우려고 애를 쓰며 도전하는 모습은 내 가슴에 잔잔한 여운과 전율을 느끼게 했다.

그렇게 매번 새 학기가 시작되면 새로운 학생들과 함께 새로운 반을 맡게 되었다. 새로운 급과 새로운 반을 맡게 되는 것은 또 하나의 기대와 설렘이었다. 나는 매 학기 학생들과 처음 만나 인사를 나누는 첫 시간에는 '왜 한국어를 배우는지, 꿈이 무엇인지' 자기소개를 하도록 했다. 그들은 대부분 20대 초반의 젊은 청년이었다. 나는 인도 청년들이 어떤 꿈을 꾸고 있는지, 인생에 대한 그들의 생각은 무엇인지 알고 싶었다. 하지만, 매번 실망스럽게도 수업에 참석하는 학생들은 90퍼센트 이상이 꿈이 없다고 대답했다. 내게는 꽤 큰 충격이었다.

"저는 꿈이 없어요."
"정말 꿈이 없어요?"
"네, 없어요."

어떻게 꿈이 없을 수 있는지, 나는 믿을 수가 없었다. 그래서 나는 매 학기가 시작될 때마다 학생들에게 과제를 주기로 했다. 적어도 4개월간의 한 학기가 끝나기 전까지 세 가지 이상의 꿈을 만들게 했다. 그랬더니 정말 서서히 그들 안에서 꿈이 하나씩 살아 일어나 숨을 쉬고, 꿈틀거리며 기지개를 켜고, 자라나기 시작했다. 그저 K-Pop이 좋고, BTS가 좋아서 한국에 관심과 흥미를 갖게 되면서 단순한 호기심으로 한국어를 배우기 시작하던 인도 학생들이 꿈을 꾸며 그 꿈을 구체화하기 시작했다.

"한국으로 유학을 가고 싶어요."
"한국 회사에 취직하고 싶어요."
"한국으로 여행을 가고 싶어요."
"세계 여행을 하고 싶어요."
"관광 가이드가 되고 싶어요."
"통역사가 되고 싶어요."
"관광공사에서 일하고 싶어요."

"국제변호사가 되어 한국 기업을 돕고 싶어요."

"한국에서 가수가 되고 싶어요."

"한국에서 인도 식당을 오픈하고 싶어요."

정말 수없는 꿈이 쏟아져 나왔다. 마침내 하나둘 그 꿈을 실제로 이루어 가고 있는 인도 학생들을 지켜보았다. 꿈이 한 사람의 인생을 어떻게 변화시키는지 바로 곁에서 볼 수 있었다. 삼성, 현대, 엘지의 통역사로 취직하더니 이제 더 나아가 세계적으로 구글과 아마존뿐만 아니라 다국적 기업까지 한국어 통역사로 취직해서 일하고 있는 모습을 보면 사실 감격스럽다는 말로도 부족하다.

유학의 꿈을 갖고 KGSP(Korean Government Scholarship Program, 한국 정부 장학금 프로그램)의 장학금을 받아 국가 장학생 신분이 되어 한국의 여러 좋은 대학교에서 석사 과정뿐만 아니라 박사 과정까지 공부하는 이들을 보면 마음이 뿌듯하고 자랑스러울 따름이다.

얼마 전에 인도에서 화상전화가 왔다.

"선생님, 여기에 우리 다 모여 있어요. 모두 삼성에 있어요."

"정말이요? 너무 감사하고 기뻐요 ~"

"모두 선생님 덕분이에요."

목이 메어왔다. 말을 더 이어가기 어려웠다. 오히려 내가 고맙다고 감사의 마음을 전하고 싶었다. 꿈을 갖고 그 꿈을 이루기 위해 노력하고 앞으로 나아가며, 인도에서의 삶을 윤택하게 꾸려가는 그들의 모습이 아름다웠다. 꿈이 현실이 되고, 그들의 능력이 되는 것을 내 눈으로 똑똑히 바라보고 직접 체험하면서 온몸으로 확인하는 시간이었다. 꿈은 힘이다. 내게는 적어도 꿈은 삶의 능력이다.

5. 청출어람(靑出於藍), 독보적인 제자들

　새 학기가 시작되면 설레는 마음으로 한국어를 배우러 오는 새로운 얼굴들을 마주했다. 그들은 착하고 순수했으며 똘똘했다. 유난히도 커다랗고 동그란 눈을 가진 인도 학생들은 그 큰 눈을 더 크게 뜨고는 칠판 앞에 서서 그들을 가르치는 나를 뚫어지게 쳐다보았다. 마치 왕방울 같은 눈이 나를 집어삼킬 것처럼 말이다. 나는 그들을 마음과 눈에 담고 힘껏 열정을 다해 가르치려 애썼다.

　인도 학생들에게 한국어를 가르치던 그 시간엔 델리를 뿌옇게 덮어 싸고 있는 독가스라 불리던 세계 1위를 놓치지 않던 어마어마하게 높은 미세 먼지 지수는 물론이고 45도를 웃도는 대기의 열기와 빵빵거리는 바깥의 소음 그리고 외로움과 향수조차도 모두 잊어버렸다. 오직 기쁨과 희열을 느꼈다. 그들은 한국에 돌아와서도 인도에서 만난 마음속 그리운 이들이 되어 고스란히 남아 있다.

　2021년, 575돌 한글날 행사가 열렸다. 해마다 문화체육관광부와 세종학당재단에서 전 세계에서 한국어를 공부하는 우수학습자들을 초청해서 전 세계 한국어 말하기 대회를 개최하는데, 그해에는 아쉽게도 코로나19 팬데믹으로 비행기를 탈 수 없는 상황이 되어 결국 비대면 전 세계 말하기 화상 대회를 열었다. 여기에 인도를 대표해 제자 아누부띠가 참가했고, 당당하게 전 세계에서 한국어로 가장 말을 잘하는 학생에게 수여하는 대상을 거머쥐었다.

　얼마나 기쁘고 놀라운 일이었는지, 입이 다물어지지 않았다. 실로 믿기 어려운 꿈만 같은 일이었다. 아누부띠는 2020년에도 전 세계 한국어 쓰기 대회에서도 대상을 받은 적이 있을 정도로 이미 그 실력을 인정받은 학생이다. 이제 세계에서 한국어 쓰기뿐 아니라 한국어 말하기도 가장 잘하는 사람으로 어엿하게 우뚝 솟아 모두에게 인정받게 된 것이다. 그토록 뛰어난 학생이 있을까? 2018년, 세종학당 전 세계 한국어 말하기 대회에서 대상을 받고는, 지금은 서울대학교에서 장학생으로 유학 중인 소라비 다음으로 2021년에는 아누부띠가 또 한 번의 큰 기쁨과 환희를 안겨 주었다.

아누부띠는 그렇게 큰 세계적인 대회에서 대상 수상을 하고는 내게 감사의 메시지를 보내왔다.

"저, 내년 2월에 한국으로 유학 갈 거 같아요. 선생님을 곧 뵙고 싶습니다. 선생님이 항상 저를 응원해 주신 덕분에 대회가 있을 때마다 저는 자신감 있게 할 수 있습니다!"

지금도 그 감격의 순간을 잊지 못한다. 그리고 그 후에 얼마 지나지 않아 아누부띠는 실제로 세종학당재단에서 주는 장학금을 받으며 어학연수를 떠나 연세대학교에서 얼마나 열심히 공부했는지 모른다.

그동안 마음을 쏟아 한국어를 가르치며 재능 있고 훌륭한 인도 학생을 수없이 만났다. 그중에서도 아누부띠는 자와할랄네루대학교(JNU, Jawaharlal Nehru University)에서 석사 과정으로 국제관계학을 전공하며 교수를 꿈꾸면서 한국어를 공부하던 그녀는 다즐링티(Darjeeling Tea)와 아쌈티(Assam Tea)로 유명한 아쌈(Assam) 지역 출신의 재원이었다. 내게 초급반에서 기초 한국어를 배울 때부터 늘 나를 감탄하게 했던 뛰어난 학생으로, 고급반에 올라가서도 함께 공부했던 아주 특별한 제자다. 지금은 인도에서 한국어를 가르칠 수 있는 한국어 교사 양성 과정까지 마치고 인도 학교에서 한국어 선생님으로 꼬맹이 인도 학생들을 가르치기 시작했다. 언젠가는 인도 대학교에서 교수가 되리라 기대한다.

나디아 또한 내게 빼놓을 수 없는 사랑스러운 제자다. 고등학생 때부터 한국어를 배우러 와 나의 교실에서 함께 공부했던 나디아는 수줍음을 타는 여린 여학생이면서도 모든 면에서 탁월했다. 한국 노래와 댄스에 뛰어난 재능을 보였던 나디아는 내게 각별한 제자였다.

주인도 한국문화원에는 한국에서 주요한 손님들이 자주 방문하곤 했는데, 국회의원부터 장관급 인사들과 기관장들이 인도를 방문하면 꼭 들러서 살펴보곤 했다. 우리는 한국에서 오시는 주요한 귀빈들을 위해 매번 환영 행사를 준비했다. 나는 사물놀이나 K-Pop 댄스와 노래, 인도 전통 춤까지 재능있는 인도 학생들을 발굴해서 환영 공연을 준비시켰다. 그때마다 나는 나디아에게 연락해서 공연을 부탁했다. 고맙게도 나디아가 문화원 강당에서 한국 노래를 부르면 한국에서 오신 귀빈들은 한결같이 큰 박수를 보내며 칭찬을 아끼지 않았다. 한국어도 능숙하게 잘해서 한국어 발음이나, 발성, 억양까지도 거의 완벽했다. 그런 나디아가 2020년에 문화체육관광부와 세종학당재단에서 주관하는 전 세계 한국어 학습자 말하기 대회에서 우수상을 받은 것이다.

주인도 한국문화원에서 한국어를 배운 후에 지금은 정식 한국어학과가 있는 JUN(자와할랄네루대학교)에서 한국어를 전공하고 있다. 나디아 또한 대회에서 받은 포상으로 서강대학교에서 어학연수를 잘 마쳤다.
대회에서 우수상을 받고 나서 전한 수상소감은 아래와 같다.

여러분, 사람과 사람이 만난다는 건 곧 문화와 문화가 만나는 거라고 하지요? 인도에는 정이라는 단어가 없습니다. 한국어와 한국 문

> 화를 배우면서 '정이 들다'라는 말을 배우긴 했지만, 그 의미를 제대로 이해하지 못했던 거 같습니다. 한국의 정이 무엇인지 이해할 수 있게 가르쳐 주신 우리 한국어 선생님, 정말 감사합니다.

지금 와서 다시 들어봐도 너무나 감동적이다.

나는 그저 늘 나디아를 생각하면 입꼬리가 올라가고 마음이 즐거워진다. 내 생애에 그토록 보석같이 빛나고 아름다운 제자들을 주셔서 감당하지 못할 큰 감격을 안겨주니 그저 감사할 따름이다.

그리고 또 한 사람, 나와 오랜 시간 함께 한국어를 공부하며, 전 인도 말하기 대회를 준비하면서 같이 울고 웃었던 맘따를 언급하지 않을 수 없다. 내게 친구와도 같았던 다정하면서도 포근한 맘따에게 고마움과 찬사를 보내고 싶다. 맘따는 원래 델리대학교에서 컴퓨터를 전공한 재원으로 BTS가 좋아서 한국어를 배우게 된 학생이었다. 맘따 덕분에 나도 BTS를 더 알게 되었으니, BTS를 아주 초창기부터 알아보며 좋아하던 친구다. 머리가 좋으니 당연히 한국어 실력도 뛰어났으며, 금새 한국어능력시험(TOPIK)에서 한국인 원어민 수준의 6급을 받았고, 당당히 KGSP(한국 정부 장학금 프로그램) 장학생으로 선발되어 연세대학교에서 석사 과정을 마쳤다.

채식주의자인 그녀가 한국에서 공부하면서 얼마나 힘들었을지, 학업이 얼마나 큰 짐이었을지 눈으로 보지 않아도 선명하게 그려진다. 얼마나 힘들었으면 박사 과정을 하지 않았는지 이해가 간다. 그 모든 시간을 이겨내고 지금은 인도로 돌아가서 한국 기업, 한라그룹에서 자율주행 연구원으로 일하고 있다.

누구보다도 날 생각해 주고 마음을 나누며 고민을 이야기하던 맘따가 자신이 가야 할 합당한 멋지고 훌륭한 길을 가고 있어서 감사하다. 가슴이 벅차오른다. 한 달 동안 한국으로 출장 와서 나를 만나서 눈물 흘리며 감격하고 기뻐하던 순간들, 날 위해 땀 흘리며 수고한 맘따의 열정적인 사랑의 손길에 감사하지 않을 수가 없다. 맘따를 생각하면 마음이 뜨거워지면서, 눈가가 붉어지며 주체할 수 없는 그리움의 눈물이 쏟아질 것만 같아 마음을 다잡는다.

이 모든 게 꿈만 같다. 매년 한글날을 맞이할 때마다 우리가 한글과 고유한 한국어를 사용할 수 있다는 사실에 기쁘다. 또한, 외국인들에게 외국어로서 한국어를 가르칠 수 있음에 스스로 자긍심을 느낀다. 제자들이 날로 성장해 가고 발전해 가는 모습을 보며 청출어람을 생각한다. 좋은 제자들이 좋은 선생님으로 만들어 주는 것만 같다.

소중하고 다정한 제자들 덕분에 나는 좋은 선생님이 될 수 있는 게 아닐까?

훌륭한 나의 인도 제자들이 고마울 따름이다. 상을 받지 못한 제자들뿐만 아니라 끝까지 한국어를 완주하지 못한 제자들까지도 열심히 최선을 다해 함께 달려와 준 나의 모든 제자가 나의 스승이 되었다. 고맙다는 말을 전하고 싶다. 그들 모두에게.

6. 인도 학교에서 제2외국어가 된 한국어 열풍

조촐하게 시작된 주인도 한국문화원의 세종학당에 날이 갈수록 한국어를 배우러 오는 학생들로 넘쳐났다. 초기에는 학생들이 많지 않아 고민했다. 그런데 불과 그러한 고민을 시작한 지 2년 정도가 흐른 후에는 생각지도 못할 엄청난 변화가 일어나기 시작했다. 학기가 끝나고, 새 학기를 준비하면서 새로운 학생들의 등록을 받는 기간에 엄청난 사람이 한국어를 배우기 위해 주인도 한국문화원(KCCI)으로 몰려왔다.

문제는 한국문화원 안에 그 많은 학생을 다 수용할 수도 없었고, 가르칠 선생님도 부족했다. 급기야 등록일을 축소하고, 모집 인원 수도 제한했다. 예비 학생들을 대상으로 그룹 인터뷰를 진행해 새로운 신입생들을 선발했다. 그러자 탈락한 사람들의 불만이 폭주했고, 심지어 재수, 삼수를 해서라도 지치지 않고 계속 등록 신청을 하는 사람들도 있었다. 하물며 개인적으로 긴밀하게 부탁을 해오는 사람들도 생겨났다.

어학을 배우는 데 인터뷰까지 해야 하는 것도, 그 많은 지원자 가운데 적합한 신입생을 찾아 합격시키거나, 탈락시키는 일도 여간 힘든 일이 아니었다. 인터뷰 시간에 맞춰 줄을 길게 늘어선 인도의 많은 젊은 사람을 보는 것만으로 뜨거운 열기가 느껴졌다. 인도 사람들이 한국에 대해 특별한 관심을 보이며, 한국어를 배우는데 시간과 재정을 투자하고 있었다. 기꺼이 줄을 서서 인터뷰 순서를 기다리는 모습은 한국인으로서, 특히 외국어로서의 한국어를 가르치는 선생님으로서 얼마나 가슴 벅찬 일이었는지 모른다.

그렇게 인도에서 한국어 열풍이 불었다. 급기야 우리나라 교육부가 인도 교육부와 협의해 인도 학교에 정식으로 한국어가 제2외국어로 채택되기 위해 힘썼다. 그렇게 주인도 한국문화원의 세종학당이 한국의 교육부와 함께 이 일을 위해 기초를 세워갔다. 그리고 얼마 지나지 않아 마침내 인도 교육부에서 한국어를 인도 학교의 정식 제2외국어로 채택하는 쾌거를 이루어 냈다.

한국어 수업을 원하는 인도 학교의 신청을 받아 선생님들이 교육부의 지원을 받아 인도 학교로 직접 한국어 수업을 하러 나가기 시작했다. 한국어 원어민 선생님이 되어 인도의 어린 학생들을 만나러 가게 된 것이다. 내가 한국어 수업을 하러 가던 학교는 델리 북쪽 외곽에 있는 '그린웨이모던스쿨'(Greenway Modern School)로 유치원부터 고등학교 12학년까지 갖춰진 꽤 큰 규모의 인도 사립학교였다.

처음 그 학교에 한국어 수업하러 갔을 때, 나를 기다리던 5학년에서 11학년 사이의 장난꾸러기 인도 학생들의 눈빛과 호기심 가득한 얼굴을 지금도 사진으로 보는 것처럼 선명하게 기억하고 있다.

어떻게 그들의 맑은 눈을 잊을 수 있겠는가?

'이 아이들은 어떤 마음으로 한국어를 배우기 위해 이곳에 앉아있을까?'

나는 궁금했다. 그들은 그냥 한국어가 배우고 싶다고 했다. 어떤 아이들은 BTS를 좋아한다고 팬이라고 했다. 신기하기도 하고, 아이들이 사랑스러웠다. 푸른색 교복을 입은 그들의 초롱초롱한 눈빛은 맑았다. 얼굴에는 웃음꽃이 피어서 연신 까르르 까르르 웃어댔다. 그들에게 들리는 한국어는 신비하기도 하고, 만화 속에서 튀어나온 말처럼 생소하면서도 흥미로워 호기심을 가득 채우고도 남은 모양이었다.

교실은 더웠고, 천정에는 선풍기 여러 대가 매달려 윙윙 소리를 내며 돌아가고 있었다. 날씨가 더워 교실의 모든 창문은 활짝 열려 있어서인지 바깥 소음이 간간이 교실 안으로 들려왔다. 화이트보드 흰색 칠판과 마커가 준비되어 있을 거라 기대했지만, 교실 칠판인 옛날 녹색 칠판에 흰색과 노란색 분필이 전부였다. 거기에다 수업 중간중간 아마도 교실에서 살고 있을지도 모르는 생쥐들이 출몰해 이곳저곳을 휙휙 지나다니고 있었다. 내게는 결코 영원히 잊지 못할 추억이 된 곳이다.

내가 출석부에 적힌 아이들의 이름을 부르기 시작했을 때, 학생들은 키득키득 웃기 시작했다. 그날 처음 받아 든 그들의 힌디어 이름을 내가 정확하게 부르지 못했기 때문이다. 우리는 서로를 위해 부족한 가운데 포용하며 즐거운 마음으로 배우고자 했다. 그 시간에 한국어를 배우기 위해 나를 바라보고 앉아있는 학생들이 그토록 사랑스러울 수가 없었다. 나는 목소리를 높여 수업을 이끌어 가야만 했다. 한국어 알파벳 자음과 모음을 가르치기 위해 칠판에 가장 예쁘고 큰 글씨를 썼다. 칠판을 지우면 분필 가루가 날리고, 내 목구멍으로 들어가는 것만 같았지만, 즐겁고 신나게 웃으면서 수업했다.

마지막 종강 수업에 나는 아이들이 먹고 싶어 한 김밥과 떡볶이를 만들어 갔다. 태어나서 처음 보는 음식들, 이 세상에 존재할 거라고는 상상조차 하지 못했던 알록달록한 한국 음식에 아이들의 큰 눈은 더 커졌다. 입이 다물어지지 않았다. 그들에게는 너무나 생소하게 보이는 진한 빨간색 양념이 들어간 떡볶이와 검은색 천으로 둘러싼 것만 같은 그리고 알 수 없는 식재료가 원을 그리며 나란히 담겨 있는 김밥을 아주 조심스럽게 하나 집어 맛을 보았다. 그 오묘한 맛을 느끼며 신기해하던 학생들의 일그러진 표정이 너무 우스꽝스럽기도 하고, 귀엽기도 하고, 재미있었다. 차마 용기를 내지 못해 끝내 하나도 먹지 못하고 포기한 학생들도 있었다.

그들 인생에서 한국 음식과의 첫 만남과 그 특별한 경험을 했던 그 순간을 어떻게 잊을 수가 있을까?

나는 학생들이 너무 궁금해서 꼭 맛보고 싶다고 했던 된장과 고추장도 집에서 가져가 직접 보여 주며 맛보게 했다. 채식주의자가 대다수인 학생들은 고기가 들어있느냐며 내게 확인을 해왔다. 나는 인도에서 지내는 동안에 특히 인도 사람들을 위한 음식을 준비할 때는 항상 고기나 달걀을 전혀 넣지 않았다. 김밥과 떡볶이에도 당연히 쌀과 야채만을 넣어서 만들어 학생들에게 안심하고 맛을 볼 수 있게 해 주었다. 당연히 고추장과 된장은 순수 야채 양념인 것을 검증하고 나서 아이들이 고추장을 손가락으로 찍어 먹어 보기 시작했다. 찡그리며 맛있다고 하던 아이들, 해맑은 그 아이들의 모습들, 수줍은 여학생들의 미소가 더욱 그립다.

사실 우리의 누런 된장은 그 뚜껑을 열기가 무섭게 아이들이 비명을 지르며 도망가는 바람에 된장을 맛보는 아이는 거의 없었다. 한두 학생들만 겨우 큰 용기를 내어 그들에게는 어마어마한 된장 맛을 맛보는 거대한 도전에 성공했다. 한 아이는 된장을 집으로 가져가도 되는지 물어 왔다. 집에 가서 부모님께 꼭 보여 드리고 싶다고 해서 학생의 손에 된장을 들려 보낸 적도 있다. 한국의 문화와 한국어, 한국의 음식과 양념이 인도 사람들의 가정 속으로 그렇게 서서히 스며들어 가고 있었다.

한국 전통의상을 보여 주고 싶은 열망에 사로잡힌 나는 직접 한복을 입고 학교에 갔다. 문화원에서 준비해 간 한복을 학생들에게 입어 보게 하고, 옷고름을 매어주며, 함께 나란히 한복 입은 모습을 카메라에 담았다. 우리는 서로 작은 선물을 주고받았다. 순수하고 따뜻한 아이들의 마음을 느끼며 눈물이 울컥했다. 나는 학생들에게 〈아리랑〉 노래를 가르쳐 주었는데, 후에 학생 밴드가 BTS의 〈아리랑〉을 연습해서 발표하는 모습을 보면서 뜨거운 감정이 차올라 주책없이 눈물이 흘러나왔다. 한국어로 자기소개하는 연습도 하고, 한국 노래를 배우던 그 시간이 그들의 인생에 작은 밑거름이 되었기를 바란다. 그 당시에는 힘들고 불편하기도 했지만, 돌아보면 얼마나 보람되고 행복한 순간이었는지 모른다. 지금도 나는 다시 그곳으로 돌아가 보고 싶다.

이제 인도 교육부에서 한국어를 정식 제2외국어로 채택했다. 지금 인도 학교에서는 교과목으로 한국어를 배우는 학생들이 점점 늘고 있다. 인도 현지에서도 더 많은 한국어 교사를 양성해 내고 있으며, 점차 더 많은 인도 학교에서 학생들이 제2외국어로 한국어를 선택한다. 앞으로 한국어의 열풍이 얼마나 더 뜨겁게 어떻게 불어갈지 생각만으로도 그 기대가 벅차오른다.

인도 사람들은 한국어가 그들의 미래에 얼마나 큰 경쟁력을 지니고 있는지를 일찌감치 알았다. 한국어를 구사하면, 앞으로 그들의 삶이 질적으로 얼마나 좋아질 수 있는지 볼 수 있는 보배로운 눈을 가졌음에 분명하다. 그들은 미래를 훤히 내다보고 있다. 이미 한국어를 공부한 인도 사람들이 한국 기업에 취직해서 자리를 잡고 있지만, 앞으로는 이보다도 더 훨씬 우리가 상상하지 못할 만큼 크고 많아질 거라는 정도는 누구나 예측할 수 있는 일이 되었다.

7. 대통령의 인도 국빈 방문 준비

　인도에서 거주하는 동안 우리나라의 국가 원수 대통령의 인도 국빈 방문이 두 번 있었다. 먼저는 2014년 1월의 박근혜 전 대통령의 국빈 방문과 두 번째로는 2018년 7월에 있었던 문재인 대통령 내외분의 국빈 방문이다. 인도에 국빈 자격으로 박근혜 대통령의 인도 방문이 있었을 때는 아쉽게도 행사 자리에 함께하지 못했다. 그 당시에는 가깝게 지내던 동료들이 박근혜 전 대통령의 최측근이 보좌를 해서 여러 에피소드와 소식을 듣기만 하고는 직접 뵙기는 어려웠다.

　그 후, 다시 2018년 7월에 있었던 문재인 전 대통령 내외분이 국빈 방문으로 인도에 오셨을 때는 대사관 영사님들과 함께 대통령 내외분의 국빈 방문을 위해 준비할 기회가 주어졌다. 직접 현장에서 미리 예행연습을 하며 내 인생에서 다시는 경험하지 못할 여러 다양한 경험을 할 수 있었다. 고국을 떠난 타국, 특별한 공간에서 내 속에 잠재하고 있던 작은 애국심을 일깨우며 가슴 설레던 특별한 순간이었다.

　기자들이 모여서 한국에 뉴스를 전할 프레스 센터에 통역원들이 필요했다. 이미 예비 된 누구보다도 똑똑한 인도 제자들이 유능한 통역원이 되어 기자들과 함께 맡겨진 일을 척척 잘 감당해 냈다. 나는 인도 학생들을 선발해서 대통령 내외분을 환영하는 자리에서 축하 공연을 하기 위해 준비하느라 분주했다. 인도 학생들로 구성된 주인도 한국문화원 세종학당의 사물놀이팀은 그동안 쌓아온 실력을 발휘하기 위해 더 열심히 연습에 열을 올렸다.

전인도 K-Pop 댄스 대회에서 수상했던 댄스팀 '뉴크리에이터'도 한국 노래에 맞춰 실제 가수들처럼 출중한 댄스 실력을 보이면서 지칠 줄 모르고 연습에 열중했다. 몇 날 며칠을 연습하며, 세세하고 완벽한 공연 전 리허설까지 만반의 준비를 끝내고는 대통령 내외분의 국빈 방문을 숨죽여 기다리며 기대했다. 또한, 미리 선발된 주인도 한국문화원 세종학당 학생들이 인도 전통의상인 사리와 꾸르따를 입고, 학생들이 직접 쓴 환영 카드("대통령 내외분의 인도 국빈 방문을 환영합니다")를 준비해서 대통령 내외분이 머무르실 오베로이 호텔 로비에서 철통같은 보안과 긴장 속에서 기다리다가 대통령 내외분을 큰 기쁨으로 환호하며 환영했다. 그러다보니 한국 메인 공영방송 뉴스 화면에 내가 몇 차례 나온 모양이다. 이를 본 친지들과 친구들로부터 반가운 연락이 오기도 했다. 즐겁고 짜릿한 추억이다.

내 인생에 대통령 내외분을 가까이에서 직접 모시게 된 것은 처음 있는 일이었다. 이국땅에서 맞이하던 본국의 대통령을 기다리는 시간은 마치 먼 이국 고향 땅에서 아버지가 한걸음에 달려오시는 것만 같은 설렘으로, 먼 길을 돌아오시는 아버지를 마중 나가는 마음처럼 흥분되고 가슴이 콩닥거리던 그러면서도 따스하고 행복한 떨림의 순간이었다.

한국 대통령을 국빈으로 초청한 인도 정부가 파격적인 의전을 선보였다. 청와대는 대통령이 인도 국빈 방문 중 소화해야 하는 18개 일정 가운데 11개를 모디 총리와 함께 진행했다고 설명했다. 또 대통령의 방문일정에 맞춰 총리 영빈관 리모델링을 완공하는 등 인도 측이 대한민국 대통령을 위해 세심한 의전적 배려를 하고 있다고 밝혔다. 인도 현지에서 모디 총리의 전격 제안으로 델리 북쪽 신생 대단지 산업도시인 노이다에 있는 삼성전자 신공장까지 지하철을 이용해 함께 이동하기도 했는데, 이는 친교와 예우 차원이라고 보도했다.

게다가 인도의 모디 총리는 문재인 전 대통령과의 동포 만찬을 축하하기 위해 마음을 담아 인도 전통 무용수들을 보냈다. 인도 아유다 왕국에서 건너와 김수로왕과 결혼한 허황옥에 대한 무용극과 인도 전통춤으로 축하 공연을 준비해서 양국 간 정상들의 우호적인 관계를 보여 주려 애썼다. 전 대통령에 대한 이례적이며 특별한 의전이었다고 한다.

외롭게 고독을 벗 삼아 오랜 타국 생활을 하던 내게 그리운 고국의 대통령과의 만남은 큰 위로가 아닐 수 없었다. 내외분을 뵐 수 있었던 그 시간에 감사한다. 오래도록 기억에 남을 소중한 추억이 되었다. 내게 선물과 같은 인생 경험으로 주어진 그날의 웃음소리와 격앙된 목소리들, 경쾌한 발걸음과 단정한 옷매무시가 내 손끝에 그대로 지금도 남아있는 듯하다.

제8장

인크레더블 인디아(Incredible India), 인도 여행 스케치

1. 아이의 역사가 된 분홍 헬로키티 여행 가방

어디론가 떠나가는 여정은 늘 커다란 가방과 필연적 동행을 이룬다. 해외 생활을 하다 보니 늘 집안 구석 어딘가에 이민 가방과 특대형 슈트케이스를 기본으로 챙겨 보관하곤 했다. 떠남과 이동에 있어 큰 가방은 빠질 수 없는 필수품이기에 어쩔 수 없는 일이었다.

인도로 떠나는 길고 긴 여정을 준비할 때도 큼직한 여행용 가방을 준비하는 일부터 시작했다. 떠날 채비를 할 때는 언제나 거실 한 중앙에 미리 준비해 둔 이 듬직한 가방의 입을 벌려 놓고는 꼭 필요한 물건들을 담을 채비를 했다. 어떤 물건은 단숨에 그 입속으로 풍당 들어가기도 하고, 또 어떤 것들은 들어갔다 나왔다를 반복하다가 결국 가방 속에서 퇴출당하기도 하고, 가방 속에 무사히 안착하기도 했다. 필요하다고 원하는 모든 물건으로 가방을 다 채울 수는 없으니 어쩔 수 없는 일이다.

늘 머릿속 뇌를 최대한 빨리 최적으로 회전시키면서 없어서는 안 될만한 그런 물건에 우선순위를 정해 두어야만 했다. 욕심을 부렸다가는 가방의 입을 닫을 수 없어 다시 머리를 써서 담았던 물건들을 토해내야 했기 때문에 그런 불상사와 마주하지 않기 위해 안간힘을 썼다. 무게를 고려해 여행용 가방 자체가 무겁지 않은 튼튼하면서도 가벼운 것을 장만해서 늘 우리의 여행 동반자로 삼곤 했다.

나는 당시 만 두 돌이 된 딸아이를 위해서 특별한 선물을 해 주기로 마음먹었다. 이제는 작고 조그마한 예쁜 아이에게 그에 맞는 여행 파트너가 필요했기 때문이다. 딸아이에게는 앞으로 얼마나 많이 비행기에 몸을 싣고 날아다녀야 할지 예견할 수 없는 길고 긴 여정 속의 중요한 출발점에서 있는 순간이었다. 아직 두 돌밖에 지나지 않은 작은 어린아이였지만, 오래도록 애착을 갖고 아이가 어디를 가든 함께하는 친숙하면서도 따뜻한 친구를 만들어 주고 싶었다.

언제나 여행지는 호기심을 갖고 출발하는 설렘의 장소이기도 하다. 늘 그렇듯 그와 함께 낯선 곳에 대한 두려움과 떨림이 함께하기 마련이다. 때론 향수병과 고독도 덩달아 따라나서곤 했다. 가슴이 휑하니 뻥 뚫린 것만 같은 순간도, 차오르는 눈물을 삼켜야만 하는 밤의 시간도, 포근한 위로와 정이 그리워지는 그런 여행길에서 곁을 든든히 지켜주며 함께할 여행 친구가 있어야 한다는 것을 알고 있었기에 그러했다.

그런 딸아이의 여행길에 위안이 되어줄 가방 친구를 찾아 부천의 뉴코아아울렛으로 향했다. 오래오래 10년 이상 사용할 수 있는 예쁘기도 하겠지만, 무엇보다 튼튼한 여행 가방을 찾아 이리저리 돌아다니다가 우리의 눈을 사로잡는 한 가방 앞에 걸음을 멈추었다. 아이가 좋아하던 분홍색 바탕에 하얀 헬로키티가 그려진 여아용 슈트케이스였다. 조금 비싼 듯해서 약간 주저했지만, 10년을 사용할 수 있다면 결코 비싼 가격은 아니라고 생각했다. 딸아이는 뛸 듯이 기뻐했고, 당장 분홍 헬로키티 가방을 끌며 집에 가자고 야단이었다. 우리 마음에도 들고, 아이의 마음에도 쏙 드는 특별한 선물이자 여행 친구가 될 첫 슈트케이스를 손에 들었다. 앞으로 우리와 함께할 핑크빛 여정을 축하하고 기대하면서.

그동안 분홍 헬로키티 가방은 우리가 가는 모든 길에 함께 했다. 딸아이는 낯선 타국에서 얼굴이 다르고 피부색도 다른 사람들을 만날 때마다, 이국땅의 공항 라운지에서 비행기를 기다리던 지루하면서도 떨리는 긴장감으로 가득 찼던 모든 순간에 그 작은 가방은 소중한 친구가 되어 주었다. 마음 둘 작은 위안의 장소가 되었다. 아이가 잠시라도 편안하고 포근함을 맛볼 수 있게 해 주던 애착 이불처럼 다정한 애착 친구로 곁에 있어 줬다.

가방은 비행기를 여러 번 타고 오르내리며, 아이를 따라 험난한 길을 쫓아다니다가 결국 고장이 나서 두 차례나 수선을 해야만 했다. 한번은 한국에 와서 가방 수선집을 찾아 2만 원을 주고 지퍼를 갈았다. 그 후에는 얼마나 들고 다녔던지 손잡이가 흔들거려서 인도에서 수선집을 찾아 나섰다. 다행히도 이웃 사람들에게 수소문하여 근처에 있던 라즈빳 나가르 센트럴 마켓의 시장 골목 안에 꼭꼭 숨어있는 신발가게 2층의 작은 가방 수선집을 찾아냈다. 몸을 겨우 움직이며 한 사람밖에 올라갈 수 없었던 작고 비좁은 계단을 올라갔다. 허름하고 오래된 그 가방 수선집은 모든 가방을 척척 고쳐냈다.

분홍 헬로키티 가방 손잡이를 고치고 나서는 그 솜씨에 놀라 집에 있던 고장 난 이민 가방의 바퀴도 들고 가서 말끔히 고쳤다. 동료 한국어 선생님의 고장 난 슈트케이스도 대신 들고 가서 고쳐주었다. 그렇게 나는 그 후미진 시장 골목 작은 가방 수선집의 단골이 되었다. 나중에는 수선한 가방을 직접 우리 집으로 가져다주기도 했다. 돌아보면 인도에는 선하고 정직한 사람들이 많이 있었다. 내가 만났던 인도 사람들은 친절했고, 마음이 따듯한 사람들이었다. 잊을 수 없는 나만의 고유한 경험이고, 분명한 사실이다.

아직도 아이의 분홍 헬로키티 가방은 사용하기에 부족함이 없이 제 모습을 유지하고 있다. 지금껏 우리와 함께해 준 이 분홍 가방은 우리 인도의 역사이고, 아이의 성장 이야기와도 같다. 우리 삶의 역사이기도 한 이 가방을 도저히 버릴 수 없어 아직도 곁에 두고 있다. 가방을 버리는 순간, 마치 우리가 걸어왔던 인도의 여정과 우리 삶 속에서 동행하던 친한 친구를 잃어버리는 것과 같은 생각이 들어서다. 그동안 함께 써 내려간 우리만의 인도 이야기가 지워져 버리기라도 하듯 말이다. 여전히 손을 놓지 못하고 움켜쥐고 있다. 우리가 걸었던 거친 여행길에서 언제나 함께했던 그 가방은 우리가 먼 길을 나서는 모든 일정마다 함께 했던 분신 같은 존재였기 때문이다. 아이의 생애 가운데 동반자로 지금껏 같이해 온 이 분홍 가방에 애틋한 마음이 남아 있다.

그렇게 시작된 분홍 헬로키티 가방은 12년이 지난 지금도 우리 집 다락방에서 제자리를 굳건히 지키고 있다. 아이는 이미 중학생이 되어 그런 분홍 헬로키티 가방을 더 이상 들고 다닐 수도 없을뿐더러 이제 찬밥 신세가 되었지만, 우리의 영원한 여행 친구를 차마 떠나보내지 못하고 있다. 아이의 단짝 친구였던 그 분홍 가방을.

2. 고마운 그곳, 인디라간디국제공항(I.G.I)

엄하고 굳은 표정의 군인들이 군복을 입고 허리에 총을 찬 채 입구를 지키는 곳, 그 앞에서 나도 모르게 숨을 죽이며 긴장하게 하는 그곳은 인도 뉴델리에 있는 인디라간디국제공항(I.G.I)이다.

그곳을 통과해야만 항공 수속과 이민국 검색을 지나 비행기를 탈 기회가 주어진다. 군인들은 공항 입구에서 한 사람 한 사람 승객의 항공 티켓을 일일이 검사한다. 당일 항공 티켓을 소지한 사람만이 공항 내부로 들어가도록 허용된다. 그러니까 인디라간디국제공항은 공항 안에서 누군가를 마중하거나 배웅하기가 어렵다. 테러의 위험으로부터 승객들을 보호하고 인디라간디국제공항을 지키겠다는 인도 정부의 확고한 정책이다.

하지만, 나처럼 하늘을 나는 꿈을 꾸며 비행기와 공항을 사랑하는 이들에게는 델리 국제공항은 야속하기만 하다. 나는 비행기를 타지 않고 공항에 가는 것만으로도 행복감을 누렸던 사람인데 그럴 수가 없었다. 인도 델리 국제공항은 마음대로 드나들 수도 없을뿐더러, 마중과 배웅을 핑계로 공항에 가서 비행기 냄새와 공항의 숨결을 느끼고 싶어 하는 이들에게는 굳게 닫힌 거대한 철문과 같은 곳이다.

오직 비행기 항공권을 가지고 있을 때만이 가슴을 쭉 펴고 당당하게 들어갈 수 있으니 한국행 비행기를 타는 날을 기쁨과 설렘으로 손꼽아 기다리는 것은 당연했다. 델리공항은 하늘로 가는 굳게 닫힌 문이었다. 아무튼 이런 델리의 인디라간디국제공항은 가혹한 곳이었다. 실탄이 들어있는 총을 허리춤에 차고, 공항 보안 검색을 철저하게 관리하는 키가 크고 몸집도 큰 인도 군인들을 보고 있는 자체만으로도 스스로 주눅 들기에 충분했다. 테러리스트가 아닌데도 괜히 저절로 가슴 졸이게 만드는 곳이 바로 그곳이다.

어느 날, 이 델리공항에서 우리에게 한 가지 사건이 터졌다. 한국을 방문해 분주한 일정을 마치고, 인천국제공항을 출발한 델리행 비행기는 한밤중이 되어서야 인디라간디국제공항에 도착했을 때다. 한국에 다녀오는 길은 언제나 짐이 무거웠다. 한국에서 필요한 온갖 물품을 꽉꽉 채워 왔기 때문이다. 인도에는 늘 우리에게 필요한 무언가가 없다고 여겼기에 한국에서 챙겨가지 않으면 안 될 것만 같은 심리적 압박이 늘 있었던 것 같다. 그날도 우리 가족 셋이 가져온 가방이 무려 여섯 개였으니 얼마나 신경을 쓰며, 챙기고 또 챙겨 짐을 꾸렸을지 그야말로 짐들과의 전쟁을 방불케 했다. 가볍게 여행하는 사람들이 그저 부러울 지경이었다.

분홍 헬로키티 여행 가방이 문제였다. 딸아이를 위해 선물한 슈트케이스는 우리가 여행할 때마다 함께 한 동료이자 친구였다. 공항에 도착해서 길에 줄을 서서 삼엄한 입국 심사장을 통과하고, 도착한 짐을 찾느라 정신이 없었다. 분홍 헬로키티 가방은 기내로 들고 들어간 가방이라 미리 아이와 함께 곁에 두고 있었다. 화물칸에서 나오는 짐을 기다렸다가 무사히 다 찾고는 택시를 타고 집에 막 들어섰을 때 딸아이가 깜짝 놀라며 물었다.
"엄마, 내 헬로키티 가방 없어."
아뿔싸, 아무리 이리저리 가방을 찾고 또 찾아봐도 눈에 보이지 않았다. 공항에서 분명히 아이 옆에 놓았었는데, 경황이 없어 챙기지 못하고 그냥 와 버린 것이었다.

'우리는 과연 분홍 가방을 찾을 수 있을까?'

불안이 엄습해 왔다. 핸디 캐리어로 기내에 들고 들어갔던 가방이라 중요한 서류도 챙겨서 넣어둔 상태였다. 앞이 캄캄했다. 공항으로 다시 가야만 했다. 얼른 대문을 열고 나와 골목으로 나섰다. 시간이 이미 밤 12시 자정이 넘은 한밤중이라서 택시 부르기도 어려웠다. 인도의 택시 시스템은 우리와 달랐다. 미리 택시 회사에 전화로 예약해야만 이용할 수 있는 제도이다 보니 한밤중에 택시를 예약하고 불러서, 공항으로 다시 가기는 어려워 보였다.

일단 짐을 집 안으로 올려놓았다. 우리는 바로 골목으로 나섰다. 어떻게든 공항으로 다시 가야만 했기 때문이다. 바로 그때, 어두운 골목에 택시 한 대가 지나갔다. 누군가가 택시를 타고 집으로 온 모양이었다. 우리는 택시를 예약하지 않았지만 급하게 부탁을 드렸다. 택시비를 더 주기로 약속하고 공항으로 가자고 부탁했다. 감사하게도 잠시 주저하던 택시 기사가 우리를 무사히 공항까지 데려다주었다.

하지만, 공항에 도착한 우리가 공항 안으로 들어갈 수 없다는 게 문제였다. 군인들이 삼엄하게 총을 들고 하늘로 가는 문, 공항 게이트를 막고 있었다. 비행기 항공권이 없는 상태로 어떻게 공항 안으로 들어갈 수 있을지 암담했다. 막막했다. 그렇다고 그대로 공항까지 와서 포기할 수는 없는 일이었다. 일단 부딪혀 보기로 했다. 사람들이 인도에서는 안 되는 것도 없고, 되는 것도 없다고 했는데, 그 순간에는 안되는 것이 없다는 생각만 하기로 했다. 그리고 기도했다. 숨을 깊게 몰아쉬고 용기를 냈다. 남자보다는 내가 요청하는 게 더 나을 거라는 생각이 들었다. 인도에서는 여성을 약자로 우대하는 문화가 있기 때문이었다. 내가 정중하게 부탁을 드리면 아마도 내가 공항 안으로 들어가는 것을 허락해 줄지도 모른다는 지혜와 믿음이 생겼다. 긴 장총을 메고는 바쁘게 승객들의 여권과 항공권을 검문하는 한 인도 군인에게 다가가 사정을 이야기했다. 내 말을 잠잠히 듣던 그는 잠시 후 위의 상관을 불러왔다. 나는 다시 한번 우리의 난처한 상황을 이야기했다.

"딸아이의 가방을 잃어버렸어요. 핑크색 가방이에요. 분명히 공항 안에 있을 거예요. 제가 찾을 수 있도록 들여보내 주세요. 도와주세요. 부탁 드립니다. 제발."

군복을 입은 군인은 내 여권을 확인하고는 혼자만 들어갈 수 있다고 했다. 남편에게 내가 홀로 들어가서 어떻게든 가방을 찾아오겠다고 했다. 남편과 딸아이를 뒤로하고 나는 공항 안으로 들어갔다. 수화물 코너부터 항공사 사무실까지 찾아가 알아보았지만 헛수고였다. 애타는 심정으로 간절히 기도했다. 부디 가방을 찾을 수 있기를 바라며 공항을 이리저리 찾아 헤매고 있을 때. 누군가가 날 불렀다.

"안내 센터(Information Center)로 가 보세요."

내가 왜 진작 그곳을 생각하지 못했을까?

저 멀리 'I' 표시가 크게 있는 인포메이션 센터의 높은 테이블 위에 분홍색 가방이 날 바라보며 서 있었다. 마치 내게 어서 오라고, 많이 기다렸다고 애타게 부르는 것처럼 느껴졌다. 반가운 마음에 담당자에게 달려가 우리 가방이라고 했더니, 주인을 기다리고 있었단다. 가방에 걸려있는 이름표를 보고 여러 차례 전화했었는데, 받지 않았다고 했다. 그러고 보니 델리에 도착하고서 늦게야 전원을 켜 둔 인도 핸드폰에 부재중 전화가 걸려 와 있었다. 인도 전화기를 일찍 확인했더라면 좋았을걸. 얼마나 감사했는지 코끝이 매웠다. 두 눈은 눈물에 가려 앞이 흐려졌다.

나는 감사의 표시로 인도 홍차 짜이라도 사서 마시라고 백 루피 몇 장을 건넸다. 그런데 절대로 받을 수 없다고 극구 사양을 했다. 제발 받아달라고 사정 사정을 해도 소용이 없었다. 누가 이런 얘기를 들으면 설마 인도 사람이 그럴 리가 없다고 내 말을 믿으려 하지 않을지도 모르겠다. 그러나 그 모든 일은 사실이었다. 나는 분홍 가방을 열어 아이가 좋아하는 한국 과자를 꺼냈다. 부디 한국 과자를 간식으로 드시라고 드리는데도 결코 받을 수 없다고 끝내 거절했다. 하는 수 없이 그저 고개만 몇 번이고 숙여 감사 인사만 드린 채 아이의 분홍 가방을 들고 공항을 나서기 위해 게이트로 향했다.

게이트에서 공항 입장을 허락해 준 고마운 군인을 다시 만났다. 덕분에 가방을 찾을 수 있었다고 감사 인사를 드렸다. 내게 엄지척을 해 보이며 환한 미소와 함께 힌디어로 축하 인사를 건넸다.

"굳 굳, 아차해!"(Achha, 힌디어로 여러 의미를 가지로 감탄사 "그래?", "그렇군!"과 같은 의미로도 쓰이며, 영어의 'good'이 사용되는 것처럼 '좋다'라는 의미로 사용된다. 이 군인은 좋아, 좋아요! 잘했어요! 라는 뜻으로 말했다.)

나도 감사 인사로 화답했다.

"땡큐 쏘~~~~마치~~, 단야바드!"(Dhanyavaad, 힌디어로 '감사합니다'의 뜻이다.)

공항에서 집으로 다시 돌아오던 길은 세상 그 어느 길보다도 아름다웠고 따스했다. 그토록 철벽같던 인디라간디국제공항이 내게는 다정하고 따뜻한 아주 포근한 곳이 되었다. 인도에서 있을 수 없는 아주 특별한 경험을 했다. 믿을 수 없는 감격의 순간을 선물 받은 것이다.

나는 인천에서 출발한 비행기가 인도 하늘에서 서서히 내려와 무사히 인도 대륙에 착륙하고, 삼엄한 입국 심사를 모두 마치고는 델리공항 밖으로 나왔을 때의 그 인도만의 느낌을 기억한다. 아직도 그곳의 독특한 인도 냄새와 후덥지근한 공기와 살아 숨 쉬는 듯한 공중을 떠도는 길가의 소음들 그리고 탁하면서도 생동감 있는 그 색감들을 잊을 수가 없다. 지금도 눈을 감으면 그 느낌 그대로를 살갗으로 온전히 느낄 수가 있다.

델리에 도착해서 바라본 하늘은 늘 깜깜한 밤하늘이었지만, 그 밤의 그 하늘을 생각하면 마음이 좋다. 아름답지 않아도 아름다웠던 곳, 두려웠지만 두렵지 않았던 그곳은 오래도록 잊지 않고 기억하고픈 내가 사랑했던 곳이다.

3. 새벽에 도착하는 여행지, 히말라야

가고 싶은 곳을 마음에 품고 있다가 훌쩍 여행을 떠날 때 느끼는 희열과 행복을 나는 즐기는 편이다. 그러다 보니 나는 여행 계획을 세우고, 마침내 짐을 싸서 발길을 옮기는 그 순간을 사랑한다.

영국에서도 기회가 있을 때마다 미리 여행자들을 위한 트레블로지 인(Travelodge Inn)에서 저렴한 숙소를 예약하고 먹거리를 준비해서 그리 많은 돈을 들이지 않고 영국 곳곳을 찾아 여행을 다녔다. 마치 숨겨진 보물 찾기라도 하듯 하나하나 찾아 나섰던 그 시간을 지금도 사랑한다. 인도에서는 처음에 여행하는 게 엄두가 나지 않았다. 모든 게 두렵고 불안해서 델리 밖으로 나가는 것은 꿈도 꾸지 못했다. 그렇게 인도에서 생활하기 시작하고 점차 적응되면서 내 속에는 슬슬 인도를 여행하고픈 마음이 꿈틀대기 시작했다.

그 당시만 해도 자동차 여행은 고속도로에 휴게소가 깨끗하게 잘 차려진 곳이 많지 않다 보니 볼일을 보러 화장실에 가야 하는 문제가 가장 큰 과제였고, 워낙 운전을 험하게 하는 인도 도로(심지어 고속도로에서도 역주행은 기본이고 교통 규칙을 잘 지키지 않음)를 달리는 것은 큰 모험을 하는 것이나 다름없었다.

기차 여행은 어떠한가? 연착이 기본으로 5시간을 넘게 하니 거의 마음을 비운 상태로 마치 수도자라도 된 듯이 숙연하면서도 가볍게 했다(기차는 대부분 장거리 여행이라 침대칸을 타야 하는데, 기차에 도둑들이 많으니 잠도 제대로 이룰 수가 없는 어려움이 있음). 어느덧 우리는 처음에는 두렵기도 하고 무서웠던 자동차 여행과 기차 여행에 점점 빠져들며 인도 여행의 맛을 들이기 시작했다.

인도를 여행할 때는 비행기도 빼놓을 수 없다. 인도는 워낙 땅이 넓어 델리에서 10시간 정도 걸리는 여행지는 가까운 여행지라고 하니 우리나라에서 아무리 여행을 오래 하더라도 인도에 비하면 결코 멀다고 말할 수가 없다. 장거리 여행이 싫으면 국내선 비행기를 타야 하지만, 우리는 딱 한 번 부모님과 막내 이모 내외분이 오셔서 함께 여행했던 남인도 트리반드룸(Trivandrum)과 코친(Cochin)을 여행했을 때 이외에는(남편은 인도 남쪽의 하이드라바드 여행 때 또 비행기를 타야만 했음) 자동차와 기차로 인도 여행을 즐겼다.

델리의 낮 기온은 상상하기 어려울 정도로 뜨겁고 무더워서 보통 한낮에는 자동차 에어컨을 틀어놓아도 시원한 바람이 나오지 않을 정도였다. 그러다 보니 대부분의 여행은 시원한 밤에 출발해서 새벽이 되면 목적지에 도착한다. 이런 이유로 인도의 호텔은 이른 아침 새벽에도 호텔 체크인을 해서 먼저 잠시 새벽에 호텔에서 몸을 풀고 나서 여행 일정을 시작할 수 있도록 시스템이 잘 되어 있다. 나름대로 편리한 점이 많이 있다.

밤새 버스나 자동차를 타고 가야 하니 보통 운전기사가 두 명인 경우가 많지만, 택시를 타고 여행할 때는 혼자 밤새도록 운전하는 택시 기사와 함께 거의 뜬 눈으로 밤길을 내내 달려야만 했다(인도는 대중교통이 워낙 험해서 장거리 택시 여행이 보편화되어 있다). 기차로 여행할 때도 보통 밤 기차를 타고 침대에 몸을 기대어 쉬었다. 하지만 새벽에 목적지 도착을 알리는 안내 방송이 나올 때까지 중간에 오르내리는 사람들의 시끄러운 소리를 감내해야만 했다.

보통 여행용 택시는 일본 도요타의 6인승 자동차 이노바를 주로 이용한다. 덜커덩거리는 도로 위의 밤길을 달리다가 잠시 휴식을 취하기 위해 멈추었던 작은 휴게소에는 한밤중에도 사람들이 북적거렸다. 작은 가스불에 올려진 손잡이가 달린 수전 냄비에 짜이를 끓여주는 가게 주인에게 설탕을 조금만 넣어달라고 부탁하면 작고 하얀 종이컵에 설탕 대신 생강이 가득 들어간 짜이를 또르르 가득 따라주었다. 그때의 달달하면서 매콤한 생강 향 내음이 코끝을 찌르던 따끈한 짜이 한 잔의 감미로운 추억을 잊을 수가 없다. 밤 기온조차 훈훈하고 바람조차 더웠던 그곳, 그렇지만 고요하고 그윽했던 그 순간을 사랑했다. 졸리는 눈을 비비면서 일어나 마신 짜이 한 모금이 입술 끝에 닿을 때 온몸으로 퍼지던 그 여유롭고 따스한 기운이 좋았다.

그렇게 칠흑 같은 어두운 밤길을 달리다 보면 날이 밝아오기 시작하는 것을 몸으로 느꼈다. 미명으로부터 시작되는 푸른빛 새벽을 달리는 차 안에서 맞이하곤 했다. 그때 그 순간 느끼던 감각들은 잠자는 몸속의 세포를 하나하나 깨워주는 것만 같았다. 약간은 몽롱하면서도 흐릿한 정신을 번쩍 차리기 위해 기지개를 켜며 가벼워진 손가락 끝으로 깜박이는 눈을 비볐다. 열린 창문 사이로 볼을 간지럽히는 싱그러운 새벽 공기를 마시면, 입안에서 저절로 흥얼흥얼 허밍으로 노래가 흘러나오기 시작했다. 노래 없이는 그냥 지나칠 수 없는 너무나 찬란한 순간이었기에.

새벽에 도착한 여행지 차 안에서 곤히 잠을 청하고 누워 있는 샤이니의 이름을 조용히 부르면 샤이니는 벌떡 일어나 자리에 앉았다. 다행히도 딸아이는 여행하는 내내 멀미를 한 번도 하지 않고, 흔들거리는 불편한 자동차 안에서 잠도 새근새근 잘 자곤 했다. 특히, 무덥고 후텁지근한 델리를 떠나 선선하고 맑은 공기와 마주하는 히말라야산맥의 높은 산자락으로 올라가는 여행길에서 만나는 깊은 새벽에 느끼던 그 상쾌함은 이루다 말할 수가 없다.

델리에서는 찾아볼 수 없는 높은 산을 찾아 떠난 히말라야 여행. 깊고 깊은 밤을 통과해 다시 떠오르는 새벽을 만나던 그 순간의 황홀함을 잊지 못한다. 하얀 만년설이 내려앉은 뾰족하고 날카로운 능선이 굽이굽이 골짜기를 이룬 히말라야산맥이 내려다보이는 산 정상에서 마주했던 그 짙푸른 인도의 새벽은 지금도 내 가슴 속에 숨 쉬고 있다.

사람의 손으로는 완성할 수 없는 절대자 창조주의 손길에서 나온 자연의 장엄한 위엄을 어찌 칭송하지 않을 수 있겠는가?
주가 만드신 아름다운 세계를 눈으로 보고 두루 맛볼 수 있으니 감사하지 않을 수 없다.

4. 신비로운 계단식 우물 찬드 바오리(Chand Baori Step Well)

인도에서 여행할 때, 라자스탄 자이푸르 근처 아바네리(Abhaneri)에 있는 달의 우물, 계단식 우물인 찬드 바오리 스텝 웰(Chand Baori Step Well, Abhaneri)에 가 본 적이 있다. 물이 부족한 인도에는 최대한 물을 아끼고 보존하기 위해 과학적으로 만든 계단식 우물이 곳곳에 있는 것을 볼 수 있다. 그중에서도 라자스탄 자이푸르 근처에 있는 '찬드 바오리 계단식 우물'(Chand Baori Step Well)은 천 년의 역사와 함께 가장 깊은 곳으로 유명하다. 9세기에 만들어진 우물이라 하기엔 너무 정교해서 입이 딱 벌어지게 한다. 무려 13층 깊이로 된 이 계단식 우물은 계단이 3,500개 정도나 된다고 한다. 아래 우물의 기온은 지표보다 5도 정도 낮게 설계하여 최대한 신선하고 깨끗한 물을 절약해서 사용할 수 있도록 했다. 과학의 힘이 참 놀랍다. 무려 천 년 전에 말이다.

물이 부족하니 빗물을 받아 모아 사용해야 하는 인도의 척박한 환경 속에서 빗물은 소중한 자원이었을 것이다. 모아둔 빗물이 증발하지 않도록 계단을 만들고 햇볕이 들지 않도록 우물이 점점 좁아지게 설계해 자연적으로 물을 시원하게 보관하는 우물을 만들어 낸 것이다. 지금으로 말하면 대형 냉장고 물탱크를 만들어 물을 보관했다고 보면 될 거 같다. 또한, 이곳은 마을의 행사를 위한 회의장이나 연회장으로도 사용되었다고 한다.

이미 인도 영화나 할리우드 영화 속에도 나왔던 곳이라 꽤 알려진 멋진 곳이다. 〈더 폴〉(The Fall, 오디어스와 환상의 문)이라는 영화가 촬영된 곳으로 그야말로 정말 멋지고 장엄한 곳이 아닐 수 없다. 그 외에도 여러 영화가 촬영된 곳이다. 한 번쯤 영화 속에 나오는 '찬드 바오리 계단식 우물'을 감상해 보기 바란다. 직접 찬드 바오리 계단식 우물을 보고는 다리가 후들후들 떨려서 가까이 다가갈 수도 없었다. 그 깊이도 어마어마한 게 놀라워서 입을 다물 수조차 없었다. 참으로 인도 선조들의 지혜와 지식은 놀랍기 그지없다는 생각을 했다.

 인도에서 가장 신경 쓰이고 힘들었던 게 바로 이 물 문제였던 거 같다. 지나고 보면 모든 것이 추억이 되었지만, 지금도 물이 부족한 가운데 생을 이어가는 인도 사람들을 생각하면 마음이 짠하다. 물의 소중함을 느끼지 않을 수 없다.

 3월 22일은 UN에서 정한 '세계 물의 날'(World Water Day)이다. 물의 소중함에 대해 잠시 생각해 본다. 초등학교 시절 담임 선생님께서 너희가 성인이 되면 물을 사 먹어야 하는 시대가 될 거라고 말씀하셨을 때 만해도 설마 하는 의구심을 가졌었다. 하지만, 선생님의 말씀이 현실이 되기까지는 그리 오랜 시간이 걸리지 않았다. 정수기를 사용하기 시작했고, 물을 돈 주고 사 먹는 세상이 되어 버렸다. 세상이 앞으로 또 어떻게 변하게 될지 생각만 해도 아찔하고 어지러울 지경이다.

 내가 어렸을 때만 해도 물을 돈 주고 산다고 상상이나 할 수 있었겠는가?
 집집마다 공기 청정기가 공기를 정화시켜야 하는 현실을 보면, 우리의 과거가 청정 그 자체였음을 다시 한번 확인하게 된다. 심지어 인도 델리에는 산소 카페까지 등장했다. 미세먼지가 세계에서 최고치를 갱신하면서, 코로나 팬데믹과 함께 깨끗한 산소를 공급받기 위해 생겨난 것이다 그래서 지금은 세계가 나서서 급기야 '세계 물의 날'을 제정했다. 물의 소중함을 알리기 위해 UN은 1992년 '세계 물의 날'을 제정하고, 1993년부터 이날을 기념하면서 매년 물과 관련된 새로운 주제를 제시하고 있다. 각국에서는 물을 비롯한 수자원과 관련된 각종 세미나와 포럼이 개최된다. 한국에서는 1990년부터 매년 7월 1일을 물의 날로 지켜오다가, 1995년부터 UN이 제정한 3월 22일을 물의 날로 제정, 기념하고 있다고 한다(참조, 다음 백과). 부디 한 번쯤 물의 소중함을 더 생각하는 날이 되길 바란다.

물이 없는 세상을 상상해 보면 어떨까?
목이 타들어 가고, 씻고 싶은 충동이 간절할 때 내 손에 쥐어진 물이 없다면 어떠할지 지옥이 따로 없을 것이다.
찬드 바오리 계단식 우물을 보면, 과거 인도 사람들의 삶에 물이 얼마나 소중했으며, 생존과 직결된 물 문제가 그들의 생활에 절박하게 간절했을지 가히 짐작하고도 남는다.

5. 바라나시(Varanasi) 인도 기차 여행

세계에서 일곱 번째로 면적이 넓은 광활한 인도 땅을 여행할 때의 교통수단은 다양하다. 그중에서도 대부분 사람이 기차를 이용한다. 우리가 살던 델리에도 인도 전역으로 뻗어가는 기차역이 여러 곳에 있다. 그러다 보니 목적지에 맞는 기차역으로 가야만 머나먼 기차 여행 길에 오를 수가 있다. 행여라도 델리역, 그러니까 뉴델리역으로 기차를 타러 무작정 나갔다가는 낭패를 보기가 쉽다. 나도 인도에서 기차 여행을 하며 뉴델리역과 올드델리역 그리고 니자무딘역을 이용했다.

인도의 기차역에서는 인생을 볼 수 있다. 많은 것을 생각하게 하는 곳이다. 기차역의 플랫폼은 수도 없이 많아서 찾기도 어렵다. 오르락내리락 복잡한 길을 따라 기차를 타야 하는 플랫폼을 찾아가는 길도 만만치 않다. 거기에다가 수많은 인파는 이루 다 말할 수 없을 만큼이나 많다. 집에서 기차역으로 가는 택시에 짐을 싣고 도착한 정류장에 여행 가방을 내리는 그 순간부터 전쟁터를 방불케 한다.

하지만, 그리 크게 걱정하지 않아도 된다. 택시 정류장 앞에서 대기하고 있는 여러 짐꾼 중에 믿을만한 한 두 사람을 선택하면 일이 훨씬 수월해진다. 우선 짐꾼에게 가야 할 목적지와 기차 시간, 플랫폼 번호를 알려주면 택시에서 가방을 내려 어깨에 메고는 길을 앞장서서 우리가 타야 할 기차 플랫폼으로 안내해 주기 때문이다. 물론, 이때도 방심하면 금물이다. 잘못했다가는 수많은 인파 속에서 짐을 들고 가는 짐꾼을 놓쳐 버리기라도 하면 엄청난 낭패를 보게 된다. 가방도 잃고 기차 여행도 물건 너갈 상황에 놓이게 될 것이다.

하지만, 미리 걱정하지 않아도 될 것은 짐꾼들이 대체로 친절하고 앞뒤를 살피며 승객을 안내하기 때문에 어지간하면 큰 위험에 빠지지 않는다. 그렇지만 방심은 절대 금물이다. 심지어 인도에서 기차 여행은 48시간, 36시간, 24시간, 12시간 등 긴 장거리 여행이 대부분이기에 시간과 마음의 여유를 갖지 않는다면 여행할 때 기차를 선택하는 것은 보통 일이 아니다.

여러 가지 극복해서 넘어야 할 어려운 점이 있긴 하지만 인도에서의 기차 여행을 포기할 수는 없는 노릇이다. 인도를 더 깊이 알기 원한다면 기차 여행은 놓칠 수 없는 필수 코스이기 때문이다. 물론, 기차를 타고 인도를 여행하는 일은 대단한 용기가 필요하며, 외국인이라면 쉽게 아무나 시도할 수 없는 일이기도 하다. 하지만, 막상 기차에 올라타면 흥미롭고 재미있는 경험이 되어 오래오래 기억에 남을 뿐 아니라 두고두고 이야기할 인생 이야기를 만들어 낼 수도 있다.

우리의 첫 기차 여행은 델리에서 바라나시로 가는 침대칸 기차였다. 1등급 기차표에 적혀있는 1등급 2AC(First Class 2AC)의 의미는 에어컨과 2층 침대가 있다는 것으로 비교적 조용하고 안전하다. 보통 기차 요금에 비해 몇 배 비싸지만, 안전을 보장하지는 못한다. 우리가 생각하는 만큼의 특급 기차의 수준이 결코 아니라는 것도 기억해야 한다. 출발해서 목적지에 도착하는 순간까지 가방과 귀중품을 스스로 잘 관리해야만 한다. 보통은 가방을 자물쇠로 채워서 기차 의자에 쇠로 된 체인으로 감아두어야 한다. 침대칸에 탔을 경우 잠이 든 사이에 가방을 잃어버리기가 쉽기 때문이다. 외국인으로 장거리 기차 여행을 할 때는 반드시 일반 칸 이용을 자제해야 한다. 인도의 기차는 보통 기차의 길이보다 3배는 더 길어 보였다. 기관실에서 기차의 마지막 칸까지의 거리는 족히 1킬로미터는 되어 보일 정도였다. 꼬리에 꼬리를 물고 달리는 인도의 기차의 위엄은 대단하다.

보통 인도에서의 기차는 밤에 출발한다. 침대칸 기차에서 잠을 청하고 밤을 보내며 시간을 아끼기에 좋다. 또한, 작렬하는 인도의 태양열 아래서는 기차도 달릴 힘이 부족해서일지도 모르겠다. 뜨거운 낮의 해를 피해 밤이 새도록 실컷 달려가는 인도의 밤 기차 여행의 맛이 아닐까 생각한다.

그렇지만 쉬지 않고 수다를 떠드는 승객들의 목소리를 뒤로 하고 아무리 잠을 청하려 해도 잠이 오지 않아 거의 뜬 눈으로 기차 안에서 밤을 새우기가 일쑤였다. 더군다나 덜커덩거리는 기차 엔진 소리는 결코 자장가 소리가 될 수 없으며, 들락날락 문을 열고 닫는 사람들을 통해 새어 들어오는 바람 소리와 삐그덕거리는 문소리는 어지간한 사람 외에는 잠을 청해 달달한 숙면을 취하기에는 여간 어려운 일이 아니기 때문이다.

처음 기차 여행에서 어린 딸아이는 비싼 기차표를 샀지만, 아이를 혼자 재울 수가 없었다. 결국, 두 사람이 기차표 하나만을 사서 탑승했던 인도 사람에게 표를 양보해 주었다. 나는 침대칸 커튼을 치고 같은 침대에서 아이를 안고 누웠다. 흔들거리는 기차 안에 누워서 밤을 지새웠던 그 고요하면서도 아늑한 느낌을 지금도 기억하고 있다. 언젠가 기회가 된다면 딸아이와 함께 인도에서 다시 장거리 기차 여행을 떠나고 싶다.

기차에서 아침을 맞아 물티슈로 눈곱만 닦는 고양이 세수를 했다. 해가 밝게 떠오른 인도의 시골 아침 풍경을 보기 위해 눈을 비비고 창밖을 응시했다. 그 당시만 해도 차마 도저히 눈을 뜨고는 볼 수 없는 얼굴 붉히는 광경을 마주해야만 했다. 기찻길을 따라 길게 줄지어 서 있는 인도의 시골 마을에는 변변한 화장실이 없었다. 아침에 기상한 사람들은 밖으로 나와 기찻길 옆에 앉아 볼일을 보고 있었다. 뒷모습이 아닌 앞모습을 보며 얼굴을 마주 보는 게 쑥쓰러워서 이내 내 눈을 가려 버렸다. 그리고는 고개를 돌려야만 했다. 기차에서 맞이하는 인도의 아침 풍경은 그리 상쾌하지 못했다. 그저 사람들이 살아가는 일상이고 삶이었을 텐데, 그때는 그것을 제대로 이해하기 어려웠다. 우리는 서로 다를 뿐인 것을 틀린 것이 아니라는 것을 후에야 조금씩 이해하게 되었다.

마침내 바라나시에 도착해서 꼬불꼬불 골목길을 돌고 돌아 바로 갠지스강가에 있는 숙소를 찾았다. 머무는 동안 수천 년 역사의 도시를 돌아보던 그 여행길은 인도를 조금은 더 알 수 있는 특별한 경험이 되었다. 왜 그토록 사람들이 바라나시를 찾으며, 그곳에서 무엇을 느끼는지, 배를 타고 갠지스강을 건너보면서 조금은 이해할 수 있었다. 누구나 갠지스강을 보고 나면 한 번쯤 인생을 돌아보며 삶에 대한 애착과 인생의 방향을 찾아갈 수 있을 거라는 생각까지도 들게 하는 곳이었다.

바라나시 여행을 마치고 다시 델리로 돌아오는 기찻길은 훨씬 여유로웠다. 델리에서 바라나시로 출발할 때는 기차가 오지 않아 연착한 기차를 몇 시간을 기다려야 했었다. 델리로 돌아오는 기차도 긴 시간 연착할까 봐 걱정했는데, 오히려 바라나시에서 오후에 출발하는 기차는 거의 제시간에 출발해서 델리에서 아침을 맞이했다. 내 기억 속, 돌아오던 기차 안에서는 편안한 마음으로 수다를 떨며 준비한 커피도 마시면서 시간을 보냈다. 미리 준비해 간 끓인 물이 다 떨어져서 기차 승무원의 안내를 받아 기차의 부엌 칸에 가서 끓여준 물을 가져다가 컵라면으로 요기를 하기도 했다. 인도 기차 안에서 먹었던 따끈따끈하고 시원한 컵라면의 맛은 결코 잊을 수 없는 참 고향의 맛이었다.

사실 인도 사람들은 장거리 기차 여행에 휴대용 가스버너를 들고 다니며 기차 안에서 로띠를 구워 식사를 해결하기도 한다. 길게는 3박 4일 기차를 타야 하니 도시락으로는 감당하기가 어렵다. 기차 안에서 간단히 요리하는 일은 끼니를 때우는 하나의 방편이 되지만, 가끔 기차의 화재 원인이 되는 경우를 뉴스에서 본 적이 있다. 사람들의 살아가는 방식은 다양하다. 생존을 위해 애쓰는 모습도, 자신을 보살피는 방법도 어찌 보면 서로 다른 것 같아도 비슷하다. 우리도 여행가는 곳곳마다 맥심 커피믹스와 컵라면 그리고 뜨거운 물을 항시 준비해서 다녔다.

바라나시에서 집으로 돌아오는 기차 안에서는 힘차게 달리는 밤에 눈을 감고 편안하게 잠을 청했다. 한참 잠을 자다가 깨어났을 때는 이미 기차가 소리 없이 미끄러져 스르르 뉴델리역에 도착하고 있었다.

힌두교의 성지 바라나시를 다녀오며, 인도 사람들의 삶을 생각하지 않을 수 없었다. 윤회를 믿는 힌두교 신자들은 다음 생에 다시 태어날 자기 운명이 두려워 죽기 전에 바라나시 갠지스강으로 달려간다. 신성한 갠지스강이 흐르는 바라나시에서 화장을 하면 마침내 윤회에서 벗어나 열반에 이른다는 믿음에서 비롯된 마지막 걸음이다.

나는 기도한다. 그들이 길과 진리 되신 주님 앞으로 나아와 옥죄는 윤회의 고통에서 벗어날 수 있기를.

6. 심라, 장난감 기차(Toy Train) 여행, 구푸리와 나르칸다

영국 사람들이 지난 200년 동안 인도로 건너와 거주했다는 사실은 내가 직접 인도에 살아보면서 마주했던 놀라지 않을 수 없는 부분이었다.

'어떻게 살았을까?'

선교의 역사를 써 나간 것도 경이로울 뿐 아니라, 식민 통치를 했다는 사실도 믿기 어려웠다. 내가 경험해 본 인도는 환경이 척박하고, 기후는 더없이 견디기 어려운 상황이었기 때문이다.

그런데 의문스러웠던 수수께끼가 하나 풀렸다. 영국이 콜카타와 뉴델리를 수도로 삼았지만, 여름 수도를 따로 만들었다는 사실이다. 영국 총독도 콜카타와 델리의 여름을 견뎌내기에는 분명히 한계가 있었을 것이다. 특히, 과거에는 더 힘들었을 인도의 살인적인 더위를 어찌할 도리가 없었으리라.

결국, 영국은 폭염을 피해 시원한 히말라야산맥 해발 2,300미터 산꼭대기에 있는 심라(Shimla)를 여름 수도로 정했다. 그곳에 영국 총독 관저를 짓고, 인도 속의 유럽이라는 표현이 나올 정도로 아름다운 유럽식 영국 건물들을 건축했다. 지금까지 옛날 빅토리아 시대 건축 양식 그 모습 그대로 웅장함과 고풍스러움이 심라에 남아 있다.

히말라야 만년설을 볼 수도 있고, 기후도 시원한 심라는 인도 사람들에게 꽤 인기 있는 여행지가 되었다. 특히, 신혼여행지로도 각광받는 곳이다. 인도 속에서 유럽의 모습을 생생하게 볼 수 있는 곳이기 때문이다. 그야말로 최적의 기후 속에 아름다운 건축물과 대자연이 어우러져 있어, 세계에서 죽기 전에 꼭 한번 가봐야 할 곳으로 주목받는 관광지다.

우리도 심라를 몇 차례 여행할 기회가 있었다. 시간이 여의찮아 택시를 빌려서 델리에서 심라까지 여행할 때도 있었지만, 부모님과 함께 여행했을 때는 기차를 타고 여행했다. 현재까지 세계문화유산으로 남아 있는 칼카에서 심라까지 운행하는 장난감 기차, 토이 트레인(Toy Train)을 타고 가는 여행이었다.

해발 2,300미터의 산꼭대기까지 기차선로를 건설했다는 사실이 놀라웠다. 당시에 말을 타고 가거나 피서할 짐을 들고 등산해서 올라가기는 불가능했을 것이다. 결국, 영국이 고안해 낸 아이디어가 기차선로 건설이었다. 좁은 기찻길을 만들어서 작은 장난감 기차, 토이 트레인이 산꼭대기 심라까지 운행하도록 공사를 진행했다.

마침내 1903년에 기찻길을 완공하고 사람들은 무더위를 피해 장난감 기차에 짐을 싣고 심라로 향했다. 사실 당시만 해도 영국 사람들만 이 기차를 탈 수 있었고, 심라에 들어갈 수 있었다고 한다. 일반 인도 사람들의 출입을 금했다는 이야기도 전해진다. 심라는 영국 사람들만을 위한 특별 계획도시였다. 그런 얘기를 들으면 마음이 착잡하다. 여하튼 지금은 사람들이 자유롭게 여행할 수 있는 곳이 되었다는 중요한 사실에 감사하다.

지금까지도 장난감 기차, 토이 트레인은 심라까지 운행을 하고 있어서 많은 관광객에게 즐거움을 선사하고 있다. 우리도 그 특별한 즐거운 여행길에 동참하기 위해 두 개의 기차표를 구매했다. 먼저 뉴델리역에서 칼카행 기차표를 다시 칼카에서 심라 행 장난감 기차인 토이 트레인 기차표를 예매했다.

인도에서는 계획대로 진행되는 게 거의 없다. 인도니까 이해하고 넘어가야 할 상황과 마주해야만 한다. 아닌 게 아니라 우리가 뉴델리역에 도착했을 때, 계속되는 안내 방송이 나왔다. 칼카 행 기차가 연착된다는 것이었다. 처음에는 30분, 다시 1시간, 2시간, 3시간, 5시간, 7시간으로 연착 시간이 점점 늘어났다. 사람들이 바닥에 자리를 잡아 숄이나 두빠따를 깔고 누워 있었다. 우리도 견디고 견디다 못해 가방을 눕히고 침대로 삼아 급기야 그 위에 누워서 잠을 청했다.

뉴델리역 기차역에서 기약도 없이 기차를 기다리고 있었다. 거의 9시간을 기다리고 나서야 기차를 타고 칼카로 향했다. 문제는 다음에 갈아타야 하는 토이 트레인 기차표였다. 걱정하던 우리가 칼카에 도착했을 때, 심라로 가는 다른 토이 트레인이 정차해서 기다리고 있었다. 이미 우리가 예매했던 시간은 오래전에 지나가 버렸지만, 우리와 같이 늦게 도착한 승객들도 같이 탑승할 수 있도록 허락해 주었다. 토이 트레인에 우리의 좌석 번호까지 지정받아 기차 요금을 내고 예매했지만, 우리의 기차표는 무용지물이 되어 버렸다. 다른 기차를 타고 가는 입장이 되어 사람들과 겹겹이 끼어 앉아 기차를 타는 수밖에 없었다. 물론, 돌아오는 기차 안에서는 우리만의 공간의 자유를 누리며 토이 트레인 기차 여행의 맛을 제대로 느낄 수 있었으니 그것으로 만족했다.

평지인 칼카에서 출발한 작은 토이 트레인은 산을 깎아 만들어 놓은 기찻길을 따라 점점 산으로 산으로 올라가기 시작했다. 중간중간 작은 간이 기차역에 멈출 때는 사람들이 내려서 간식도 사 먹고, 짜이와 커피를 사서 마셨다. 그런 작은 여유로움이 좋았다. 기차는 천천히 달렸고, 기차가 높이 올라갈수록 기온이 점점 시원해지기 시작했다. 한참을 올라갔을 때는 눈발이 날리기 시작하자 인도 사람들이 환호성을 지르기 시작했다.

인도에서는 태어나서 일생 하얀 눈을 한 번도 보지 못하고 생을 마감하는 사람이 대부분이다. 그렇다 보니 평생소원이 눈을 보는 것이라는 사람들이 있을 정도이다. 하늘에서 하얀 눈이 내리는 모습을 보더니, 일부러 하얀 눈을 보러 히말라야산맥 주변으로 올라와서 소원을 성취하는 사람들의 탄성이 흘러나왔다. 우리도 덩달아 신이 났고, 아이도 같이 기쁨의 환호성을 질렀다.

 기온은 그리 낮지 않은데, 눈이 쌓이고 있었다. 눈발을 맞으며 기차가 산등성이를 따라 계속 힘을 내며 올라가고 있었다. 토이 트레인은 꼬불꼬불 산맥을 올라가며 몸통에서 뒤따르는 기차 꼬리와 기관실을 구경하는 재미도 쏠쏠했다. 색색의 귀여운 아기 장난감 같은 토이 트레인은 커튼까지 드리운 오래전 영국식 기차 모습 그대로였다.

 칼카에서 출발한 토이 트레인은 작은 간이역에서 멈추어 쉬기를 반복하며 장장 5시간 30분 동안 절벽과 낭떠러지를 지나고, 터널과 돌다리를 지나며, 산등성이를 오르고 올라 심라에 도착했다.

 기찻길에는 토이 트레인을 타고 여행을 떠나온 승객들을 환영이라도 하는 듯 원숭이들이 앉아 기다리고 있었다. 세상에서 태어나 가장 많은 원숭이(동물원이나 에버랜드보다도 더 많은 수의 원숭이)를 심라역에서 보았다. 계속해서 먹을 것을 달라며 애처롭게 바라보는 원숭이들에게 비스킷과 빵 부스러기를 던져주며 심라에서 첫인사를 나눴다.

 심라는 오래전 여름 수도로 명성과 권위를 지켜오던 곳이라 총독 관저나 교회 등 볼거리가 가득했다. 맛있는 인도 음식과 서양 음식까지 동시에 맛볼 수 있는 맛집이 몰로드(Mall Road)에 즐비하며, 아기자기한 고산지대의 꽃과 소나무들이 그 위엄을 지켜주며 남아 있는 듯했다. 우리가 머물던 호텔은 집토끼들을 방목하고 있어 아이들에게 갖가지 생생한 놀이와 체험을 더불어 할 수 있었다. 호텔 창문 밖으로 놀러 온 원숭이들을 피해 다니며, 토끼를 쫓던 아이들, 샤이니와 정후는 이제는 어느새 청소년이 되어버렸다.

심라에 가면 근처 히말라야산맥이 힐 스테이션(Hill Station)에 가서 가능한 더 가까이서 눈으로 덮인 히말라야 만년설을 봐야 한다. 반드시 구푸리(Kufri)와 나르칸다(Narkanda)에 가보기를 추천한다. 눈앞에 굽이굽이 펼쳐진 히말라야산맥을 보면 입을 다물 수가 없기 때문이다. 해발 2,700미터에 고지대에 위치한 구푸리는 심라에서 20킬로미터 정도 떨어진 곳에 있다. 그림 같은 히말라야산맥이 병풍처럼 에워싸고 있는 만년설을 한눈에 바라볼 수 있는 곳이다. 이곳은 겨울에 눈이 많이 쌓여서 다양한 겨울 동계 어드밴처를 경험할 수 있다. 단, 여름에는 눈이 쌓이지 않는다.

우리가 처음 구푸리를 방문했을 때는 3월이었다. 마침 눈이 하얗게 덮인 구푸리에서 손에 눈을 한 움큼 쥐어 입에 넣으며 그야말로 눈 맛을 보기도 했다. 그처럼 오염되지 않는 깨끗한 눈을 보는 것은 오직 그곳에서만 가능할 것이다. 딸아이와 함께 갔던 조카 정후에게 더없이 신나는 여행으로 남게 되었고 부모님께도 더없이 평화롭고 행복한 여행이 되어 오래도록 기억에 남는다.

나르칸다는 심라에서 60킬로미터, 구푸리에서 49킬로미터 떨어진 곳에 있다. 심라 근교의 해발 3,400미터 높이로 가장 고지대에 있는 나르칸다 하투 픽(Hatu Peak)에 다녀온 적이 있다. 호텔에 부탁해서 하루를 빌려서 여행할 수 있는 택시를 예약했다. 고지대의 꼬불꼬불한 히말라야산맥을 운전하는 사람들은 히말라야 사람들이어야 한다는 믿음이 있었다. 꼭 그래야만 했다. 히말라야산맥 이외의 인도는 대부분 산이 없는 평지다 보니 평지를 운전하던 사람들이 높은 고지대를 굽이굽이 운전하는 일이 그리 만만한 일이 아니었다. 위험천만한 일이다. 대부분 부들부들 떨면서 운전하는 경우가 허다하기 때문이다.

그렇게 히마찰 사람이 운전하는 히마찰 택시를 이용했지만, 우리는 목숨을 건 여행길을 경험했다. 구푸리를 가던 길은 그런대로 안전했다. 문제는 인도의 알프스라 불릴 만큼 아름다운 경관을 자랑하는 해발 3,400미터 높이의 나르칸다의 산꼭대기에 있는 하투 픽으로 올라가는 길은 비포장도로였다. 물론, 가드 라인도 없는 낭떠러지 길이었다.

거기에다 외길이라 반대 방향에서 내려오는 차라도 있다면 서로 비켜 지나가는 일은 서커스 공연을 경험하는 것만 같았다. 내가 서커스 단원이 되어 대롱대롱 매달려 있는 느낌이 들었다. 언제 어디서 어느 순간에 택시가 낭떠러지로 굴러떨어질지 모를 상황이었다. 그리 안전해 보이지 않는 안전벨트를 꽉 조여서 맸다. 그리고 잡아도 소용이 없는 손잡이를 손에 땀이 나도록 온 힘을 다해 꽉 잡고 있었다. 다리가 후들후들 떨리고 발바닥조차도 바닥에 댈 수가 없었다. 하늘에 매달려 있는 느낌 그대로였다. 부디 살아서 돌아갈 수 있기만을 기도하면서 인도의 알프스, 나르칸다의 하투 픽에 도착했을 때는 다리에 힘이 빠져서 걷기조차 어려울 지경이었다.

반면 아이들은 신이 나서 초원 위에서 누워 뒹굴며 놀았다. 지켜보는 나는 조마조마한 가슴을 쓸어내려야만 했다. 아이들이 뒹굴다가 그대로 3,400미터 아래로 굴러떨어질 것만 같았다. 다리가 후들거렸다. 그렇게 높은 산꼭대기에 있는 작은 힌두 사원을 구경하며 바로 눈 가까이에 펼쳐진 히말라야 만년설을 바라다봤다. 히말라야 정상 만년설에는 오르지 못하지만, 눈으로 보며 카메라에 장엄하고도 광활한 만년설의 경관을 담았다.

산은 언제나 오르는 것보다 내려오는 길이 더 위험해서 조심해야 한다고 했다. 3,400미터에서 다시 아래로 내려오기 시작하는 순간 긴장감이 몰려왔다. 다시 한번 히마찰 운전기사의 운전 실력을 믿기로 했다. 기도하며 우리의 운명을 택시에 맡기고 다시 비포장 낭떠러지 외길을 꼬불꼬불 굽이굽이 돌아 무사히 내려왔다. 그제야 허기진 배를 채워야 한다는 생각이 들어 온통 산으로 둘러싸여 있는 깊은 산 속에 있는 식당으로 갔다. 산 아래 식당에서 멀리 작은 점처럼 산꼭대기 위의 깃발과 힌두 사원이 보였다. 바로 우리가 조금 전 올라갔다가 내려온 곳이라고 했다. 얼마나 높은 곳에 올라가서 히말라야 장관을 보고 왔는지 그제야 알 수 있었다.

한번은 엄마를 모시고 성탄절을 지나 나니탈(Nanital)로 겨울 여행을 다녀온 적이 있다. 택시를 빌려서 산 위에 호수가 많은 나니탈로 여행을 가는 우리를 권사님이 말리셨다. 김정애 권사님은 평소에도 따뜻한 사랑으로 염려하고 챙겨 주시던 엄마 같은 분이셨다. 그래서 더욱 히말라야로 여행을 떠나는 우리를 걱정하셨다.

아닌 게 아니라 얼마 전에 한국인 한 분이 트래킹하러 나니탈에 갔다가 사고를 당했다는 소식을 김 권사님이 전해주셨다. 짐을 풀고는 길을 나서며 인도 기사가 자동차를 후진하다가 그만 낭떠러지 아래로 그대로 떨어진 사고가 있었기 때문이다. 나도 두려움이 몰려왔지만, 엄마와 미리 계획한 여행을 취소할 수 없어서 기도하며 다녀왔던 적이 있다.

3박 4일 동안 나니탈 호숫가에서 평화로운 쉼을 누리던 휴식 시간이었다. 하늘에서 쏟아지는 수많은 별과 하늘을 보며 감탄했던 것, 숙소에서 요리사가 직접 해 준 인도 음식을 먹었던 것, 준비해 간 김치에 라면을 끓여서 밥을 말아 먹었던 것, 책을 읽으며 커피를 마셨던 그 한가롭고 여유로운 시간 모두 가슴에 담고 내려왔던 기억이 지금도 생생하다.

남편은 본효랑 청년들과 함께 인도에서 가장 높은 고지대 해발 3,500 미터에 있는 도시 라다크(Ladakh)의 레(Leh)에도 다녀온 적이 있다. 나도 언젠가 그곳에 가 보고 싶었는데 딸아이가 어려서 미루다가 결국 가보지 못하고 말았다. 델리(Delhi)에서 마날리(Manali)까지 버스로 가서, 다시 마날리에서 지프를 빌려서 레로 가는 여정은 2박 3일은 족히 걸린다. 마날리에서 굽이굽이 히말라야산맥을 넘어 레로 가는 길은 세계에서 자동차가 다닐 수 있는 가장 높은 도로를 지난다. 비행기를 타고 바로 가면 시간을 아낄 수 있지만, 레공항에 도착하는 순간 곧바로 산소마스크를 쓰고 병원에 실려 가 누워 있어야 할 테니 시간을 아낀다고 보기는 어렵기도 하다.

창라(Chang La)는 해발 5,360미터에 건설한 세계에서 자동차가 다닐 수 있는 가장 고지대 도로다. 그야말로 놀라운 일이 아닐 수 없다. 그곳 창라를 지날 때 고산증으로 고생하지 않고 지나가는 사람이 없을 만큼 힘든 여정을 보내야만 한다. 남편도 고산증으로 얼굴도 붓도 아무것도 먹지 못하고 토하며 고생했다.

나와 딸아이가 가 보았던 가장 높은 고산 지역은 '인도의 스위스'라 불리는 마날리와 해발 4,000미터인 마날리의 로탕 패스(Rohtang Pass)다. 사실 그곳의 산 정상까지는 오르지 못했으니 해발 3,500미터 높이까지 올라가 봤다고 할 수 있다. 높은 산에 올랐을 때 느끼는 그 웅장한 자연 앞에 고요함과 넓고 깊어지는 마음을 경험한다는 것은 큰 축복이다.

전능하신 창조주 하나님 앞에 그 놀라운 솜씨와 능력에 경외함을 올려 드리지 않을 수 없는 순간이었다. 대자연 속에서 보여 주시는 주님의 광대하신 능력과 은혜를 눈으로 직접 보며 경험하던 그곳. 창조주 하나님은 온 우주와 자연 속에 운행하고 계셨다.

7. 아라비아해 남인도 여행 코친, 바르칼라, 트리반드룸

인도의 남단, 인도양과 아라비아해를 볼 수 있는 남인도는 어떠할까? 그곳은 보물섬을 찾아가듯 호기심으로 가득 채워 길을 떠나고 싶은 미지의 세계와 같다.

인도의 서쪽에 위치하여 아라비아해를 끼고 아래로 쭈욱 이어지는 말라바르 해안(Malabar Coast)은 '인도 향신료의 정원'(Spice Garden of India)이라 불리는 곳이다. 아라비아해의 말라바르 해안을 따라 내려오는 케랄라 여행은 인도에서 또 다른 색다른 경험을 할 수 있는 곳이니 꼭 가봐야 하는 여행지다.

말라바르 해안은 인도 커피 중에 잘 알려진 몬순 말라바르 커피(Monsoon Malabar Coffee)는 그 맛이 일품이다. 나도 델리에서 줄곧 남인도 몬순 말라바르 커피(Monsoon Malabar Coffee)를 즐겨 마셨다. 말라바르 해안의 몬순 기후에서 자란 숙성된 부드럽고 고소한 맛이다. 여행 도중 밀려오는 피로감을 느낄 때 냄비에서 펄펄 끓인 남인도 특유의 달달한 몬순 말라바르 커피는 마시는 순간 피로를 싹 삼켜버릴 것이다.

말라바르 해안이 '인도 향신료의 정원'이라는 이름이 붙여진 데에는 해안 도시들이 후추를 비롯한 갖가지 다양한 향신료의 생산지이기 때문이다. 사실 풍부한 향신료 때문에 아주 오래전부터 여러 나라가 이 지역을 통치했다. 향신료 수탈 쟁탈전이 일어난 것이다.

포르투갈로 시작되어 1663년에는 네덜란드로 넘어가고, 이어서 1773년에는 결국 통치권을 영국이 가져갔다. 어찌 보면 이곳은 가슴 아픈 시련의 역사가 깊이 담겨있는 곳이다. 많은 서방 국가가 그토록 탐을 내던 보화 같은 땅이다. 코친을 비롯한 아라비안 해안의 도시는 유럽의 통치를 많이 받아서인지 지역 언어인 말라얄람어가 있음에도 불구하고 영어를 더 많이 사용한다. 공용어인 영어를 구사할 수 있는 케랄라 사람이 많다. 여하튼 무역의 중심지가 되었던 남인도는 북인도에 비해 부를 축적하며 부요했다. 사람들도 북쪽보다는 더 여유 있고, 친절해 보이기도 했다.

'아라비아해의 여왕'(Queen of the Arabian Sea)이라는 별명을 가진 코친(Cochin, 코치 Kochi라고도 함)은 인도에 사는 사람이라면 누구나 가고 싶어 하는 곳이다. '동방의 베네치아'라 불리는 알라푸자(Alappuzah, 다른 이름은 Alleppey), '인도의 하와이'라 불리는 바르칼라(Varkala) 그리고 신의 도시로 칭송받는 트리반드룸(Trivandrum 또는 티루바난타푸람 Thiruvananthapuram)까지 말라바르 해안의 남인도 여행은 상상만 해도 아름답다.

야자수가 끝없이 늘어서 다시 옥빛 물 위로 비추는 쭉쭉 뻗어 대칭을 이루는 열대 가로수를 따라 평화롭고 고요한 수로 위를 서서히 하우스보트(houseboat) 위에 몸을 맡기고, 맑은 수로와 하나가 된 하늘을 봐야만 한다. 남인도 아라비아 해안의 케랄라를 가보지 않고는 결코 인도를 여행했다고 말할 수 없기에, 인도에서는 꼭 가봐야 하는 필수 여행 코스다.

인도양과 아라비아해가 맞닿은 인도 반도의 끝자락 아래까지 내려가 봐야 비로소 그나마 인도를 조금 경험해 보았노라고 말할 수 있지 않을까?

특히, 말라바르 해안 중심의 도로를 따라 아래로 내려가면서 다양한 인도의 오랜 역사와 문화를 경험해 보길 추천한다. 그야말로 남인도와 북인도는 마치 우리 남과 북처럼 먼 거리만큼이나 살아가는 방식과 모습도, 언어와 풍겨 나오는 분위기도 매우 다르기 때문이다. 사실 불과 1947년 영국으로부터 독립하기 전까지는 여러 남인도의 왕국이 그대로 남아 있다 보니 남인도 특유의 맛을 톡톡히 느낄 수 있다.

남인도를 대표하는 도시, 코친이나 트리반드룸도 영국이 사용하던 이름이었다. 최근에 남인도에서 영국이 사용하던 이름을 뒤로하고, 원래 고유의 도시 이름을 찾아가려고 하다 보니 도시 이름이 두세 개가 된 곳도 있다. 인도도 옛것을 다시 복원하고 되찾으려 노력하는 움직임이 일고 있다. 도시 이름이 여러 개라서 우리 입장에서는 헷갈리기도 하지만, 그들에게는 처음부터 지금까지 도시 이름이 변하지 않는 상태 그대로 쭈욱 사용하고 있었을 테다. 일단, 나는 여기에서 영국이 사용하던 이름을 편하게 쓰려고 한다.

아무튼 남인도는 북인도 보다 훨씬 공기가 맑고(먼지가 덜하다) 한결 깨끗하며, 물가도 조금 더 저렴하다. 먹거리도 많고, 사람들도 더 친절하다고도 하니 여행지로서는 최적의 장소였다. 남인도 끝자락 트리반드룸에서 20만 원이면 비행기를 타고, 지상에서 최고의 휴양지라 불리는 몰디브(Maldives)에 다녀올 수 있다고 한다. 그러니 남인도에 어찌 마음을 뺏기지 않을 수 있으랴. 충분한 유혹의 여행지다.

언젠가 꼭 인도의 베네치아라 부르는 남인도 케랄라에 가서 딸아이와 함께 하우스보트를 탈 수 있는 날을 고대했다. 멀리 인도양과 맞닿은 끝없이 펼쳐진 아라비아해의 끝을 직접 눈으로 보고, 푸른 바닷물에 몸을 적시고, 손을 담가 물길을 느껴보고 싶었다. 아라비아 해안에서 잡힌 싱싱한 해산물 요리도 먹을 수 있다면 그보다 더 좋은 여행이 없을 것이다. 우리의 희망 사항이었다.

그러던 중 한국에서 막내 이모 내외와 부모님, 조카 정후가 인도를 방문해 같이 여행할 기회가 생겼다. 덕분에 꿈에 그리던 남인도 여행도 같이 하기로 했다. 북인도에서 떠나는 남인도 여행은 워낙 거리가 멀기 때문에 여행 노선을 짜는 것부터 들뜬 마음을 가라앉히며 신중을 기했다.

델리에서 출발하는 코친이나 트리반드룸행 기차를 타면, 자그마치 편도만 50시간으로 2박 3일이 걸린다. 왕복 시간으로 따지면 기차로만 4박 5일이 걸리는 머나먼 장거리 여행길이 될 것이다. 델리에서 트리반드룸까지 거리가 2,900킬로미터이니 그럴 수밖에 없다. 남인도 여행의 이동 경로를 잘 잡아야만 했다. 어지간한 여유로운 형편이 아니라면 기차로 떠나는 남인도 여행은 포기해야 했다. 기차는 불가능했다. 남인도 여행 코스는 델리에서 코친, 인도의 하와이라 불리는 바르칼라, 다시 인도의 끝자락에 위치한 트리반드룸으로 갔다가 다시 델리로 돌아오는 일정으로 계획했다. 코친에서 2박 4일, 트리반드룸에서 3박 4일을 보내는 1주일 정도의 여행이었다. 먼저 델리에서 남인도 코친까지는 비행기를 타기로 했다. 항공편으로 4시간이 걸린다. 코친에서 알라푸자와 바르칼라를 거쳐 트리반드룸까지는 택시를 타고 이동하고, 여행 마무리는 트리반드룸에서 다시 비행기를 타고, 코친을 경유해서 5시간을 걸려 델리로 돌아오는 항공권을 예매했다.

주요 일정은 델리-코친-알라푸자-바르칼라-트리반드룸-코친-델리로 돌아오는 일정이었다. 지도에서 살펴보니 아라비아 해안을 따라 인도에서 오만, 예멘, 소말리아, 이란까지 모두 생각보다 가까이에 있는 이웃 나라였다. 언젠가 기회가 된다면 방문하고 싶은 이웃 나라들이다. 서로 아라비아를 사이에 두고 각각의 문화를 형성하고 어떤 삶을 영위하고 있는지 직접 맛볼 수 있는 특별한 기회가 있다면 더없이 좋을 것 같다.

델리에서 코친으로 가는 새벽 비행기를 탔다. 전날 저녁에 미리 짐을 싸놓고, 공항에서 요기할 크로아상과 모닝빵을 동네 디팬스 콜로니에 있는 단골 제과점에서 잔뜩 사서 준비했다. 이른 아침 식사를 간단히 공항에서 해결하기 위해 바나나와 우유와 커피도 챙겼다. 델리에서 코친으로 가는 국내선 인디고(Indigo) 항공은 비행시간이 4시간임에도 불구하고 기내식을 따로 제공하지 않기 때문이다. 기내에서 판매하는 간식류로 식사를 해결하기에는 역부족이었다.

　남인도 코친공항에 도착했을 때는 델리와 사뭇 다른 시원하고 쾌적한 바람이 부드럽게 살갗을 스치고 지나갔다. 듣던 대로 공기도 훨씬 맑고, 하늘도 시원스레 높이 푸른 빛을 띠고 있었다. 택시를 타고 예약한 호텔로 갔다. 한국에서 오신 어르신들과 함께하는 여행이라 한국 요리를 해먹을 수 있는 콘도식 호텔을 예약했다.

　우리가 코친에 도착했을 때는 벌써 점심시간이 지나고 있었다. 준비해 간 김치와 쌀, 전기밥솥, 참치캔을 꺼내어 간단한 김치찌개를 끓였다. 오징어채무침과 구운 김을 하얀 쌀밥 위에 올려놓고 참치김치찌개를 곁들인 남인도 코친에서의 첫 점심은 허기진 탓인지 꿀맛 그 자체였다. 우리는 하루에 한 끼는 호텔 레스토랑과 남인도 채식 식당에서 남인도 요리를 즐겼다. 하지만, 나머지 두 끼는 호텔 주방에서 준비한 간단한 한식이나 도미노 피자와 KFC를 이용해야만 했다. 인도 음식을 하루에 두 끼 이상 먹기에는 어르신들의 입맛이 그리 호락호락하지 않았다.

　점심을 먹고 수영복을 챙겨 입고 아라비아 해안의 코친 해변으로 갔다. 우리가 기대했던 만큼 낭만적이고 아름다운 바닷가 휴양지의 느낌과는 살짝 다른 분위기였다. 일단 모든 사람이 온몸을 덮는 수영복을 입고 있었고, 오랫동안 바닷물에 몸을 담그며 즐기기에는 시설이 여러 가지 미흡한 부분이 있었다. 처음으로 경험한 인도 코친 해수욕장에서의 경험은 그닥 자유롭지는 못했다. 그렇지만 나름대로 원피스와 겉옷으로 몸을 감싸고 물속을 들락날락하면서 아라비아 해안의 바닷물에서의 수영을 즐겼다. 해안가에서 파는 야자수를 하나씩 들고 빨대를 꽂아 마시며, 야자

수 장수가 건네는 하얀 코코넛 과육까지 씹어 먹으며 인도 해수욕장에서 휴식을 즐겼다.

남편은 바닷물에 들어가서 수영을 즐기던 중 선글라스를 잃어버리고 말았다. 남편의 선글라스는 멀리멀리 아라비아 바닷물 속에 빨려 들어가 어디론가 흘러가 버렸다. 아마도 우리가 미처 가보지 못한 아라비아해를 건너 어느 이웃 나라로 여행을 떠났을지도 모르겠다. 그래서 언젠가 또 다른 해변에서 발견된 남편의 선글라스는 누군가에게 호기심과 기쁨의 선물이 되지 않을까? 심지어 바닷물고기가 안경을 썼다고 하더라도. 아무튼 남편은 인도 햇살을 감당하기 위해 코친의 안경 가게를 찾아가 새로운 선글라스를 하나 다시 장만해야만 했다. 바다에 들어갈 때는 비싼 선글라스 착용은 금물이라는 값비싼 교훈 하나를 얻은 여행이었다.

코친에는 볼거리가 무궁무진했다. 그만큼 수난의 역사를 품고 있는 곳이기도 하다. 코친에서 나는 온갖 다양한 향신료는 코친을 끊임없이 차지하려고 애썼던 유럽인에게는 갖고 싶은 보물과도 같았을 터다.

1세기에는 예수님의 제자 중 한 명인 도마가 코친 근처로 복음을 전하기 위해 왔었다고 하니, 그만큼 기독교의 역사가 오래된 성지다. 그뿐만 아니라 기원전 587년 유대와 이스라엘이 바벨론의 포로가 되었던 당시 2,500명 정도의 유대인이 피난처로 건너와 살았던 곳이기도 하다.

1948년 이스라엘이 건국하면서 대부분의 유대인은 고국으로 돌아갔지만, 유대인이 아주 오랜 시간 거주하며 생활했던 흔적들이 지금까지 남아 있는 독특한 곳이다. 인도에서 유대인 삶의 흔적을 본다는 것은 상상하기 어려운 부분이기도 했다. 지금까지 코친에는 유대인의 회당이 남아 있다. 그리고 1503년에 세워진 인도 최초의 성당인 '성 프란시스 성당'도 그대로 보존되고 있다. 유대인과 포르투갈, 네덜란드, 영국의 모든 잔재가 그대로 남아 있는 도시다. 그러다 보니 유럽식 건축물도 거리 곳곳에서 쉽게 볼 수 있다. 천천히 여유 있는 발걸음으로 시내 곳곳을 돌아보면서 코친 역사의 뒤안길을 함께 경험하며 여행의 맛을 느낄 수 있는 최상의 여행지다.

거기에다 1400년대에 주로 광동성에서 하던 방식의 중국식 어망과 나무틀을 이용한 코친 해안가의 물고기 잡는 모습은 대표적인 볼거리 중의 하나다. 인도 장정들이 직접 어망을 이용해 자맥질하기 위해 통나무 틀에서 몸을 움직이며 생선을 잡아 올리는 모습은 신비하게만 보였다. 중국식 어망이 코친의 유명한 관광자원이 된 것도 참 아이러니하다. 어망으로 잡아 올린 팔딱팔딱 뛰는 생선들이 해안에서 기다리던 사람들에게 팔려나가는 것을 구경했다. 우리도 생선 한 마리 사다가 요리를 해볼까 했지만, 준비해 간 양념으로는 생선 요리를 하기엔 부족한 감이 있어서 포기하기로 했다.

인도의 베네치아, 알라푸자, 야자수가 드리워진 수로 위에 스스로 미끄러지는 하우스보트에 몸을 맡기고 하늘과 물 위에 반사되어 비추는 '야자수명'을 할 수 있는 남인도 여행에서 보물과 같은 곳은 꼭 가봐야 하는 필수 코스다. 파란 하늘 아래서 야자수 숲이 우거진 수로를 따라 고요와 낭만을 느낄 수 있는 그 순간은 선물과 같은 시간이었다.

미니버스 크기의 하우스보트에는 15명 정도 탑승할 수 있었다. 우리 외에 미국과 이스라엘에서 온 외국인 관광객과 인도 가이드가 함께했다. 여성 인도 가이드는 끊임없이 영어로 설명하면서 승객들을 안내했다. 보트의 노를 젓던 조수와 인도 사람들은 하우스보트에서 뛰어내려 갑자기 물속을 헤엄치며, 배를 따라오기도 했다. 수로 지역에서 살던 사람들이라 육지와 물이 거의 구분 없이 자유로워 보였다.

중간중간 배에서 내려 수로 곳곳에 숨어있는 코코넛 농장과 작은 박물관까지 다양한 볼거리를 계속 제공했다. 야자수 열매는 정말 버리는 것이 하나도 없이 야자수를 비롯해, 과육과 껍질, 하다못해 코코넛을 감싸고 있는 섬유질 껍질까지 유용하게 사용한다. 갈증을 해소하는 게토레이가 되기도 하고 코코넛 과자를 만들어 먹는다. 또한, 껍질을 말려서 실을 만들기도 하고, 끈을 만들어 코코넛 매트를 만든다. 우리나라 공원 곳곳의 산책로에 깔린 갈색 매트가 바로 코코넛 껍질로 만든 매트다. 이러한 작업은 오랜 전통을 이어가며, 수로의 나루터 근처 아무도 보이지 않는 작은 원주민 농장에서 이루어지고 있었다.

하우스보트를 타고 인도의 베네치아, 알라푸자를 유유자적하게 다니며 신선놀음을 하다보면, 나루터 작은 남인도 식당에서 바나나 잎사귀에 싸서 준비해 준 남인도 음식을 맛볼 수 있다. 남인도에는 쌀로 만든 도사(Dosa)와 우리나라 볶음밥과 비슷한 비리야니(Biryani), 버터 파라타(Paratha), 쌀빵 이들리(Idli)는 꼭 먹어봐야 하는 놓쳐서는 안 될 대표적인 남인도 요리다. 향신료가 특히 유명한 곳으로 후추와 아주 매운 인도 고추 등 갖가지 향신료가 들어가기 때문에 소스가 매울 수 있으니 조심해야 한다. 그렇게 잠시 작은 하우스보트 선착장에 내려서 점심을 먹고, 남인도 커피까지 한 잔 마시면 세상에 부러울 것이 없다. 물론, 한국인 관광객인 우리는 한국에서 가져온 맥심 커피믹스 한 잔도 같이 곁들이면 하우스보트에서 누리는 완벽한 휴식을 만끽할 수 있다.

코친에서의 일정을 마치고, 장거리 택시를 불렀다. 인도에서는 도요타 이노바 택시가 장거리 여행하기에는 적격이다. 호텔을 나와 곧장 아라비아 해안을 따라 달렸다. 해변의 절벽이 절경인 '인도의 하와이'라 불리는 바르칼라의 클리프 해변을 경유했다. 해변에서 다시 아라비아 바닷물에 발을 담갔지만, 딸아이만 얕은 물 속에 몸을 담그며 수영을 즐겼다.

우리 일행은 멀리 보이는 바다 수평선과 해안 절벽을 구경했다. 클리프 해변에서 멀리 끝없이 펼쳐지는 옥빛 아라비아 바다색을 바라보는 것만으로도 여행의 완성을 이루었다. 클리프 해변을 따라 알록달록 늘어선 작은 호텔과 카페, 레스토랑은 여행자들의 마음을 훔치기에 충분했다. 지금도 많은 관광객이 남인도의 아름다운 절벽이 어우러진 해변, 바르칼라를 찾고 있다.

코친에서 출발해 우리의 목적지 트리반드룸까지는 210킬로미터였다. 6시간이 걸리는 장거리 여행이다 보니 서둘러야 했다. 해안을 따라 계속 남쪽으로 달렸다. 신기하게도 자동차를 타고 6시간을 달려도 해안가 도로 옆에는 남인도 사람들이 거주하는 집이 쭈욱 이어졌다. 마치 고무줄을 잡아당기는 것처럼, 아니 크레파스로 선을 그어 놓은 것과 같은 풍경이 계속되었다.

계속 이어지는 아라비아 바다가 보이는 말라바르 해안을 달리는 길은 다소 격앙되었다. 드라이브 코스로 딱 좋은 여행길이었다. 전체 600킬로미터에 달하는 말라바르 해안 길 210킬로미터를 자동차를 타고 달리며 해안 여행의 맛을 누렸다. 꼬맹이 딸아이와 조카 정후가 이노바 안에서 서로 자리다툼을 하고 창문으로 내리쬐는 채광을 가릴 방법을 이리저리 연구하며 실랑이했던 거 외에는 상쾌하고 활기찬 해안 도로 여행이었다.

중간에 바닷가 작은 휴게소에 들어가서 컵라면과 숙소에서 미리 준비해 온 쌀밥으로 점심을 해결하려고 했다. 몇몇 음료를 주문하고, 시장을 달래기 위해 컵라면에 쓸 뜨거운 물을 돈을 주고 샀다. 몇 번의 요청을 거치면서 물이 조금 더 따뜻해지긴 했지만, 우리가 원하는 만큼 뜨거운 물을 제공받기는 어렵다는 것을 확인해야만 했다. 흰 쌀밥과 함께 밑반찬을 곁들여 구운 김과 먹는 간단한 한식 점심은 입에서 달기만 했다. 어르신들과 함께하는 여행에는 한식 반찬과 쌀밥이 언제나 필수품이었다. 여러 날을 인도 음식만을 드실 수 없고, 잘 드셔야 여행도 즐겁게 하실 수 있으니 여행을 준비하는 노하우를 하나씩 쌓아 갔다.

트리반드룸 호텔은 아라비아 해변이 딸린 작은 규모의 팬션 같은 숙소였다. 해변에 나갔다가 물살이 무서워 바닷물 수영은 포기했다. 해먹에 누워 바다 내음을 맡으며 바닷바람과 햇살을 누리는 것으로 만족하고, 대신 아라비아 해안을 배경으로 한 실외 수영장에서 딸아이와 조카를 데리고 하루 종일 물놀이를 즐겼다. 남자들과 이모는 데칸고원 자락이 트리반드룸까지 이어지는 폰무디 힐 스테이션(Ponmudi Hill Station)에 택시를 타고 하루 코스 자동차 등반을 하고 왔다.

호텔에서 제공하는 남인도 아침 조식을 먹고, 저녁은 호텔 직원들과 친하게 되어 숙소에 머무는 동안 호텔 주방에서 같이 요리도 하며 맛있는 여행을 장식했다. 한번은 김치를 가져다가 참치를 넣은 김치찌개를 끓이면서 한국의 요리를 구경시켜 주었다. 또 다른 날은 호텔 요리사가 바로 호텔 앞 바다에 가서 물고기를 잡아다가 남인도식 생선 요리를 해 주었다. 지금도 그 맛을 기억한다. 도저히 흉내 낼 수 없는 남인도만의 특별 생선 요리를 맛보았다. 안타깝게도 그 생선의 이름은 기억나지 않지만, 매콤하면서도 부드럽고 고소한 생선 살코기의 맛이 지금도 입가에 머물고 있다.

트리반드룸은 앞서 언급한 것처럼 개명했다. 현재 공식 이름은 티루바난타푸람(Thiruvananthapuram)이다. 옛 이름으로 돌아가려는 움직임이다. 그만큼 그곳에는 오래된 전통 사원과 유적지들이 도시 전체에 남아 있다. 바닷가 해안 도시라서 1729년에 해안 바닷물 위에 세워진 스리 파드마나 바스와미 사원(Sree Padmanabhaswamy Temple)은 가장 큰 규모의 웅장한 힌두 사원이다. 바다에서 바라보이는 사원의 모습은 더 볼만하다. 사원 안으로 들어가기 위해서는 갖춰야 할 조건이 있다. 남성들은 무조건 남인도 전통 의상인 치마와 같은 도띠(dhoti)를 입어야 하며(빌릴 수 있다), 무엇보다 여성들은 인도 전통 의상 사리(Saree)를 입어야만 들어갈 수 있다.

그외에도 트리반드룸에는 네이피어 박물관(Napier Museum), 카나카쿤누 궁전(Kanakakkunnu Palace)과 여러 오래된 사원이 있다. 거의 인도의 땅끝에 있는 아름답기로 소문난 코발람 해변(Kovalam)이 매우 유명하다. 우리는 바르칼라의 클리프 절벽 해변을 보는 걸로 하고는 코발람(Kovalam)에는 가지 않았다. 공원을 걸으며, 갖가지 색다른 남인도 열대 과일을 사 먹었다. 우리는 여행 내내 독특한 남인도의 빨간색 바나나를 사서 즐겨 먹고는 했다. 북인도 델리에서 볼 수 없는 아주 작은 손가락만 한 바나나도 맛보며 남인도만의 특별함을 마음껏 누렸다.

그렇게 5박 6일간의 남인도 여행을 마치고, 델리로 돌아오는 비행기는 트리반드룸에서 코친을 경유하는 노선이었다. 늦은 저녁 델리 인디라 간디 국내선 공항에 착륙했을 때 북인도 냄새가 풍기었다. 더 시끄러운 자동차의 경적과 먼지, 후덥지근하면서 탁한 공기가 우리를 맞이했다. 어느덧 내게는 그곳이 고향이었고, 나의 집이었다.

삶에 의미를 부여하기 전에 삶 그 자체가 소중하고 귀하다는 것을 알게 되었다. 각 사람의 살아가는 방식과 모양이 다르더라도 자신만의 특별한 삶을 꾸려가는 인생길을 허락하신 생을 주관하시는 주님께 더욱 감사한 여행이었다.

8. 골든 트라이앵글 여행 델리, 아그라, 자이푸르

　북인도는 굵직한 인도의 역사와 보물을 품고 있는 곳이다. 짧은 시간 안에 인도를 경험하며 여행하기에는 북인도만 한 곳이 없을 것이다. 세계사 속에서도, 인도 역사 안에서도 흥미진진한 이야기가 속속 들어있는 보물 상자와 같다.

　알고 보면 재미나고 흥미로운 역사 속 인물과 장소들을 새롭게 발견할 수 있는 곳이 바로 북인도의 '골든트라이앵글'(Golden Triangle)인 델리(Delhi)와 아그라(Agra), 라자스탄 자이푸르(Rajasthan Jaipur)다. 역사에 관심이 없다고 손사래 치는 사람들조차도 귀를 쫑긋 세우고 흥미진진한 역사 현장 속을 걸어 보는 아주 특별한 여행지가 바로 인도의 '골든트라이앵글'이다.

　인도의 역사 속에서 꽃을 피우며 어쩌면 가장 큰 전성기를 이루었던 무굴 제국(Mughal Empire)이 330년 동안 북인도에 남긴 문화와 건축 양식이 모두 유네스코 세계문화유산(UNESCO World heritage Site)으로 등재된 것만 보아도 알 수 있다. 라자스탄의 왕족들이 남긴 고대의 성들도 마찬가지다.

　세계의 7대 불가사의 중의 하나인 타지마할(Taj Mahal)을 비롯해 붉은 성(Red Fort), 아그라 성(Agra Fort)은 말할 것도 없다. 인도의 '분홍 도시'(Pink City)라 불리는 라자스탄의 자이푸르(Jaipur)에 있는 아메르 성(Amer Fort), 하와 마할(Hawa Mahal), 천문대 잔타 만타르(Jantar Mantar)까지 최고의 문화유산을 볼 수 있기에 '황금 삼각지대'(Golden Triangle)라는 이름이 붙였을 것이다.

대략적인 인도 골든트라이앵글의 역사를 짚어보면 이곳을 잘 이해하는 데 도움이 되리라고 생각한다. 인도에서 무굴 제국과 라자스탄의 유산을 돌아본다면 가장 굵직한 인도의 대략적인 역사를 봤다고 할 수 있다. 어떻게 보면, 인도의 큰 줄기가 그곳에 담겨있기 때문이다. 힌두교와 이슬람교의 융합이라고 해야 할까? 그곳에는 두 종교가 함께 공존하고 있다.

 오랜 힌두교 국가에 이슬람 세력인 무굴 제국이 전성기를 누렸다는 것은 좀 의아한 부분이기도 하다. 이러한 과거의 역사 때문에라도 지금도 인도에서는 국가의 이름을 힌두스탄(Hindustan, 힌두교의 땅)이라 불리길 원할지도 모른다. 힌두교 입장에서는 역사 속에서 잊고 싶은 굴욕이었을 테다.

 아프가니스탄 카불에 왕국을 세웠던 바부르 왕이 북인도로 침략해 오면서 무굴 제국은 시작되었다. 당시 델리의 술탄국인 로디 왕조를 몰락시키면서 델리와 아그라를 중심으로 시작된 무굴 제국은 1526년부터 약 330년 동안이나 지속되었다. 사실 무굴 제국은 칭기즈칸의 후예라고도 한다.

 힌두교 국가에서 왕조들을 몰락시키며 점차 세력을 키워갔던 무굴 제국은 바부르 왕과 후마윤 황제, 악바르 대제, 자한기르 황제, 샤 자한 왕, 아우랑제브 왕까지 가장 거대한 영토를 이루며 인도를 장악했다. 이들을 통해 건축되었던 이슬람 건축물들이 아직도 인도에 그대로 남아 있어 관광객들을 해외에서 불러 모으고 있다. 힌두교 국가에서 이슬람 건축물을 관광자원으로 삼고 있는 것이다. 오히려 이들에게 감사해야 하지 않을까 하는 생각이 든다. 후마윤 황제나, 악바르 대제, 자한기르 왕, 특히 샤 자한 왕은 예술과 문학, 건축에 관심이 컸으며 조예가 꽤 깊었다. 샤 자한의 작품이라고 할 수 있는 델리의 '붉은 성'과 아그라의 '타지마할'은 지금도 사람들의 감탄을 불러일으키고 있다.

델리에 그의 무덤(후마윤 툼)이 있는 후마윤 황제는 도서관의 계단을 오르다가 망토를 잘못 밟아 발을 헛디뎌서 굴러 넘어지는 바람에 황제의 생을 마감했다. 그가 도서에 얼마나 많은 애착을 품고 있었는지 알 수 있는 예이다. 그의 아들 악바르 대제 또한 문학과 학문에 깊은 관심이 있었다. 라틴어, 페르시아, 그리스어, 산스크리트어, 우르두어 등 다양한 언어로 쓰여진 도서 24,000권을 소장하는 대규모 도서관을 완비했던 것으로 알려졌다. 또한, 거대한 코끼리 부대를 동원해 어마어마한 규모의 군사력을 갖추어 무굴 제국의 전성기를 이루었다.

악바르 왕은 힌두교인 라지푸트 공주와 결혼할 정도로 종교에도 포용과 관용적인 정책을 펴며 인도 전체를 아우르는 대제가 되었다. 무굴 제국의 황제들이 종교에 상대적으로 매우 관용적이어서 힌두교와 조화를 잘 이루었던 것으로 보인다. 물론, 그렇지 않은 황제(아우랑제브)도 있어 결국 훗날에 무굴 제국이 무너지게 되는 시초가 되기도 했다.

특히, 다이아몬드와 금과 은 등의 보석이 가득하던 자한기르 황제와 샤 자한 왕 시대에 이들이 가졌던 부의 상징들이 현재까지 건축물 유산으로 남은 것은 무굴 제국이 후손들에게 남긴 하나의 선물이 된 게 분명하다.

그토록 화려하고 천년만년 이어갈 것 같던 무굴 제국은 1857년에 영국에 의해 멸망되었다. 무굴 제국은 인도 제국이 되었고, 인도의 황제 자리는 영국의 빅토리아 여왕에게 내어주고 말았다. 그 이전까지 인도 전역에 걸쳐 500~600개 정도의 왕조가 존재했다가 마침내 영국에 의해 하나의 인도 제국으로 통일된 것이다.

영국도 이러한 과정 가운데서 인도의 왕국들과 우호적인 정책을 펴며 왕족들의 편의를 많이 봐주었지만, 재정적으로 어려움을 겪던 왕족 대부분은 파산하게 되고 만다. 결국, 그 많던 왕궁들은 사유화되었고, 지금은 오랜 인도의 왕궁들이 호텔로 변신하여 세계 곳곳에서 오는 관광객을 맞이하고 있다.

어마어마하게 큰 인도 땅에서 델리와 아그라, 자이푸르는 위치상으로 비교적 가까이(자동차로 이동 시 델리에서 아그라, 아그라에서 자이푸르, 자이푸르에서 델리는 각각 5시간 정도의 거리)에 있으며 지도상에서 삼각형을 그리고 있다. 기차나 버스를 이용해 여행할 수도 있지만, 동시에 삼각형으로 이루어진 세 도시를 여행하기 위해서는 기사가 동행하는 택시를 빌리는 것이 좋다. 인도 대부분의 호텔은 택시 기사나 운전기사들을 위한 숙소를 구비하고 있어서 여러 날을 여행하기 위해서는 택시로 이동하는 것을 추천한다. 우리도 한국에서 손님들이 올 때마다 대부분 택시를 빌려서 1박 2일이나 2박 3일의 일정(델리 제외)으로 골든트라이앵글 지역을 한꺼번에 돌아보곤 했다.

인도에 살면서 가장 많이 가본 곳이 아그라의 '타지마할'이다. 일곱 번을 방문했다. 그러고 보니 우리 딸아이도 어린 시절에 벌써 타지마할에 일곱 차례나 다녀왔다. 당일치기로 아그라에만 다녀온 적도 있지만, 보통 골든트라이앵글을 함께 돌아보았다. 남동생 내외가 인도에 다녀갔을 때는 무덤을 볼 필요가 없다고 해서 타지마할 구경을 건너뛴 적도 있다. 무덤일지라도 아름다운 7대 불가사의 중의 하나를 본다는 것에 그 의미가 있지 않을까?

델리에 살면서 좋았던 점들은 유적지와 박물관을 비롯해 볼거리가 무궁무진하다는 것이었다. 천년의 역사를 지닌 거대한 탑이 있는 꾸뜹 미나르(Qutub Minar)에는 3,000년 된 철탑이 지금도 남아 있다. 사실 나는 그곳에 갈 때마다 하나님께 도전하며 쌓아 올렸던 바벨탑이 떠오르곤 했다.

아무튼 옛 모습 그대로 남아 있는 유적지를 직접 볼 수 있어서 좋았다.

하우스 카스 빌리지(Hauz Khas), 푸라나 킬라(Purana Quila), 붉은 성(The Red Fort), 후마윤 툼(Humayun's Tomb), 로디 가든(Rodhi Garden), 자마 마시드(Jama Majid), 인디아 게이트(India Gate), 간디가 살다가 총살당했던 간디 스미리띠(Gandhi Smriti), 간디 박물관, 코넛 플레이스(Connaught Place), 칸 마켓(Khan Market), 인도 전통 시장 딜리 하트(Dilli Haat), 델리 모던 아트 갤러리(Delhi Modern Art Gallery) 등 끝없는 볼거리가 기다리고 있는 곳이 델리다.

여행을 위해 델리에서 아침 일찍 출발하면 점심 때쯤 아그라에 도착한다. 아그라에서 하루 동안 타지마할과 아그라 성을 다 둘러보기에는 시간이 촉박하다. 당일치기라면 점심을 먹기 전에 타지마할을 돌아보고 나서, 간단하게 근처 KFC(한국에서 오신 분들은 이곳을 선호)나 인도 식당에서 점심을 먹어야 한다. 바로 아그라 성으로 이동해서 구경하고 나면 서둘러야 저녁에 델리로 다시 돌아갈 수 있는 당일치기 일정이 된다.

1박 2일의 일정이거나, 골든트라이앵글 여행으로 다음 목적지가 자이푸르일 경우는 점심을 여유 있게 먹고, 무굴 제국의 샤 자한 왕이 죽은 그의 아내 뭄타즈 마할을 위해 22년 동안 무덤으로 건축한 타지마할을 다녀와야 한다. 타지마할과 아그라 성에 대해 잘 알려진 이야기는 마음을 아프게 한다.

타지마할을 건축한 샤 자한 왕의 아들 아우랑제브가 본인이 왕이 되기 위해 아버지를 아그라 성에 가두었다. 결국, 그는 8년 동안 멀리 아내가 묻힌 타지마할을 바라보며 갇혀 지내다가 마지막 숨을 거두게 된다. 샤 자한 왕이 건축한 델리의 '붉은 성'과 '타지마할'은 현재까지도 칭송받는 놀라운 작품이지만, 그의 마지막 생애는 불행했다. 건축에 재정을 너무 많이 쏟아부은 결과라 할지라도 여전히 안타까움이 남는다.

저녁에는 보통 호텔에서 준비한 전통 공연을 보거나 식사를 하며 1박을 한 후에 아침 일찍 아그라 성을 찬찬히 돌아보고, 무굴 제국의 악바르 대제의 무덤이 있는 아그라 근교의 시칸드라(Sikandra)에 꼭 들러봐야 한다. 무굴 제국의 가장 큰 전성기를 이루었던 꽃이며 대제였던 악바르의 무덤(Tomb of Akbar the Great)은 그의 아들 자한기르 왕(Jehangir)이 붉은 사암으로 만든 아름다운 건축물 중의 하나다. 꼭 가봐야 할 곳이다.

라자스탄 자이푸르로 가는 길에 자이푸르 근교에 있는 '찬드 바오리 계단식 우물'을 들러보면 좋다. 물이 부족한 인도 사람들이 어떻게 오래전부터 물을 모으고 아끼며 사용했는지 살펴볼 수 있는 신비로운 곳이다(이전에 올린 소개 글 참조 p. 267).

라자스탄(Rajastan)은 인도의 오래된 왕족이 있던 매혹적인 곳으로 현재까지 그 모습이 많이 남아 있다. 블루 시티(The Blue City) 조드푸르, 흰색 화이트 시티(The White City) 우다이푸르, 사막과 별이 쏟아지는 황금 시티(The Golden City) 자이살메르 그리고 분홍 핑크 도시 자이푸르 등 볼거리가 넘치는 곳이다. 가도 가도 끝없이 실타래처럼 볼거리가 보물처럼 이어져 넘쳐나는 라자스탄은 모두가 희망하는 아름다운 여행지다. 골든트라이앵글에서는 라자스탄의 다른 곳보다는 가장 가까운 위치의 핑크 도시 자이푸르가 들어있다. 자이푸르 외에 다른 도시는 여유 있을 때 비행기나 기차를 타고 가야 하는 상당히 먼 거리에 있다.

자이푸르에서는 왕궁을 호텔로 개조한 곳에 숙소를 정해 왕족이 머물던 오래된 왕실에서 잠을 청해보는 것도 좋다. 특히, 자이푸르에는 그러한 호텔이 많이 있다. 우리는 주로 아메르 포트(Amer Fort, 다른 이름으로 엠버 성(Amber Palace)라고도 함) 근처에서 1박을 했다. 호텔에서 짐을 풀고 분홍 도시 자이푸르 시내가 내려다보이는 산꼭대기에 있는 요새 나하가르 포트(Nahargarh Fort)로 올라가서 시내 전체가 아름답게 빛나는 자이푸르의 야경을 구경하는 것은 빠뜨릴 수 없는 코스다. 전망대에 자리 잡은 카페에서 차와 음료를 마시며, 라자스탄의 밤공기를 느껴 볼 수 있는 시기는 오직 겨울에만 가능하다. 여름에는 견디기 힘든 무더위와 싸움을 해야 하는 아쉬운 대목이 있다.

호텔에서 제공된 조식을 먹으면, 천년의 역사를 가진 아메르 성에 일찌감치 올라가야 한다. 이 요새는 힌두교와 이슬람의 양식이 함께 어우러져 조화를 이루는 건축물로 유명하다. 아메르 포트도 유네스코 세계문화유산으로 등재되어 있다.

아무래도 이 요새의 주인이었던 라자 만 싱은 무굴 제국의 왕들이 방문할 때 그들의 기분을 좋게 하기 위해서인지 무굴 제국의 건축 양식을 많이 도입했던 것으로 보인다. 붉은 사암과 흰색 대리석으로 지어진 어마어마한 규모의 아메르 포트에는 당시 왕이었던 라자 만 싱의 열두 아내를 위한 열두 개의 방이 지금도 남아 있다. 왕이 어느 방으로 가는지 열두 아내가 전혀 알지 못하게 설계되어 있다. 그 옛날에 왕의 여자들이 서로 질투하지 못하도록 설계해 놓은 그야말로 탁월한 기술력이 아닐 수 없다.

높은 산등성이에 자리잡은 요새까지 걸어서 올라가려면 꽤 힘들다. 관광객들은 주로 코끼리를 타고 올라가곤 한다. 요즘은 동물 보호 차원에서 코끼리를 운반에 사용하는 것을 자제하고 지프를 타고 올라가기를 권장하고 있다. 우리도 코끼리를 타고 올라간 적이 있는데, 가파른 언덕을 올라가는 코끼리 등에서 중심을 잡기가 여간 무섭고 힘든 게 아니었다. 중간중간에 엄청난 양의 코끼리 똥을 구경하며, 코끼리의 울음소리를 듣는 일은 그리 기분 좋은 일은 아니었다. 신체가 건강하다면 걸어서 천천히 구경하면서 운동 삼아 올라가는 것도 좋다. 산 위의 아름다운 성이자 요새인 아메르 포트는 여름 정원과 궁전, 유리 궁전까지 구석구석 다양한 볼거리가 가득해서 갈 때마다 마음을 즐겁게 하는 곳이다.

요새 입구에서 가이드를 섭외해서 같이 돌아보면 구석구석 안내하는 곳을 따라다니며 설명을 듣고 이해할 수 있다는 점에서 좋지만, 힌디어나 인도식 영어를 잘 이해해야만 하는 불편함도 있다. 우리는 줄곧 가이드의 안내를 받으며 설명을 듣곤 했다. 역사 속의 숨겨진 야사와 건축물들의 깨알 같은 이야기가 여행의 맛을 더하며 흥미로웠다.

자이푸르로 가는 길의 호수 위에 떠 있는 신비로운 잘 마할(Jal Mahal)을 지나 유네스코 세계문화유산이며 세계에서 가장 큰 돌 해시계가 있는 천문대 잔타 만타르(Janta Mantar)를 돌아보며 별을 관측해 볼 수 있다. 1700년대에 이렇듯 큰 천문대를 만들어 별자리를 연구했던 인도 사람들이 위대해 보이는 곳이다. 잔타 만타르(Janta Mantar)는 그 의미가 계산기계(calculating instrument)라는 뜻으로 해와 별자리를 보며 우주를 관측하며 계산하던 기구가 가득한 곳이다. 태양과 행성의 고도와 거리, 시간, 별자리 등을 측정하고 관찰하는 넓은 곳을 이리저리 돌아다니며 실제로 체험해 볼 수 있다. 잔따 만타르도 유네스코 세계문화유산에 등재되어 있다.

여행하는 도중에 목이 마르고 갈증이 날 때는 라자스탄 자이푸르에서 유명한 라씨를 꼭 마셔봐야 한다. 달달한 인도 요거트 음료가 여행의 피로를 싹 가시게 할 것이다. 물론, 라자스탄 식당에서 준비해 주는 인도 음식을 맛보는 것도 놓치면 안 될 것이다.

핑크 시티(The Pink City of India)라는 별명을 갖게 된 자이푸르의 건축물은 대부분 붉은 사암으로 만들어졌다. 자이푸르 시내를 내려다보면 건축물이 온통 분홍색이다. 현재 자이푸르는 핑크 시티라는 이름으로 시내 전체가 유네스코 세계문화유산으로 지정되었다. 그야말로 자이푸르는 도시가 통째로 보물이다.

 도시 안에서도 가장 아름답고 눈에 띄는 건축물은 온통 핑크색 사암으로 만들어진 왕궁 여성들만을 위한 하와 마할, '여성 궁전'이다. 5층으로 지어진 오직 여자들만 거주할 수 있었던 하와 마할 내부에는 계단이 없다. 물론, 하인들이 다니던 좁은 계단이 있긴 하지만, 주 이동 경로는 계단이 아니다. 왕비나 공주들이 몸에 보석으로 치장하고 있었는데, 그 무게가 자그마치 15킬로그램이었다고 한다. 온몸에 두르고 있는 장식과 액세서리가 너무 무거워서 혼자서 걸어 다니기가 어려웠다고 한다. 그들은 주로 하인들이 밀어주는 휠체어를 타고 이동했다.

 또한, 하와 마할은 성 밖에서는 사람들이 내부의 모습을 전혀 볼 수 없었지만, 하와 마할 내부에서 왕궁의 여성들이 바깥세상의 삶을 구경할 수 있도록 953개의 작은 창문을 만들어 놓았다. 그 시대 여성들의 삶이 어떠했을지 눈에 선하다. 안타까운 대목이다. 일반 서민들이 길거리에서 보는 하와 마할은 궁전의 앞모습처럼 보이지만, 사실은 궁전의 뒷모습이며, 정문은 뒤쪽에 숨겨져 있다. 하나에서 열까지 치밀한 계획을 갖고 왕족 여자들을 위한 궁전을 특별히 세웠다는 것을 알 수 있다. 또한, 왕족 여성들의 거주 공간이었던 그곳 또한 여름의 무더위를 피할 수 없었기에 과학적 기술을 기반으로 시원한 바람이 궁전 내부로 들어올 수 있도록 만들었다. 우리가 겨울에 사용하는 온돌을 만들어냈다면, 인도는 시원한 공기 바람을 그 옛날 전기도 없던 시절에 발명해 낸 것이다. 놀라운 기술력이 아닐 수 없다.

 자이푸르에서 델리로 돌아오는 길은 여전히 오래 걸린다. 도로 사정이 많이 좋아지긴 했지만, 자동차로 5시간은 잡아야 한다. 늘 델리 집에 도착하면 자정이 다가오곤 했다.

여행길에는 항상 먹거리가 기쁨이 되기도 하고, 골칫거리가 되기도 한다. 때론 맛있는 인도 요리에 마음이 더없이 즐겁다가도 한국 음식이 생각날 땐 준비해 간 컵라면을 뜯어서 뜨거운 물을 부어 시원한 국물 한 모금으로 목을 축일 때 느낄 수 있는 그 칼칼하고 상쾌한 기분은 말로 다 표현할 수가 없다.

막내 이모네와 부모님 그리고 시부모님과 시동생이 함께 했던 여행에서는 거의 한국 음식을 준비해서 다녔다. 때로는 차 안에서 준비해 간 흰쌀밥에 구운 김을 싸서 주먹밥으로 먹기도 하고, 김밥을 싸기도 했다. 돌아보면 그 시절 그때 먹었던 아주 소박한 그 먹거리들보다 더 달고 기름진 음식이 없었던 거 같다. 울퉁불퉁 여행길에서 지친 몸과 마음을 사르르 녹여 주며, 새 힘을 불끈불끈 실어 주던 그 맛을 잊을 수가 없다. 물론, 커피믹스와 뜨거운 물, 거리에서 팔던 바나나와 땅콩, 인도의 귤 싼뜨라와 키누까지 모든 것이 달고 맛있었다. 눈으로 보고 입으로 먹는 맛있는 여행이었다.

창조주의 놀라운 능력과 인간이 가진 지식과 지혜가 어우러진 문화유산과 자연을 여행하는 기쁨을 얻을 수 있어서 감사했다. 모든 소중한 유산들이 오래도록 길이 남아 많은 사람이 볼 수 있기를 바라며, 모든 창조 질서를 주관하시는 하나님의 손길을 경외하게 되기를 기대한다.

역사는 현재를 살아가는 우리에게 말없이 여러 교훈을 던지고 있어서 더 좋다. 우리가 어떻게 살아야 하며, 어떤 길을 가야 하는지 우리 앞에서 미리 보여 주고 있기 때문이다. 그래서 여행은 유익하고, 자연과 문화유산을 둘러보는 것은 지금 우리의 삶에 주어지는 살아있는 교과서가 되기도 하니 이 얼마나 감사한 일인가?

제9장

인도를 떠나다

1. 바꿀 수 없는 날씨를 받아들이듯

일어나 걸어 다니는 것은 물론이고 몸을 움직이는 것도, 먹는 것도, 잠을 자는 것도 그리고 숨 쉬는 것조차도 힘든 살인적인 델리의 무더위를 겪어보기 전에는 인생에서 날씨에 대해 그리 진지하게 깊이 생각해 본 적이 없었던 거 같다. 나약한 인간의 힘으로 감히 어찌할 수 없었던 사막 기후로 인한 무더위 앞에 전혀 손을 쓸 수 없다는 것을 확인하는 순간들이었다.

인도 델리에서 첫 여름을 맞이했을 때 비로소 불가항력적인 날씨에 대해 심각하게 생각하게 되었다. 에어컨을 틀 수 있는 그 순간만큼은 살 것 같다가도 전기가 끊어지면 무용지물이 되어버렸다. 전기가 나가면 가정용 발전기에 의지하여 천장에 매달린 벙카(인도 선풍기)를 틀어 그나마 바람이라는 것을 느낄 수 있었다. 그것도 발전기 용량이 다하면 선풍기조차 틀 수도 없는 상황엔 어디론가 피신을 가야만 했다. 우리는 줄곧 맥도날드를 찾아갔었다.

그토록 인구가 많은(거의 인구 세계 1위 국가) 인도 사람들은 어떻게 이 더위를 견디고 살아남을 수 있었을까? 수수께끼나 어려운 수학 문제를 푸는 것과 같았다. 전기도 없을뿐더러 물도 턱없이 부족한 곳에서 에어컨은 그림의 떡인 채로 말이다.

인도 학생들에게 물어본 적이 있다.
"이렇게 뜨거운 폭염을 어떻게 이겨낼 수 있어요?"
"그냥 아무것도 하지 않아요. 가만히 있어요. 그러면 괜찮아요."

그렇다. 아무것도 할 수도 없고, 두뇌를 사용해서 머리를 쓰는 것도 힘들다. 요리는커녕 밥 먹을 식욕조차도 일지 않을 때가 다반사였다. 한 달, 두 달 무려 석 달 동안 비가 한 방울도 내리지 않는 곳에서 더위가 조금이라도 꺾이고 비라도 쏟아지기를 기다리고 기다렸었다. 그러면 몸을 움직이고 활동하기에 조금은 괜찮아질 테니까.

날씨는 우리가 살아가는 삶에 늘 동행하는 동행자다. 날씨 없는 삶은 없다. 날씨가 빠진 날은 어느 하루도 없다. 우리는 날씨와 그렇게 늘 함께해 왔다. 맑은 날에도, 흐린 날에도, 비가 오고 폭풍우가 닥쳐오는 날에도, 눈이 오고, 춥고, 무더운 모든 종류의 날씨와 함께 해야만 한다. 날씨는 내가 원하는 대로 선택할 수도 없다.
 그저 주어진 날씨를 받아들이며 살아야 하는 우리의 삶이 아닌가?
 인간관계와 삶에 얽힌 모든 일도 마찬가지다. 어떤 것은 내가 스스로 선택한 것처럼 보이지만, 실제로는 나의 의지나 계획과 상관없는 경우가 많으며 전혀 의도하지 않은 방향으로 펼쳐질 때가 얼마나 많은가?

그 모든 것을 날씨처럼 받아들이자. 나를 찌르고 힘들게 하는 사람이 있다면 번개가 치던 날이나 나쁜 날씨로 인해 곤란했던 것처럼 받아들이면 어떨까? 비가 오고 흐린 날씨와 같은 사람과의 어려움도, 세상이 영하로 꽁꽁 얼어붙게 하는 얼음판 같은 일들이나 사람을 만난 거라 여겨보면 어떨까? 마음으로만, 푹푹 찌는 폭염과 같이 열받게 하고 힘들게 하는 사건과 사람이라고, 그렇게 생각해 보자.

그러다 보면 화창하고 맑은 날도 오지 않던가!

마음을 따스하게 위로하고 환한 미소를 짓게 하는 일들이나 가슴 따뜻한 사람들도 만나게 될 테니까. 바꿀 수 없는 상황이라면, 어쩔 수 없는 인간관계라면 그저 날씨처럼 받아들여 보자.

너무 깊이 날씨에 대해 생각하거나 몰입하지 않고 묵상하지 않는 것처럼, 상황과 인간관계까지도 너무 깊게 고민하며 심각하게 받아들이지 않도록 하면 어떨까?

삶 가운데 그날그날의 날씨를 받아들이듯, 나의 상황과 사람들도 그렇게 받아들여 보자. 날씨처럼, 내가 바꿀 수 없는 것은 있는 그대로 바라보고 받아들여 보자. 날씨가 내 삶에 너무 큰 영향력을 갖고 칼자루를 쥐어 내 삶을 쥐락펴락하게 되지 않도록, 너무 오래 깊이 생각하지 않도록 하자.

흐린 날은 흐린 대로, 맑은 날은 맑은 대로 있는 그대로 바라보며 받아들이는 노력을 해보면 어떨까?

인도의 날씨가 인생의 교훈을 던져 준다.

2. 안녕, 나의 파란 피아노

다시 돌아가리라는 희망 하나 남겨 놓고 있었다. 우리가 6년 동안 살던 델리의 집을 비워주며 짐을 정리했다. 나눌 것은 필요에 따라 나누고, 기증할 것은 필요한 기관에 기증하고, 버릴 것은 버렸다. 사실 버린 것은 거의 없다. 마지막 남은 물건 하나까지 알람 씨를 통해 보육원에 주고 왔으니까. 그리고 나머지 한국으로 돌아가면 당장 써야 할 물건을 정리해서 박스에 담아 두었고, 내 손때가 묻은 책과 그릇들이 날 기다리고 있었다.

그 어지러운 코로나19로 인한 환란과 혼돈, 아픔과 사망 속에서도 인도 땅을 다시 밟고 싶은 그리움 하나 품고 있었다.

이제 잠시 가슴을 억누르고 이곳을 향해 마음을 부어야 할 때가 되어 델리에서 남겨 놓은 중요한 살림살이를 가져와야만 한다. '포기'와 '내려놓음'을 향해 한 걸음 더 가까이 나아간다.

델리에서 연락이 왔다. 조이 로지스틱 사장님이다. 곧 컨테이너를 띄울 계획인데 다른 분의 짐들과 같이 우리 짐도 보낼 수 있다고. 현재는 인도 비자를 받을 수도, 비행기를 탈 수도 없는 상황이라 내 손으로 짐을 부칠 수 있는 상황이 안되었는데 이렇듯 기억하고 챙겨 주시니 감사할 따름이다. 창고에서 잠자고 있던 우리 짐들은 다시 하나하나 박스에 담겨 한국으로 올 채비를 마쳤다. 이민 가방에 필요한 물건만 챙겨 와서 지금껏 잘 지내왔는데, 새삼 우리 생활의 일부였던 정들었던 몇 가지 짐을 다시 볼 수 있다니 마음이 따뜻해진다. 인도에서 빈손으로 나와도 되겠지만, 액자와 책들, 우리의 역사가 된 물건들을 같이 데려오는 것도 괜찮다고 생각했다.

하지만, 나의 파란 피아노는 다시 돌아올 수 없게 되었다. 피아노는 내게 오래 묵은 친구와도 같은 존재다. 어디든 피아노가 있으면 안심이다.

피아노를 치지 않은 채 그냥 붙박이로 둘지라도 피아노의 존재 자체만으로 마음의 위안을 얻었다. 2011년, 부산항에서 인도 뭄바이항으로 떠나는 컨테이너 안에도 나의 파란색 피아노가 든든히 자리를 지키고 있었다. 컨테이너를 실은 화물선이 인도 뭄바이에 도착해서 다시 기차에 이끌려 델리로 왔다. 이삿짐은 델리 세관을 통과해 다시 큰 트럭에 실려 몸을 맡긴 채 우리가 거주하고 있던 델리 사켓의 아누팜 아파트에 마침내 도착했다.

짐이 도착하기까지는 한 달이 걸렸다. 짐보다 우리가 먼저 델리에 도착했기에 살림 도구가 없이 지냈다. 신문지를 깔고 바닥에 앉아 밥을 먹고, 인도 침대를 사서 잠자리를 만들었다. 인도에서 생산되는 LG 세탁기를 사서 빨래를 할 수 있었지만, 그 외 거의 아무것도 없었다. 집 근처에 한국 유학을 가서 아신대학교(ACTS)에서 공부하신 인도 목사님이 계셨다. 목사님과 사모님께서 바닥에서 생활하는 우리가 안쓰러우셨는지 의자며 컵과 접시를 빌려주셔서 그럭저럭 지내고 있었다.

그렇게 한 달이 지난 후, 한국에서 보낸 짐이 도착했다는 소식을 들었을 때, 설레며 기쁘고 반가웠다.

마침내 짐꾼 열 명과 짐을 실은 트럭이 동시에 인도에서는 이삿짐을 옮길 때마다 보통 열 명의 사람이 와서 일을 도왔다. 동네 사람들이 모두 나와 구경했다. 단연 최고의 관심사는 우리의 파란 피아노였다. 당시만 해도 인도에서 피아노를 구경하기란 그리 쉬운 일이 아니었기 때문이다.

나는 종종 거실에 놓인 파란색 삼익 피아노를 치며 반주에 맞춰 노래를 부르곤 했다. 인도에서 누리는 나의 작은 행복이었다. 얼마 후, 동네 분이 나한테 물어왔다.

"당신은 한국의 가수지요?"

"네?"

제9장 인도를 떠나다

"노랫소리를 들었어요. 우리는 매번 당신의 노래를 들어요. 맞지요?"
"아니에요. 저는 가수가 아니지만, 그냥 노래 부르기를 좋아해요."

한국으로부터 직접 공수해 온 피아노 소리에 맞춰 노래하는 것을 듣고, 동네 사람들은 내가 가수가 틀림없다고 생각했다는 것이다. 지금도 그때를 돌아보면 절로 웃음이 난다. 열악한 환경이었지만 그 나름대로 따스하고 행복한 시간을 누렸다.

8년이 훌쩍 넘는 세월을 짐과 함께 정리하며, 다시 돌아올 거라는 희망으로 필요한 짐들을 창고에 두고 왔다. 내가 아끼던 파란색 피아노는 델리의 벧엘한인교회 성가대실에 놓고, 잠시 그곳에서 성가대가 연습할 때 사용하도록 드렸다. 다시 인도로 돌아가는 그날에 찾아오기로 하고 잠시 작별을 고했던 것이다. 그리웠다. 내 파란색 피아노가.

인도 재입국이 무산된 후, 피아노를 교회에 드리기로 마음을 정했다. 그곳이면 허전한 내 마음이 조금은 위안을 얻을 것만 같았기 때문이다. 하지만, 공교롭게도 다른 집사님께서 새로운 피아노를 기증하셨고, 교회는 더 이상 나의 파란색 피아노가 필요 없게 되어버렸다.

내가 없는 인도 땅에 나의 피아노가 있어야 할 곳을 고민하던 중 문득 조이 선생님이 떠올랐다. 암 투병으로 어려운 시간을 보내고 선생님께 선물로 드리고 마음의 위안을 주고 싶었다. 너무나 기뻐하셨다. 조이 선생님은 델리에서 나와 줄곧 피아노를 치며 같이 노래를 많이 불렀던 동역자이자 친구라서 내 파란 피아노가 나 대신 조이 선생님의 친구가 되어주면 좋겠다 싶었다. 마침 항암 치료도 잘 되고 수술도 잘 마쳤다. 거기에다 사춘기 두 남매를 위해 이사를 계획하고 있었다.

"방이 세 개 있는 집으로 이사하면, 바로 피아노를 가져갈게요."

집을 구하고 이사를 할 때까지 기다려 드리기로 했다. 피아노는 여전히 델리 벧엘한인교회에 성가대실에서 대기 중이었다. 그러던 어느 날, 조이 선생님께 연락이 왔다.

"아무래도 이사한 집이 좁아서 피아노를 놓을 공간이 없어요. 너무 가져오고 싶은데 못 가져올 거 같아요."

선생님이 얼마나 피아노를 원하는지 알기에 너무나 마음이 아팠다.

'나의 피아노가 갈 곳이 아니었구나.'

기도하며, 피아노가 필요한 분이 누가 있을까 생각해 보았다.

'혼자 두고 나만 와버려서, 좋은 주인을 만나게 해 줘야 할 텐데.'

그렇게 기도하며, 내 마음은 사인을 기다리고 있었다. 귓가에 들려주는 듯한 소리, 마음에서 말해 주는 그 순간, 인도 목사님과 결혼한 혜정 사모님이 떠올랐다. 나는 지체하지 않고, 바로 메시지를 보냈다. 얼마나 기뻐하던지, 나도 신이 났다. 안도의 한숨을 내쉬었다. 기쁨의 탄성이다.

딸이 셋이나 있으니 얼마나 좋을까?

"교회가 넓은 곳으로 이사하면 피아노를 교회에 두고 싶어요."

"그냥 댁에서 사용하면 좋겠어요. 교회도 좋지만요."

사모님은 큰 딸 사라가 피아노를 잘 연습하고 배워서 교회에서 반주를 하게 하고 싶다고 했다. 마침내 우리가 없는 인도 땅에서 홀로 지내던 파란색 피아노가 새 주인을 만나게 되었다. 기쁘고 감사한 일이다. 이 얼마나 기분 좋은 일인가?

내가 영국에 처음 갔을 때도 막 한국으로 귀국하시는 한 사모님께서 내게 피아노를 주셨다. 그 피아노는 외롭고 고독한 나의 영국 생활 초기에 큰 위안이 되었던 친구였다. 다시 내가 영국 시티로드뱁티스트교회

(City Road Baptist Church) 사택으로 이사했을 때는 이미 100년 된 피아노가 그곳에 있었다. 어느덧 정이 들었던 피아노는 다시 이웃집 시우네에 드리게 되었다. 그리고 내가 줄곧 가까이 하며 연주를 즐기던 사택에 있던 100년 된 피아노는 영국에서 가까이 지내던 현경 사모님의 딸 서영이에게 물려줬다. 서영이의 피아노 연주 실력은 출중했다. 그렇게 피아노는 아주 '꼭' 필요한 사람에게 제대로 바통을 이어 전해졌다.

흘러 흘러 넘쳐가는 모습이 그저 감사할 따름이다. 그렇게 피아노가 돌고 돌아 많은 사람을 행복하게 해주었다. 앞으로도 나의 이 파란색 삼익 피아노도 그렇게 많은 이에게 위안과 기쁨을 줄 것으로 기대한다. 내가 없는 인도 땅에서.

이제 인도에 남겨진 피아노에 작별을 고한다.

어린 시절 내게 피아노를 배울 기회를 주신 부모님께 어찌 감사를 드리지 않을 수 있을까?

나는 그 큰 사랑과 은혜에 어떻게 보답해 드려야 할까?

피아노를 연주할 수 있어서 내 생애 가운데 누릴 수 있었던 너무나 많은 것에 감사한다. 이제 나의 피아노에 작별을 고한다.

'안녕, 나의 파란 피아노야~~'

3. 슬픈 애가(哀歌)로 가득한 인도 땅(코로나 팬데믹)

인도의 여름은 기온이 45도 밑으로 내려가지 않는다. 50도에 육박하는 불타는 여름이라고 표현하는 것이 더 적합하다. 그 더위가 어떠한지는 에어컨이나 선풍기 없이 지내보면 금방 알 수 있다. 마치 적도 근처의 극한 환경 속에 있는 느낌이다. 폭염도 견디기 힘든데, 코로나 팬데믹까지 겹치다 보니 인도는 그야말로 슬픔의 애가(哀歌)가 온 천지를 진동시키는 듯했다.

사랑하는 브린다는 안부를 묻는 나를 안심시키며 말했다.

"너무 걱정하지 마세요. 선생님."

"정말 괜찮은 거지?"

미심쩍은 듯 묻는 나의 질문에 브린다는 솔직하게 털어놓았다.

"사실은 우리 식구 다 코로나에 걸렸었어요. 그런데, 이제 다 괜찮아요. 모든 건 할머니 때문이에요. 우리가 밖에 나가지 말라고 그렇게 말려도 할머니는 답답하다며 계속 밖으로 나가셨어요. 그래서 온 가족이 다 걸렸어요. 다행히 이제는 다 나아서 괜찮아졌어요. 그리고 할머니도 스스로 너무 무서워서 더 이상 밖으로 나가지 않으셔서 다행이에요."

나는 가슴을 쓸어내렸다. 온 가족이 무사하다니 얼마나 감사했다. 그렇지만 공포감에 밖으로 나가지 못한다는 말이 가슴을 아프게 하며 내내 귓가에 맴돌았다. 인도에서 3차 항암치료를 앞두고 있는 친한 선생님도 선생님과 두 아이 그리고 남편까지 온 가족이 코로나를 피하지 못한 채 항암치료마저 미루고 있었다. 그 고통과 신음소리가 얼마나 안타까웠던지 가슴이 아려왔다. 골방에서 혼자 산소 수치를 체크하며 코로나와 사투를 벌이고 있는 다른 선배 선생님하고도 매일 기도하며 그저 지켜볼 수밖에 없었다. 할 수 있는 일이라고는 상태가 호전되고 있는지 체크하는 것뿐이었다.

고열과 근육통에 입맛과 후각까지 잃어 아무것도 먹지 못하지만, 어느 정도 위급한 상황이 아닌 이상 집에서 스스로 격리하며 몸이 회복되기를 기다려야만 했다. 불안과 초조 속에서 하루하루를 연명해야 했다. 그러다가 호흡곤란이나 폐에 염증이 심해지면, 응급실이나 중환자실에서 산소호흡기 치료를 받아야 하지만, 병원의 병실도 태부족이라 그마저 어려운 상황이었다. 어렵사리 병원 치료를 받을 수 있다면 그 자체로 감사할 따름이었다.

선교사님 한 분도 아내와 세 아이를 두고 결국 하나님 품으로 돌아가셨다. 호흡곤란으로 위급한 상황이었지만, 산소호흡기가 있는 앰뷸런스를 찾는 것도, 산소호흡기로 치료받을 수 있는 중환자실을 찾는 것도 어려워서 주인도 한국 대사관의 도움으로 겨우 중환자실에 들어갈 수 있었지만, 병원에서 하루도 채 넘기지 못하고 아버지 품에 안기셨다. 눈물이 앞을 가리며 울음이 터져 나왔다. 울어도 울어도 가슴이 아파서 계속 울었다. 아직 집에서 코로나와 사투를 벌이고 있는 두 선생님께 이 소식을 알릴 수 없었다. 며칠 후 하루는 선생님이 내게 물어왔다.

"그분은 어떻게 되셨어요?"

"네 … 하늘나라로 가셨어요."

" … "

아무 말이 없었다. 우리는 서로 어떤 말도 할 수가 없었다. 이 일은 내게 큰 상심을 가져왔다. 마음이 회복되는데 꽤 긴 시간이 걸렸다. 무겁고 아픈 마음이 좀처럼 아물지 않았다. 그 후에도 인도에 거주하는 한국 교민 아홉 명이 인도 땅에서 코로나로 고국 땅을 밟지 못한 채 하늘나라로 가셨다. 아홉 명의 한국 교민들 사망 처리와 유족들 관련 일을 담당하던 주인도 한국대사관 직원은 이 일로 우울증과 상담 치료까지 받았다. 사람들이 얼마나 큰 고통과 두려움에 싸여 있는지 현장에서 직접 눈으로 보지 않아도 짐작이 가고도 남는다.

코로나 팬데믹 동안 인도에서는 하루에 40만 명이 넘는 코로나19 확진자가 생겨났고, 수도 델리 지역에서만 하루 천 명 이상의 사망자가 속출했다. 힌두 전통에 따라 시신을 화장하는 인도의 장례 문화는 하루에도 수없이 쏟아져 나오는 운구를 제한된 수의 화장터에서 다 감당하기에는 역부족이었다.

골든 타임에 산소 발생기가 있으면 그나마 도움을 받을 수 있지만, 그렇지 않으면 아무런 손도 써보지 못하고 허망하게 생을 마감하는 것을 지켜봐야만 했다, 막 태어난 아이에게 엄마 젖을 물려 보지도 못한 생후 3주 된 아들, 외아들과 남편을 남기고 떠난 인도 자매의 죽음을 보았다. 그리고 죽음 앞에 섰다가 다시 회복되어서 함께 기뻐했던 인도 형제가 결국은 하늘나라로 가는 모습을 목격하는 것은 너무 힘든 일이었다.

죽음 앞에서 사투를 벌이는 이가 한국인이든 인도인이든 그건 중요하지 않았다. 어떻게든 한 생명이라도 살려 보려고 한국 돈으로 100만 원 이상 되는 산소 발생기를 구입해서 꼭 필요한 곳에 전하려고 애쓰고 수고하는 분들이 그저 감사할 따름이었다. 새삼 우리가 24시간 언제 어디서든 무료로 산소를 무제한으로 마실 수 있다는 사실이 얼마나 큰 축복인지 다시 한번 감사하게 된다.

팬데믹 당시 인도 정부의 권고 철수 요청으로 많은 사람이 특별 전세기편으로 귀국했다. 하지만, 여러 사역과 일터, 사업장에서 여전히 인도 땅을 지키던 분을 생각하면 지금도 마음이 아프다. 부디 인도 땅을 지키고 있는 모든 분을 선하신 주의 손으로 보호해 주시길 간절히 기도한다. 인도 땅에서 곤란에 빠졌던 그들에게도 동일하게 하나님의 긍휼과 기도가 어찌 필요치 않을 수 있을까? 어느 누구 한 사람이라도 귀하지 않은 사람이 없고, 하찮은 생명이 없기 때문이다. 인도 땅을 위해 더 많은 기도가 필요하다.

4. 문득 그리운 그곳, 인도

딸아이가 물었다.
"엄마는 인도가 좋아?"
"응, 좋지. 넌?"
"난, 안 좋아, 친구들이 막 놀렸어. 나보고 엄마가 인도 사람이래."
"엄마는 한국 사람인데, 뭐 어때? 신경 쓰지 마."
"엄마, 절대로 힌디어 하지 마. 그럼, 인도 사람이라고 해."
"그래, 그렇지만 샤이니, 힌디어 잊어버리지 마, 힌디어 할 수 있는 것도 능력이야. 애들이 몰라서 그래."

나는 그나마 배우고 사용했던 힌디어도 점점 잊어버리고 있는 거 같아 아쉽기만 한데 말이다.

문득 사무치게 그곳이 그립다. 이제 다시 갈 수도, 살 수도 없다는 사실에 그리움은 더욱 사무쳐 온다. 그립다. 모든 것이.

형형색색 울긋불긋 싸구려 티 나는 색이지만,
가만히 들여다보면 너무나 아름다운 옷감들,
떠들썩하며 왁자지껄 빵빵 울려 퍼지는 경적,
까무잡잡한 피부에 원색의 컬러풀한 옷을 차려입은 사람들,
먼지 날리는 도로,
개념 없이 길을 건너는 버펄로 소 떼와
그들이 다 지나가길 기다리는 자동차들,

낡은 리어커에 올려진 시든 야채들,
울긋불긋 먹음직스러운 열대 과일들,
리어커를 세워 두고 그늘에서 낮잠을 청하던
야채 장수와 과일 장수들,
커다란 나뭇가지 위의 나뭇잎은 초록빛을 잃고
뿌연 먼지 옷을 입은 채 그늘을 만들고,
나무 아래 길거리 개들이 낮잠을 즐기며 여기저기 누워있는 모습들,
집 앞에 나타난 원숭이 가족 때문에 맘 졸이던 시간들,
폭염에 숨쉬기조차 힘들어 누워도 앉아도 안절부절못하던 순간들,
야채 위에 앉아 쉬고 있는 시커먼 파리 떼를 날리며
야채를 팔던 하얀 이를 드러내며 미소 짓던 검게 그을린 아저씨들,
내 몸 하나 가누며 걷기도 힘든 더위에 손님들을 태우고
시커먼 수건으로 흐르는 땀을 닦으며
페달을 밟아 목적지를 행해 달리던 릭샤 운전사들
그리고 카레 향과 고소한 로띠 냄새 …

아름답지 않은 것이 너무나 아름다워 그리움을 몰고 온다.
그 거리에 다시 서고 싶다.
그들과 다시 마주하며 인사 한번 나누고 싶다.

에필로그

    누구나 앞으로 일어날 일을 알지 못하고 하루하루를 살아내고 있다. 그렇기에 내게 주어진 오늘 하루가 중요한 의미를 부여한다. 인도에서 귀국하고 딸아이가 다닐만한 학교를 찾아 시골 작은 숲속 학교에 왔다가 이곳에 정착했다. 길모퉁이를 돌아가면 뭔가 특별하고 멋진 일이 기다리고 있을 거라는 기대감과 함께 두려움에 겁이 났다.

    그렇게 시작된 우리의 발걸음은 시골에서 생활하며 자연을 통해 말씀하시고 위로하시는 주님의 사랑과 놀라운 섭리를 보았다. 한 생명을 끝까지 책임지시며, 한없는 은혜를 베푸시는 성실하시고 정직하신 하나님의 손길과 또 하나의 기적을 경험하고 있다. 앞으로 어떤 일이 눈 앞에 펼쳐지며, 새로운 이야기가 펼쳐질지 알 수 없다. 그저 오늘도 하루를 살아가며, 내일을 기다린다. 조금은 두렵고 떨리는 마음으로.

    영국에서 거주하는 동안 우리와 같은 유색인을 사랑으로 섬기고 챙겨주던 영국 할머니를 여럿 만났었다. 우리에게 따뜻한 위로를 건네시며 영어와 영국 요리 그리고 정원 가꾸기를 가르쳐 주셨던 할머니들을 생각하면 지금도 가슴이 울컥하며 뜨거워진다. 그 중에서도 레인은 내가 정원에 대한 사랑의 눈을 뜨게 해 준 스승이다.
    어떻게 잊을 수 있겠는가?

"저도 한국에 돌아가면 제가 받은 큰 사랑을 다른 사람들에게 꼭 나눠 줄게요. 약속할게요."

귀국할 때 남겼던 내 말에 책임을 지고 싶다. 이 땅에 있는 이방인들, 외국인들에게 따스한 사랑과 친절을 베풀어 주기 원하며, 내가 주와 함께 거하는 어느 곳이든 많은 이가 쉬어가며 새 힘과 위로를 얻어갈 수 있기를 바라며 글을 맺는다.

감사 인사를 드려야 할 너무나 많은 귀한 분이 계심에도 불구하고 이곳에 열거하지 못해 송구하다. 그저 감사할 따름이다. 무엇보다 사랑하는 딸과 남편 김상희 목사 그리고 양가 부모님과 형제자매에게 감사하다. 특별히 무조건적인 사랑으로 믿고 지지해 주신 친정 부모님, 정성운 장로님과 김애자 권사님 그리고 존경하는 시동생 김상우 장로님께 더욱 감사를 드린다.

내가 인도에서 살아내는 동안 곁에서 늘 힘이 되어 주셨던 손 에스더 사모님, 현대와 삼성 주재원으로 인도에서 긴 세월 동안 귀한 삶을 드리며, 내게는 엄마처럼 따스한 사랑을 베풀어 주셨던 장영희 권사님과 김정애 권사님께 감사 인사를 드리지 않을 수 없다. 또한, 간절한 사랑으로 기도해 주시고, 지원해 주신 용인영락교회와 존경하는 배성태 목사님 외 여러 목사님과 성도님 그리고 나의 좋은 친구들에게 깊은 감사를 드린다. 무엇보다 내게 계속 글 쓰는 것을 독려하며 곁에서 늘 함께해 준 나의 친구 유나에게 진심으로 감사의 마음을 담아 보낸다.

마지막으로 나의 사랑하는 딸 샤이니에게 고맙고 미안한 마음이 가득하다. 부모님을 따라 낯선 인도에서 동시에 너무 많은 것을 배우고 소화해야 했던 어린 딸이 겪었을 힘든 시간과 고통을 생각하면 지금도 마음이 울컥한다. 나는 차오르는 울음을 삼킬 수밖에 없다.
　힌디어를 배우겠다고 어린 딸을 차에 태워 잠들기를 기다리며 몇 바퀴를 돌고 돌아 겨우 잠이 들었다 싶어서 차를 멈추면, 어느새 알아차리고 잠이 깨어 보채며 울던 아이. 그런 딸을 45도가 웃도는 곳에서 에어컨도 없는 교실 옆 바닥에 선풍기 아래에 돗자리만 깔아두고 땀을 뻘뻘 흘리는 어린아이 앞에 그림책과 노트북을 켜 둔 채로 혼자 놀도록 두었던 게 지금도 마음에 얹혀 내려가지 않는다.

　엄마의 마음을 아프게 하지 않으려고 인도 사람들을 잘 따르며 적응을 잘하는 것처럼 보였던 딸, 인도를 좋아했던 샤이니가 인도에서 행복한 시간을 보냈음에도 불구하고 외롭고 힘든 시간을 보냈다는 것도 늦게서야 알게 되었다. 그래서 더 고맙고 마음이 아리다.

　그런 예쁜 딸이 있어서 나의 인도 생활은 풍성했고, 어려운 순간들을 담담히 견디어 낼 수 있었음을 고백한다.
　이 책을 나의 딸 샤이니에게 선사하고 싶다.